Udo Kliebisch / Dirk Weyer

Selbstwahrnehmung und Körpererfahrung

Interaktionsspiele und Infos für Jugendliche

„Sinnentfaltung heißt, der Welt mit ihren Reizen als Fühlender zu begegnen. Nur die Außenwelt zu sehen, ohne sich dabei der Innenwelt ganz und gar aufzuschließen, führt zu nichts. Die Außenwelt zu sehen und sich nur etwas dabei zu denken, sie in Worte zu fassen, um davon zu erzählen, das ist nur die Hälfte wert. Die Worte müssen schweigen, das Benennen der Dinge muß enden. Erst in diesem Schweigen kann man den Gefühlen lauschen, die keiner Worte bedürfen. Die Gefühle sind unsere innere Wahrheit, sie sind die Sprache der Seele. Ihr sollten wir uns zuneigen. [...] Die Gefühlswelt, diese subjektive und privateste Welt, ist das unentdeckte und unerforschte Gebiet, das wirklich große und bedeutungsvolle Abenteuer des Lebens. Das Abenteuer, daß ich irgendwo draußen in der Welt suche, das auch seine Berechtigung hat, ist bedeutungslos, wenn ich mich dabei nicht auf die Innenwelt meiner Gefühle einlasse." (Lauster 1989, 201f.)

Verlag an der Ruhr

Titel: **Selbstwahrnehmung und Körpererfahrung**
Interaktionsspiele und Infos für Jugendliche
Ein Trainingsbuch für Schule, Jugendarbeit
und Erwachsenenbildung

Autoren: Udo Kliebisch/Dirk Weyer

Redaktion: Winfried Kneip

Satz & Layout: Anja Juszczak, Melanie Reich

Druck: Druckerei Uwe Nolte, Iserlohn

Verlag: Verlag an der Ruhr
Postfach 10 22 51
45422 Mülheim an der Ruhr
Tel.: 0208/49 50 40
Fax: 0208/495 0 495
e-mail: info@verlagruhr.de

© **Verlag an der Ruhr 1996**

ISBN **3-86072-274-3**

Inhalt

0. Zum Umgang mit diesem Buch 4

1. Thema: Selbsterfahrung 8

1.0 Einführung 9
1.1 Modul: Selbstwahrnehmung 10
1.2 Modul: Körpererfahrung 21

2. Thema: Selbstwahrnehmung 32

2.0 Einführung 33
2.1 Blicke schärfen 35
2.2 Düfte 49
2.3 Mit den Händen sehen 57
2.4 Torball 68
2.5 Klang-Farben 73
2.6 Trink-Bar 83
2.7 Feedback ohne Worte 93
2.8 Maße 103
2.9 Kalibrieren 112

3. Thema: Körpererfahrung 122

3.0 Einführung 123
3.1 Fußmassage 126
3.2 Massage erleben 133
3.3 Muskelentspannung 141
3.4 Kopfkino 151
3.5 Gefühle tauschen 160
3.6 Crunch 171
3.7 Magische Hände 180
3.8 Atem-Strom 187
3.9 Sport-As 193

4. Literaturverzeichnis 203

„Ein Interaktionsspiel ist eine Intervention
des Gruppenleiters (oder eines Teilnehmers)
in die gegenwärtige Gruppensituation,
welche die Aktivität aller Gruppenmitglieder
durch spezifische Spielregeln für eine
begrenzte Zeit strukturiert, damit ein
bestimmtes Lernziel erreicht wird."

(Vopel 1988, 2)

Zum Umgang mit diesem Buch

In diesem Buch finden Sie zwei Fragebögen und 18 Interaktionsspiele. Es handelt sich dabei um verschiedene Übungen und Experimente, die in der Hand eines erfahrenen und sensiblen Gruppenleiters allen Beteiligten zu vielfältigen Erfahrungen verhelfen können: Einerseits können die Mitspieler intensive Erfahrungen über sich selbst und die anderen machen, andererseits können sich alle in ihrem Verhalten und in ihren Fähigkeiten im Vergleich zueinander wahrnehmen. Interaktionsspiele sind immer als Gruppenspiele gedacht, auch wenn man sie im Einzelfall allein spielen könnte. Erst wenn man sie in einer Gruppe durchführt, entfaltet sich ihre volle Wirksamkeit. Die Gruppe ermöglicht es den Teilnehmern, über die im Verlauf des jeweiligen Spiels beobachteten positiven und negativen Aspekte des eigenen Ichs und das der anderen intensiv nachzudenken. So lernt der einzelne, sich im Rahmen der Interaktion als ein unverwechselbares Selbst zu erkennen und darzustellen. So fühlt er sich von den anderen als ganzer Mensch wahr- und angenommen.

Die in diesem Band vereinten Interaktionsspiele sind von ihrer Grundstruktur her für Jugendliche im Alter von 10 bis 16 Jahren geeignet; allerdings lassen sich die Experimente – unter Umständen mit leichten Abwandlungen – auch für Schüler der Grundschule verwenden. Auch im Bereich der Sekundarstufe II bzw. in der Erwachsenenbildung und außerschulischen Jugendarbeit können die Spiele in der Regel problemlos eingesetzt werden.

Voraussetzungen für die Arbeit

Will man die in diesem Buch vorgestellten Interaktionsspiele mit Erfolg durchführen, sollten bei der Lerngruppe und beim Leiter folgende *Grundvoraussetzungen* gegeben sein:

- Die Durchführung der Spiele verlangt von allen Beteiligten Ernst, Aufmerksamkeit, Mut, aber ebenso Rücksicht, Sensibilität, Einfühlungs- und Durchsetzungsvermögen und vor allem Achtung und Respekt vor den Mitspielern.

- Leiter und Teilnehmer sollten zumindest etwas Vorerfahrung mit interaktiven Unterrichtsformen, also mit Partner- und Kleingruppenarbeit haben. Der Leiter sollte sich im Rahmen des Interaktionsprozesses als primus inter pares verstehen, und sich daher weitgehend zurücknehmen.

- Spieler und Moderator sollten in der Lage sein, sich der Eigendynamik von Spielsituationen zu überlassen. Sie sollten im Grundsatz fähig sein, sich durch

den Interaktionsprozeß nicht nur intellektuell, sondern auch emotional ansprechen zu lassen. Alle Beteiligten sollten sich prinzipiell als ganze Menschen, als Einheit von Denken und Fühlen erleben können.

- Die Teilnehmer sollten sich als fähig erleben, ihre Gefühle wahrzunehmen und in angemessener Weise zum Ausdruck zu bringen. Der Leiter sollte in diesem Zusammenhang über Interventionsstrategien verfügen, die emotionalen Reaktionen auf seiten der Teilnehmer zu beherrschen.

- Leiter und Teilnehmer sollten die Nähe, insbesondere auch die körperliche Nähe anderer Menschen zulassen und prinzipiell als wünschenswert und angenehm erleben können.

Die Interaktionsspiele, die wir in diesem Band vorstellen, sind *drei thematischen Feldern* zugeordnet:

- ## Selbsterfahrung,
- ## Selbstwahrnehmung,
- ## Körpererfahrung.

Selbsterfahrung

Der Themenkomplex *„Selbsterfahrung"* dient der Analyse. Mit seiner Hilfe können die Teilnehmer herausfinden, in welchem Maße bei ihnen die Fähigkeit zur Selbstwahrnehmung entwickelt ist, und welche Körpererfahrungen sie bereits gemacht haben. Dieser Teil des Buches gibt Ihnen als Leiter die Möglichkeit, bei den Jugendlichen vorhandene Vorurteile, Einstellungen, Überzeugungen und Schwierigkeiten mit den beiden das Buch inhaltlich bestimmenden Themenkomplexen abzuklären. Mit Hilfe eines Auswertungsbogens werden Sie in die Lage versetzt, die Antworten zu den jeweiligen Fragen in der Lerngruppe zu besprechen. Auf diesem Hintergrund ist anschließend mit den Gruppenmitgliedern ein Gespräch darüber initiierbar, welchen Sinn unter individuellen und soziologischen Gesichtspunkten Übungen zur Selbstwahrnehmung und Körpererfahrung haben können.

Interaktionsspiele Selbstwahrnehmung

Die Spiele des Bereichs *„Selbstwahrnehmung"* zielen zum einen darauf ab, die Fähigkeit zu sensorisch-ganzheitlicher Wahrnehmung (sehen, hören, fühlen/empfinden, riechen, schmecken) zu schulen. Zum anderen helfen diese Spiele, sich selbst als Person im Hinblick auf

die eigenen Stärken und Schwächen besser einzuschätzen, in der Interaktion mit seinen Mitmenschen angemessen darzustellen und somit die eigene Identitätsentwicklung voranzubringen.

Interaktionsspiele Körpererfahrung

Die für das Gebiet *„Körpererfahrung"* zusammengestellten Übungen schaffen Möglichkeiten, unterschiedliche Formen von Anspannung und Entspannung sowie weitere Arten von Körperempfindungen zu erleben und für die Persönlichkeitsentfaltung nutzbar zu machen. In diesen Zusammenhang gehören sowohl auf die Jugendlichen zugeschnittene Elemente aus dem Sektor klassischer Entspannungstechniken (Muskelentspannung; Phantasiereise; Atemtraining) als auch Massageexperimente (Fußmassage; Massage von Kopf, Gesicht etc.) und Spiele aus dem gymnastischen Sportbereich.

Die angesprochenen inhaltlichen Dimensionen sind wechselseitig aufeinander bezogen, was in den jeweiligen Einführungsabschnitten der entsprechenden Kapitel näher ausgeführt wird. So erscheint es durchaus zweckmäßig, die einzelnen Übungen – etwa im Rahmen von Projekttagen oder -wochen bzw. im Verlaufe von Schülertagungen – miteinander zu kombinieren. Auf diese Weise lassen sich die jeweils spezifischen Zielsetzungen, die mit den einzelnen Experimenten verfolgt werden, verstärken oder in eine bestimmte, gewünschte Richtung ergänzen.

Der ganzheitliche Mensch

Die in diesem Band vorgestellten Interaktionsspiele sind einem ganzheitlichen Ansatz verpflichtet. Die Wirkung der Spiele auf den Menschen betrifft nicht nur einseitig dessen Intellekt oder dessen Emotionen. Vielmehr werden die Spielteilnehmer grundsätzlich als ganze Menschen, als psycho-physische Einheit aus Denken, Fühlen und Empfinden angesprochen. Dies gilt auch dann, wenn bei genauerer Betrachtung naturgemäß die einzelnen Übungen die den Menschen als Wesen ausmachenden Pole – Rationalität und Emotionalität – in unterschiedlicher Weise betonen. In jedem Falle sollte nicht übersehen werden, daß gerade die emotionalen Anteile der Spiele nur dann voll zur Geltung gebracht werden können, wenn Sie als Moderator im Blick auf Ihre eigene Gefühlswelt weitgehend emanzipiert sind.

Notwendige Vorbemerkung

Wenn im Vorwort wie auch im folgenden von Spielern, Teilnehmern und Schülern die Rede ist, so sind damit na-

türlich immer Menschen beiderlei Geschlechts gemeint. Gerade bei Spielanleitungen ist die von uns sonst so bevorzugte Schreibweise, die sowohl die männliche als auch die weibliche Form berücksichtigt (SpielerIn), doch sehr umständlich und den Lesefluß hemmend (Lassen Sie den/die SpielerIn wählen, ob er/sie sich einen/eine PartnerIn usw.)

Wir bitten für diese Regelung um Ihr Verständnis.

Die *Darstellung* der Interaktionsspiele erfolgt nach einem einheitlichen 9-schrittigen Raster, das wir hier kurz erläutern wollen:

1. Am Anfang formulieren wir knapp, stichwortartig das **Ziel**, das mit der nachfolgend ausführlicher beschriebenen Übung angestrebt werden kann bzw. verfolgt werden soll.
   Hier ist für Sie als Leiter eine erste, rasche Orientierungshilfe gegeben, inwieweit sich die Übung für Ihre individuellen didaktischen und methodischen Ziele in Ihrer Lerngruppe eignet.

2. Unter diesem Punkt finden Sie Angaben darüber, wie alt die Teilnehmer mindestens sein sollten, um gewinnbringend am jeweiligen Spiel zu partizipieren. Diese **Altersangaben** sind Schätzwerte aus unserer eigenen Erfahrung, also nicht notwendigerweise verbindlich. Sie stellen in der Regel schon eine Grenze dar, die Sie beachten sollten, wenn Sie Langeweile und Überforderung bei den Teilnehmern vermeiden und die Effektivität der Spiele auf einem möglichst hohen Niveau halten möchten.

3. Hier finden Sie Angaben zur **Gruppengröße**, die sich für das jeweilige Spiel im allgemeinen als noch vertretbar herausgestellt hat. Auch diese Angaben sind in vielen Fällen nur Anhaltspunkte für den Gruppenleiter. Natürlich gilt auch hier: Kleinere Gruppen können in der Regel effektiver zusammenarbeiten als größere. Durch methodische Variationen können Sie auch größere Gruppen aufsplitten und im Blick auf die Zielsetzung des jeweiligen Spiels zu intensiveren Erfahrungen und besseren Ergebnissen führen.

4. Zur Zeit, die Sie für die Durchführung des Spiels benötigen, erhalten Sie zwei Informationen: (a) Zum einen, wieviel **reine Spielzeit** Sie veranschlagen müs-

Zum Umgang mit diesem Buch

sen, (b) zum anderen, wieviel **Zeit für die Auswertung** der entsprechenden Übung benötigt wird.

Die Zeitangaben sind unter zwei Bedingungen als realistisch einzustufen: Die Gruppengröße (s. 3) muß eingehalten werden, und das Auswertungsgespräch darf sich im wesentlichen nur auf eine Auswahl der dafür vorgesehenen Fragen (s. 6a) konzentrieren. Entscheiden Sie sich für eine vertiefende Auswertung (s. 8a), muß die Spielzeit entsprechend länger angesetzt werden.

5. An dieser Stelle finden Sie ausführliche **Hinweise zur Durchführung** der Übung.

Je nach Art des Spiels sind die Anleitungen sprachlich unterschiedlich gestaltet: Im Regelfall wird die neutrale Sprechweise von Spielanweisungen beibehalten; bei verschiedenen Experimenten, zum Beispiel aus dem Bereich der Entspannung, werden Ihnen die Texte in einer Weise angeboten, die es Ihnen ermöglicht, sie direkt vorzulesen.

6. Die Überlegungen zur **Auswertung** des jeweiligen Spiels erfolgen unter zwei Gesichtspunkten: zunächst erhalten Sie

(a) eine Reihe von **Fragestellungen**, unter denen die Übung und die damit gemachten Erfahrungen in der Gruppe thematisiert werden können, ferner geben wir Ihnen

(b) als Moderator **Hilfestellungen für die methodische Gestaltung** der Auswertungsphase.

Die angebotene Auswahl von Fragen für das Auswertungsgespräch soll den Teilnehmern einen ganzheitlichen Zugang zu den Übungen ermöglichen. Deshalb sollte der Fragenkatalog nicht wesentlich beschnitten werden und für das Auswertungsgespräch ausreichend zur Verfügung stehen.

7. Hier finden Sie zusätzliche Hinweise, die für eine problemlose Durchführung der Übung interessant sind.

Beispielsweise finden Sie hier Bemerkungen zur Raumgröße und -ausstattung oder Hinweise, wie die entsprechenden Übungen funktionell in anderen Kontexten eingesetzt werden können. Bitte beachten Sie auch die Hinweise auf Seite 125, die speziell für die Durchführung von Übungen um Kapitel „Körpererfahrung" wichtige Hilfestellung geben.

8. Dieser Punkt macht zum einen Angaben (a) über die im Zusammenhang mit dem Spiel sinnvoll nutzbare Literatur und bietet (b) Informationen zu den psychosozialen und gruppendynamischen Hintergründen der jeweiligen Übung.

Die Literaturangaben umfassen einerseits Titel, in denen Sie weitere inhaltlich ähnlich strukturierte Übungen finden; andererseits werden auch solche Bücher genannt, die für das Verständnis der folgenden Informationen (8b) und damit für ein vertiefendes Auswertungsgespräch von Belang sein können. Auch die Literaturliste erhebt keinen Anspruch auf Vollständigkeit.

Die Informationen (8b) können lediglich grob skizzieren, welche theoretischen Überlegungen (u. a. aus den Bereichen der Biologie, Psychologie, Soziologie und Pädagogik) hinter dem entsprechenden Experiment stehen. In manchen Gruppen – insbesondere bei älteren Teilnehmern – lohnt es sich, diese Überlegungen als Ausgangspunkt für ein vertiefendes Auswertungsgespräch zu wählen. Sie sollten aber dann mit einer längeren Spielzeit rechnen (s. a. 4).

Dieses Zeichen signalisiert auf den Arbeitsblättern, die den einzelnen Übungen angefügt sind, Arbeitsaufgaben oder Diskussionsanregungen.

„Die fortlaufenden Erfahrungen mit und über die eigene Person verdichten sich zum ‚Ich‘, zum ‚Selbst‘, zum Konzept oder Schema der eigenen Person, zum Selbstkonzept. Die Erfahrungen speisen und verändern es fortwährend. Jeder von uns hat ein derartiges Bild, Schema oder Konzept seines Ichs, seines Selbst. Es beinhaltet, wie wir uns selbst in der Vergangenheit mit unseren Eigenschaften und Qualitäten erfahren haben und wie wir uns jetzt selbst sehen. Es sind die verschiedenen Aspekte unserer Person. Es ist gleichsam: ‚So sehe ich mich.‘ Es ist die zusammengefaßte, konzentrierte, aber änderbare Summe der tausendfachen Erfahrungen eines Menschen mit sich selbst und über sich selbst: Wie er ist, wie er lebt, was er kann und was er nicht kann.“

(Tausch/Tausch 1979, 57)

1.0 Einführung

In diesem Kapitel stellen wir Ihnen zwei Fragebögen vor, die wir unter das Thema „Selbsterfahrung" gestellt haben. Dabei handelt es sich in erster Linie um „diagnostische" Übungen, mit denen die Gruppenmitglieder sich selbst im Blick auf bestimmte Fähigkeiten und Aspekte ihrer Persönlichkeit genauer überprüfen können. Die damit mögliche Selbstbesinnung ist eine gute Voraussetzung, um im anschließenden Gespräch die Beobachtungen zu beschreiben, zu bewerten und auf ihre Bedeutung für den Alltag hin zu untersuchen.

Der erste Fragebogen, „Selbstwahrnehmung", verhilft den Teilnehmern dazu – bei sorgfältiger, ehrlicher Bearbeitung – mehr darüber zu erfahren, wie intensiv ihre sensorische Wahrnehmungsfähigkeit auf den Gebieten Sehen, Hören, Fühlen, Empfinden, Riechen und Schmecken einerseits und ihre Fähigkeit zur Selbsteinschätzung andererseits ausgeprägt sind.
Der zweite Fragebogen, „Körpererfahrung", ist gleich aufgebaut. Er läßt vorsichtige Schlüsse darüber zu, welche Erlebnisse von Spannung, Entspannung und Körper-Berührung, bzw. welche Erfahrungen die Gruppenmitglieder bereits mit ihrem Körpererleben gemacht haben, wie sie die Wirkung dieser Erlebnisse auf ihre Person einschätzen und welche Relevanz diese Erlebnisse für ihren konkreten Alltag haben.

Bei den in diesem Kapitel angebotenen diagnostischen Übungen handelt es sich natürlich nicht um Tests, die empirisch-naturwissenschaftlichen Kriterien genügen. Dessen sollten Sie sich stets bewußt sein und keine vorschnellen psychologischen Interpretationen vornehmen. Dessen ungeachtet bieten die Fragebögen jedoch allen Beteiligten Orientierungspunkte bei der Bewertung. Vor allem für eine konstruktive Aussprache über den jeweils vorhandenen Grad der Wahrnehmungsfähigkeit und der Körpererfahrung sind sie von Belang. Die beiden Fragebögen stehen in direkter Beziehung zu den Übungen der folgenden Kapitel: Will man nämlich mit einer Schüler-, Jugend- oder Seminargruppe

Übungen zur sensorischen Wahrnehmungsfähigkeit auf verschiedenen Gebieten durchführen, die Kompetenz zur Selbsteinschätzung sowie die Körpererfahrung fördern, lohnt es sich, den entsprechenden Fragebogen aus diesem Abschnitt vorzuschalten. Auf diese Weise kann im Vorfeld festgestellt werden, für wie wichtig, interessant oder spannend die Gruppenmitglieder es überhaupt halten, sich intensiver mit den Themen Wahrnehmung und Körpererleben im Rahmen von Interaktionsspielen zu beschäftigen.

Der Aufbau des Buches

Selbstverständlich ist in der Praxis auch der umgekehrte Weg denkbar und sinnvoll: Haben beispielsweise bei der konkreten Umsetzung von Wahrnehmungsübungen die Teilnehmer Schwierigkeiten, sich bestimmte internale Vorstellungen zu machen, sie aufrechtzuerhalten und zu verändern, kann es nützlich sein, mit den entsprechenden, in diesem Abschnitt vorgestellten Diagnose-Fragen herauszufinden, wie gut die Wahrnehmungsmöglichkeiten der Gruppenmitglieder entwickelt sind. Sie bieten sich auch bei auffallender Zurückhaltung, Widerstand oder gar Ablehnung bestimmter körperbetonter Übungen an.

Auf jeden Fall sind die Fragebögen „Selbstwahrnehmung" und „Körpererfahrung" nur im Verbund mit anderen Übungen aus den beiden folgenden Kapiteln sinnvoll einsetzbar. Eine isolierte Verwendung der Fragenkataloge würde ihren Sinn verfehlen, weil den Teilnehmern so der immanente Zusammenhang zwischen den einzelnen Bausteinen dieses Buches und damit der ganzheitliche Anspruch der Übungen verborgen bliebe.

Fehlt im einzelnen die Zeit, einen Fragebogen vollständig bearbeiten zu lassen, ist es auch möglich, nur Teile des jeweiligen Fragebogens zu nutzen. Sie sollten eine Reihe von Fragen auswählen, die sich für das spezifische Anliegen eignen. Bearbeitungs- und Auswertungszeit der Übung verringern sich entsprechend.

1.1 Fragebogen: Selbstwahrnehmung

 Bei diesem Fragebogen geht es in erster Linie darum, sich verschiedene Wahrnehmungsebenen bewußt zu machen. Die Teilnehmer sollen ihre sensorischen Fähigkeiten (sehen, hören, fühlen/empfinden, riechen, schmecken) erkennen. Schrittweise werden sie an die grundlegenden Bedingungen einer Selbstwahrnehmung herangeführt:

- die Differenz von objektiver und subjektiver Wirklichkeit,
- ein Überprüfen der Selbsteinschätzung,
- das Erfahren positiver und negativer Eigenschaften der eigenen Persönlichkeit,
- eine Reflexion über das Selbst- und Fremdbild,
- die Aussprache mit den übrigen Gruppenmitgliedern,
- das Formulieren von Zielvorstellungen,
- das Thematisieren von Möglichkeiten, das eigene Wahrnehmungsvermögen zu schulen.

 ab 12 Jahren

 bis ca. 20 Personen

 a) ca. 40-50 Minuten für die Übung
b) ca. 90 Minuten für die Auswertung

 Jeder Teilnehmer erhält den als Material 1 abgedruckten Wahrnehmungs-Test. Besprechen Sie mit den Teilnehmern die zu Beginn des Fragebogens vorgegebenen zwei Beispiele, um das Verständnis für die Art der Fragestellungen zu gewährleisten. Anschließend bearbeitet jedes Gruppenmitglied den Fragebogen in einem ersten Schritt für sich allein (Dauer ca. 30 Minuten). Stellen Sie sicher, daß der gesteckte Zeitrahmen möglichst nicht überschritten wird.
Danach verteilen Sie den als Material 2 abgedruckten Auswertungsbogen, in den jedes Gruppenmitglied die Antworten einträgt, die es auf die Testfragen gegeben hat. Um Fehler bei den Eintragungen zu verhindern, können Sie das Prinzip zunächst beispielhaft erklären, bevor die Stillarbeit beginnt.

 ● Welche Fragen waren für mich besonders schwer/besonders leicht zu beantworten?

Wie erkläre ich mir dies?
● Was habe ich über mich erfahren, von dem ich vorher so noch nichts wußte?
● Welche positiven Eigenschaften schätze ich an mir besonders?
● Welche Verhaltensweise möchte ich in Zukunft ablegen? Warum und wie?
● Wie gehe ich mit den Einschätzungen um, die andere Menschen von mir haben?
● Welcher Wahrnehmungskanal ist bei mir am besten entwickelt? Woher weiß ich das? Wie erkläre ich mir dies?
● Was weiß ich darüber, wie Menschen ihre Umwelt wahrnehmen?
● Wie wahr ist die Wahrnehmung, die Menschen von ihrer Umwelt haben?
● Was weiß ich über die Bedeutung der einzelnen Wahrnehmungskanäle für den Menschen?
● Was geschieht, wenn ein Wahrnehmungskanal ausfällt?
● Welche Wahrnehmungstypen werden in der Schule oder im Beruf besonders bevorzugt bzw. benachteiligt? Wie läßt sich das ändern?
● Was kann ich mit meinen Antworten auf die Testfragen im Alltag anfangen?
● Wie kann ich meine Wahrnehmungsfähigkeit schulen?

 Nach dem Ausfüllen des Auswertungsbogens bilden die Teilnehmer Vierer- oder Fünfergruppen und besprechen ihre Ergebnisse miteinander. Anschließend treffen sich alle Gruppenmitglieder im Plenum. Reihum kann sich jeder Jugendliche zunächst knapp zu den beiden ersten Auswertungsfragen äußern. Dann sollte ein Kreisgespräch stattfinden, in das Sie weitergehende Aspekte der Auswertung einführen sollten.

 • Bei einer Reihe von Fragen wird mit Erfahrungen operiert, die die Teilnehmer nicht immer selbst gemacht haben. Antworten sind in diesen Fällen naturgemäß nicht sinnvoll zu geben. Sie sollten die Jugendlichen darauf hinweisen, daß sie bei der Bearbeitung des Fragebogens entsprechende Fragen überspringen sollten.

Selbstwahrnehmung und Körpererfahrung — © Verlag an der Ruhr, Postfach 10 22 51, 45422 Mülheim an der Ruhr

1.1 Fragebogen: Selbstwahrnehmung

- Auf keinen Fall sollten die Antworten der Jugendlichen auf dem Hintergrund von Alltagspsychologien interpretiert werden. Die Antworten liefern allenfalls Anhaltspunkte, mit denen ggf. weitergearbeitet werden kann.

- Der Fragebogen sollte in jedem Falle – ganz oder teilweise – mit anderen Spielen des Kapitels Selbstwahrnehmung in Zusammenhang gebracht werden.

- Aus diagnostischen Erwägungen, beispielsweise zu Beginn eines Seminars oder einer Klassen- bzw. Kursfahrt, können Fragen dieses Fragebogens auch mit solchen aus dem Fragebogen Körpererfahrung kombiniert werden.

- Bei Zeitproblemen können Sie auf eine vertiefende, über die Behandlung einzelner Fragen hinausgehende Bearbeitung des Moduls verzichten.

- Bei jüngeren Teilnehmern ist eine genaue Besprechung der gewählten Struktur der Fragen hilfreich, um Irritationen während der Durchführung des Spiels und falsche Antworten zu vermeiden.

- Weiterführende und ergänzende Informationen zum Thema „Interpretation der Wirklichkeit" erhalten Sie u.a. auch in den Spielen „Blicke schärfen" (Kap. 2.1), „Kopfkino" (Kap. 3.4) und „Gefühle tauschen" (Kap. 3.5).

Rock 1984; Wahrnehmung 1994; Wahrnehmung und Bewußtsein 1994; Blickhan/Blickhan 1992; Molcho 1983; Eccles/Zeier 1980; Vester 1980a; Roth 1995 Ostermann/Nicklas 1982

Menschen können Aussagen und Erkenntnisse über ihre Umwelt nur deshalb machen, weil sie zunächst die von außen auf sie einströmenden Reize mit Hilfe der sensorischen Sinneskanäle (Material 3 und 4) aufnehmen und bearbeiten. Interessant ist hierbei, daß die ursprünglich objektive Außeninformation bei dieser internen Bearbeitung interpretiert wird. Neurologisch-physiologische, sozial-kulturelle und individuelle Filter legen sich wie von selbst über die individuellen Wahrnehmungen und

verändern sie. Das Ergebnis dieses Prozesses ist eine jeweils subjektive Sicht der äußeren Wirklichkeit. Schließlich reagiert ein Mensch nicht mehr auf die objektive Außenwelt, sondern auf das, was in seinem Kopf als Interpretation, als „subjektive Landkarte" der Außenwelt entstanden ist (Material 5).

Wie diese Filter wirken, nach welchen Mechanismen sie funktionieren, zeigt Material 6, dessen wesentliche Grundzüge dem Buch „Vorurteile und Feindbilder" von Ostermann/Nicklas entliehen sind.

Mit älteren Teilnehmern können Sie auch Grundprobleme menschlicher Erkenntnis thematisieren:

- Durch welche physiologisch-neurologischen Begrenzungen ist der Mensch gekennzeichnet; welchen sozialen Beschränkungen unterliegt er im einzelnen?

- Wie beeinflussen bestimmte individuelle Faktoren und Erlebnisse Erkenntnisprozesse und führen so zu subjektiven Erfahrungswirklichkeiten?

Bei dem Prozeß der Interpretation der auf den Menschen einströmenden Reize kooperieren die einzelnen Sinneskanäle aufgrund einer internalen Vernetzung. Hier könnte man über die Bedeutung der einzelnen Sinneskanäle für den Menschen nachdenken und dabei beurteilen, welche Vor- bzw. Nachteile Personen haben, die einen bestimmten Sinneskanal bevorzugen. Dabei kann man auch über die sogenannten Lerntypen sprechen und vielleicht sogar einen Lerntyptest durchführen, wie ihn beispielsweise F. Vester (1980a, 144ff.) vorschlägt. Sie können auch darauf hinweisen, daß Menschen in der Lage sind, ihre Wahrnehmungsfähigkeit zu schulen bzw. deren frühzeitige Abnahme zu verhindern. So können Defizite, die jemand im visuellen Repräsentationssystem hat, durch Visualisierungsübungen ausgeglichen werden. Dies ist sehr hilfreich, wenn man bei einem Schüler mit Rechtschreibschwächen feststellt, daß er die Wörter auditiv und nicht visuell speichert. Sie können hier auch über den Zusammenhang von Lärm und der Sensibilität des Gehörorgans sprechen. Für Jugendliche mag es hier interessant sein, über Sinn und Unsinn lauter Musik zu diskutieren.

Fragebogen: Wahrnehmung

Auf den folgenden Seiten sind 35 Aussagen abgedruckt, mit deren Hilfe du herausfinden kannst, mit welchen Sinnen und wie intensiv du deine Umwelt wahrnimmst und welche Wirkungen diese Erfahrungen auf deine Person und Lebensqualität haben. Du kannst dabei auch einiges darüber erfahren, wie du dich selbst siehst und was du über dieses Bild von dir denkst.

Die Anwort auf jede Testaussage kann auf einer Punkteskala von „+5" bis „-5" angekreuzt werden. Je weiter der angekreuzte Wert im Plusbereich liegt, desto mehr stimmst du der vorgegebenen Aussage zu; je weiter der angekreuzte Wert im negativen Bereich der Skala liegt, desto weniger trifft die jeweilige Textaussage auf dich zu. Antworte bitte möglichst spontan, aber ehrlich!

Lies die beiden Beispiele aufmerksam durch, und beginne danach mit der Beantwortung der 35 Fragen. Die Reihenfolge der Beantwortung ist beliebig. Du hast dafür höchstens 30 Minuten Zeit.

1. Beispiel

Wenn ich mir morgens die Zähne putze, habe ich den Geruch der Zahnpasta schon in der Nase, bevor ich die Zahnpastatube geöffnet habe.

stimmt nicht — stimmt zum Teil — stimmt genau

-5	-4	-3	-2	-1	0	+1	+2	+3	+4	+5
☐	☐	☐	☐	☐	☐	☐	☐	☐	☒	☐

Die Antwort „+4" besagt: Ja, fast immer, wenn ich mir morgens die Zähne putze, habe ich den Geruch der Zahnpasta schon in der Nase, bevor ich die Zahnpastatube geöffnet habe.

2. Beispiel

Wenn ich an einem Wochenende in der Stadt einkaufe, treffe ich fast immer Menschen, die mich an Personen erinnern, denen ich in früheren Jahren schon irgendwo einmal begegnet bin.

stimmt nicht — stimmt zum Teil — stimmt genau

-5	-4	-3	-2	-1	0	+1	+2	+3	+4	+5
☐	☐	☒	☐	☐	☐	☐	☐	☐	☐	☐

Die Antwort „-3" besagt: Ich treffe relativ selten, wenn ich am Wochenende in der Stadt einkaufen gehe, auf Menschen, die mich an Personen erinnern, denen ich früher schon einmal begegnet bin.

Und hier die 35 Testfragen:

1. Wenn ich mit einem Menschen einige Zeit zusammen bin, kann ich mich im allgemeinen in seiner Abwesenheit recht gut an sein äußeres Erscheinungsbild erinnern. Ich nehme dann sogar viele Details wahr. Überhaupt weiß ich, daß ich mir oft innere Bilder von Menschen mache, mit denen ich zu tun habe.

-5	-4	-3	-2	-1	0	+1	+2	+3	+4	+5
☐	☐	☐	☐	☐	☐	☐	☐	☐	☐	☐

2. Wenn mir ein Mensch begegnet, der ein intensiv duftendes Parfum benutzt, erkenne ich dieses im allgemeinen wieder, wenn ich den Duft früher schon einmal gerochen habe. Oft erlebe ich es dann, daß mir auch ein Bild von dem Menschen einfällt, der dieses Parfum benutzt hat.

-5	-4	-3	-2	-1	0	+1	+2	+3	+4	+5
☐	☐	☐	☐	☐	☐	☐	☐	☐	☐	☐

3. Ich kenne mein Lieblingsessen sehr genau: Wenn ich jetzt daran denke, steigt mir der Duft der Zutaten ganz deutlich in die Nase. Ich kann gleichzeitig sehr deutlich vor meinem inneren Auge erkennen, wie mein Lieblingsessen auf einem Teller serviert wird.

-5	-4	-3	-2	-1	0	+1	+2	+3	+4	+5
☐	☐	☐	☐	☐	☐	☐	☐	☐	☐	☐

4. Wenn ich an meinen letzten Urlaub denke, habe ich keine Schwierigkeiten, mir recht genau vorzustellen, wie das Hotel/die Unterkunft aussah, in der ich damals gewohnt habe. Ich bin sogar in der Lage, einige Details des Zimmers, das ich während dieser Zeit gebucht hatte, deutlich vor meinem inneren Auge wieder aufleben zu lassen. Irgendwie bekomme ich dann auch ein bestimmtes Gefühl dazu.

-5	-4	-3	-2	-1	0	+1	+2	+3	+4	+5
☐	☐	☐	☐	☐	☐	☐	☐	☐	☐	☐

5. Wenn ich mich an meinen letzten Urlaub erinnere, fallen mir spontan sehr viele Aktionen ein, die ich damals durchgeführt habe. Wenn ich mir mein Handeln am Urlaubsort jetzt wie einen Film anschauen soll, den ich in einem Kino auf einer Leinwand sehe, dann fällt mir das ziemlich leicht. Ich kann auch wieder in den Film hineinspringen und das Ganze noch einmal von innen erleben.

-5	-4	-3	-2	-1	0	+1	+2	+3	+4	+5
☐	☐	☐	☐	☐	☐	☐	☐	☐	☐	☐

6. Wenn ich einen Spaziergang durch einen Wald mache, kann ich diese Situation sehr genießen. Ich spüre dann, wie mein ganzer Körper sich an der Wahrnehmung dieses Erlebnisses beteiligt. Ich könnte ziemlich genau sagen, wo ich bei einem solchen Spaziergang was in meinem Körper spüre.

-5	-4	-3	-2	-1	0	+1	+2	+3	+4	+5
☐	☐	☐	☐	☐	☐	☐	☐	☐	☐	☐

7. Wenn ich im Herbst einen Spaziergang mache, nehme ich ganz bewußt wahr, wie das trockene Laub unter meinen Schuhen raschelt. Ich höre das Geräusch jetzt sogar in meinem Kopf. Und ich habe eine ziemlich genaue Vorstellung davon, wie der herbstliche Wald riecht.

-5	-4	-3	-2	-1	0	+1	+2	+3	+4	+5
☐	☐	☐	☐	☐	☐	☐	☐	☐	☐	☐

8. Wenn ich jetzt zehn positive Eigenschaften, Fähigkeiten oder Verhaltensweisen von mir nennen sollte, würde mir das bestimmt verhältnismäßig leicht fallen. Schließlich weiß ich ja, was ich alles leiste und kann.

-5	-4	-3	-2	-1	0	+1	+2	+3	+4	+5
☐	☐	☐	☐	☐	☐	☐	☐	☐	☐	☐

9. Ich bin ziemlich sicher in der Lage, auch in Gegenwart anderer Menschen positive Eigenschaften, Fähigkeiten und Verhaltensweisen, die ich von mir kenne, deutlich auszusprechen. Ich weiß, daß ich in einem solchen Falle nicht rot werde und die Situation mir nicht peinlich vorkommt.

-5	-4	-3	-2	-1	0	+1	+2	+3	+4	+5
☐	☐	☐	☐	☐	☐	☐	☐	☐	☐	☐

10. Wenn ich an mir negative Eigenschaften und Verhaltensweisen entdecken sollte, würde mir das bestimmt ziemlich leicht fallen. Schließlich kennt ja jeder seine Stärken und Schwächen.

-5	-4	-3	-2	-1	0	+1	+2	+3	+4	+5
☐	☐	☐	☐	☐	☐	☐	☐	☐	☐	☐

11. Ich bin durchaus in der Lage, auch negative Eigenschaften und Verhaltensweisen, die ich an mir kenne, in der Gegenwart anderer Menschen auszusprechen. Ich weiß, daß ich so gut wie keine Probleme damit habe, von anderen Personen kritisiert zu werden. Solche Kritik prüfe ich dann meist sehr genau. Ist die Kritik für mich hilfreich, richte ich mich in der Zukunft nach Möglichkeit danach.

-5	-4	-3	-2	-1	0	+1	+2	+3	+4	+5
☐	☐	☐	☐	☐	☐	☐	☐	☐	☐	☐

12. Ich kann mich gut daran erinnern, wie ich früher während meiner Schulzeit Vokabeln gelernt habe: Daher weiß ich, daß ich Vokabeln nur dann behalten habe, wenn ich mir auch gemerkt habe, an welcher Stelle der entsprechenden Buchseite sie abgedruckt waren. Das hat mich schon damals ziemlich genervt.

-5	-4	-3	-2	-1	0	+1	+2	+3	+4	+5
☐	☐	☐	☐	☐	☐	☐	☐	☐	☐	☐

13. Wenn ich das Wort Rhythmus schreiben sollte, läuft das bei mir folgendermaßen ab: Ich sehe das Wort vor meinem inneren Auge, und ich schreibe es dann sozusagen einfach ab. Aus diesem Grunde mache ich eigentlich immer recht wenige Rechtschreibfehler, wenn ich einen Text schreiben soll.

-5	-4	-3	-2	-1	0	+1	+2	+3	+4	+5
☐	☐	☐	☐	☐	☐	☐	☐	☐	☐	☐

14. Wenn ich mir etwas genau merken will, mache ich mir in der Regel ein Bild davon. Ich habe festgestellt, daß ich mir Inhalte des Unterrichts/meiner Ausbildung viel besser merken kann, wenn der Lehrer/Ausbilder dazu ein Tafelbild angefertigt hat.

-5	-4	-3	-2	-1	0	+1	+2	+3	+4	+5
☐	☐	☐	☐	☐	☐	☐	☐	☐	☐	☐

15. Wenn ich es jetzt möchte, kann ich mir sehr gut den Klassenraum vorstellen, in dem ich mich während des Vormittags aufhalte: Ich sehe genau, wie die Tafel aussieht; ich kann die Tische und Stühle sehen und nehme auch wahr, wo die Fenster in diesem Raum sind.

-5	-4	-3	-2	-1	0	+1	+2	+3	+4	+5
☐	☐	☐	☐	☐	☐	☐	☐	☐	☐	☐

16. Ich stelle mir jetzt meine Mutter/meinen Vater oder eine andere Person vor, die ich gut kenne. Wenn ich einen Augenblick warte, fällt es mir leicht, in meinem Kopf die Stimme der betreffenden Person zu hören. Wenn ich dies möchte, kann ich auch die Lautstärke dieser Stimme verändern. Ich spüre deutlich, wie sich dadurch auch meine Stimmung verändert.

-5	-4	-3	-2	-1	0	+1	+2	+3	+4	+5
☐	☐	☐	☐	☐	☐	☐	☐	☐	☐	☐

17. Wenn ich meinen Klassenraum vor meinem inneren Auge sehe, kann ich leicht einige Veränderungen dieses Bildes vornehmen: Ich kann es ohne Probleme heller machen; und ich kann es noch bunter werden lassen. Ich spüre deutlich, wie sich mit diesen Veränderungen auch meine Gefühle verändern, die ich mit diesem Raum verbinde. Wenn mir diese Gefühlsveränderungen nicht gefallen, kann ich sie rückgängig machen, indem ich die ursprüngliche Helligkeit und Farbgebung wieder herstelle.

-5	-4	-3	-2	-1	0	+1	+2	+3	+4	+5
☐	☐	☐	☐	☐	☐	☐	☐	☐	☐	☐

18. Wenn ich meinem besten Freund/meiner besten Freundin ins Gesicht schaue, dann weiß ich im allgemeinen ziemlich sicher, wie es ihm/ihr geht. Ich habe gelernt, daß ich sein/ihr Befinden sehr gut am Gesichtsausdruck ablesen kann.

-5	-4	-3	-2	-1	0	+1	+2	+3	+4	+5
☐	☐	☐	☐	☐	☐	☐	☐	☐	☐	☐

19. Wenn ich häufiger ein bestimmtes Musikstück gehört habe, geht mir diese Melodie kaum noch aus dem Kopf. Ich kann sie dann problemlos nach summen.

-5	-4	-3	-2	-1	0	+1	+2	+3	+4	+5
☐	☐	☐	☐	☐	☐	☐	☐	☐	☐	☐

20. Ich habe bei Menschen, die ich recht gut kenne, festgestellt, daß sich auch deren Stimme in Tonhöhe und Sprechtempo verändert, wenn sich die Stimmung dieser Personen verändert. So bin ich seit einiger Zeit in der Lage, sehr viel besser als früher auf diese Personen einzugehen, weil ich sehr stark auf diese Veränderungen achte und sie in mein Verhalten einbeziehe.

-5	-4	-3	-2	-1	0	+1	+2	+3	+4	+5
☐	☐	☐	☐	☐	☐	☐	☐	☐	☐	☐

21. Wenn sich ein Mensch mir gegenüber in einer Weise verhält, die ich nicht mag oder ausstehen kann, werde ich nicht wütend, sondern meist ziemlich gelassen. Ich muß dann diesem anderen Menschen nicht erst einmal richtig die Meinung sagen. Dazu würde für mich gehören, ihm sehr deutlich mitzuteilen, was ich von ihm halte.

-5	-4	-3	-2	-1	0	+1	+2	+3	+4	+5
☐	☐	☐	☐	☐	☐	☐	☐	☐	☐	☐

22. Ich bin anderen Menschen gegenüber ziemlich tolerant. Ich kann abwarten, was sie mir zu sagen haben, und habe nur wenige Vorurteile. Dies gilt auch dann, wenn andere Menschen sich aus meinem Verständnis heraus ungewöhnlich verhalten oder Eigenschaften haben, die mir nicht gefallen.

-5	-4	-3	-2	-1	0	+1	+2	+3	+4	+5
☐	☐	☐	☐	☐	☐	☐	☐	☐	☐	☐

23. Wenn ich mir jetzt intensiv vorstelle, in ein Becken mit sehr kaltem Wasser einzutauchen, spüre ich ganz deutlich, wie mein Körper auf diese Vorstellung reagiert. Wenn ich noch länger bei dieser Vorstellung bleibe, bekomme ich vielleicht sogar eine Gänsehaut.

-5	-4	-3	-2	-1	0	+1	+2	+3	+4	+5
☐	☐	☐	☐	☐	☐	☐	☐	☐	☐	☐

24. Ich erinnere mich jetzt an das Buch, das ich zur Zeit lese oder gerade gelesen habe. Ich stelle mir vor, wie sich dieses Buch anfühlt. Wenn ich diese Vorstellung entstehen lasse, spüre ich deutlich, wie sich die Buchseiten in meinen Fingern anfühlen; ich kann die Qualität des Papiers ganz deutlich wahrnehmen. Außerdem entsteht in mir ein Film von der Handlung dieses Buches.

-5	-4	-3	-2	-1	0	+1	+2	+3	+4	+5
☐	☐	☐	☐	☐	☐	☐	☐	☐	☐	☐

25. Wenn ich jetzt an meine(n) Klassenlehrer/in bzw. meine(n) Ausbilder/in denke, fallen mir verschiedene Krawatten/Anzüge/Hemden/Blusen/Röcke/Kleider/Pullis ein, die er/sie in der letzten Zeit getragen hat. Wenn ich mich ein wenig bemühe, kann ich diese Kleidungsstücke sogar recht detailliert vor meinem inneren Auge sehen.

-5	-4	-3	-2	-1	0	+1	+2	+3	+4	+5
☐	☐	☐	☐	☐	☐	☐	☐	☐	☐	☐

26. Wenn ich mich mit anderen Menschen vergleiche, komme ich im allgemeinen zu recht vernünftigen Schlüssen darüber, welche Fähigkeiten und Eigenschaften diese Menschen haben. Ich habe den Eindruck, daß ich mich im Vergleich zu diesen Menschen im Blick auf meine eigenen Eigenschaften und Fähigkeiten angemessen einzuschätzen in der Lage bin. Ich habe nicht das Gefühl, anderen Menschen hinsichtlich der Eigenschaften und Fähigkeiten besonders über- oder unterlegen zu sein.

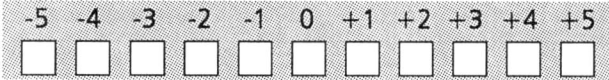

27. Wenn ich in eine Wohnung komme, in der ein Hund/ eine Katze gehalten oder geraucht wird, kann ich den dafür typischen Geruch sofort erkennen. Wenn ich zu einem späteren Zeitpunkt noch einmal in dieselbe Wohnung komme, erkenne ich den Geruch auch sofort wieder.

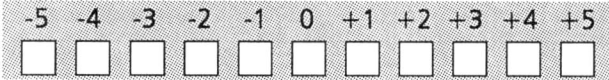

28. Wenn ich zum ersten Mal in einer fremden Wohnung war, kann ich mich nachher an ziemlich viele Details recht genau erinnern. Ich weiß im allgemeinen nicht nur, wie bestimmte Gegenstände ausgesehen haben, sondern kann mich auch gut daran erinnern, wo diese Gegenstände gestanden oder gelegen haben. Diese Fähigkeit hilft mir im Alltag.

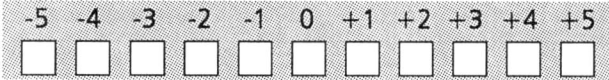

29. Ich esse sehr gerne Pudding/Schokolade/Kekse. Wenn ich mich an diese Speise(n) erinnere, habe ich den süßen Geschmack ganz deutlich auf der Zunge. Ich bin mir ganz sicher, daß ich den Geschmack, den ich jetzt auf der Zunge habe, jederzeit wiedererkennen und einer bestimmten Sorte Pudding/ Schokolade oder Kekse zuordnen könnte.

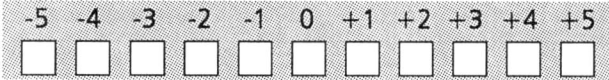

30. Mit meinen Eigenschaften, Fähigkeiten und Verhaltensweisen bin ich in einigen Punkten nicht ganz zufrieden. Ich habe den Eindruck, ich sollte mich in manchen Bereichen ändern. Wenn man mich fragen würde, um welche Bereiche es sich dabei handelt, könnte ich diese recht genau benennen.

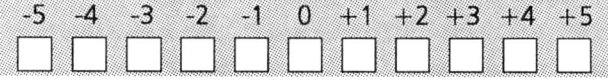

31. Es macht mir sehr viel Spaß, in der freien Natur zu sein und dort viele Dinge zu erleben. Ich bin deshalb oft an der frischen Luft. Ich treibe entweder Sport oder gehe einfach nur spazieren. Diese Aktivitäten würde ich mir nicht nehmen lassen.

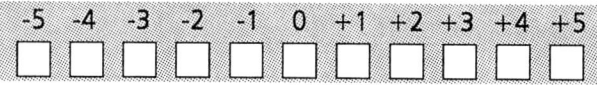

32. Ich kann mich sehr gut daran erinnern, wie es sich anfühlte, als ich das letzte Mal von einem starken Wind am Weitergehen gehindert wurde. Ich mußte so richtig gegen den Sturm ankämpfen. Noch jetzt spüre ich deutlich im Gesicht, wie der Wind damals meine Haut berührte.

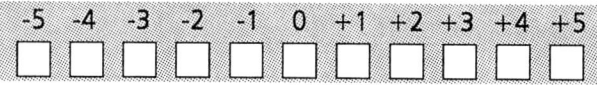

33. Ich bin in der Lage, auch am Tage zu träumen: Wenn ich mir jetzt vorstelle, wie die Menschen auf dem Planeten Jupiter eine Burg bauen, fällt es mir nicht schwer, eine Landschaft zu sehen, die um diese Burg herum entsteht. Ich merke jetzt ganz deutlich, wie ich in meiner Phantasie bereits eine Geschichte erzähle, die mit dieser Burg zusammenhängt. Und schon entsteht vor meinem inneren Auge ein Film dazu.

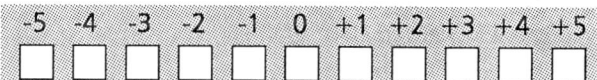

34. Wenn ich mir die folgende Wortkette „Schlaf – Hotel – Hals – Hund – Schlüssel – Buch" – etwa zehn Sekunden anschaue, kann ich die Wörter jetzt in der richtigen Reihenfolge wiederholen.

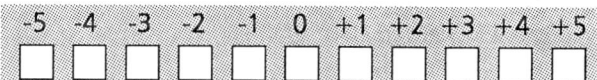

35. Wenn ich mir den folgenden Satz „Viele Menschen haben kein Interesse daran, ihre Wahrnehmungsfähigkeit intensiv zu schulen." ungefähr zwanzig Sekunden lang anschaue, bin ich in der Lage, die Wörter in der umgekehrten Reihenfolge zu wiederholen.

Auswertungsbogen

Trage jetzt deine im Fragebogen angekreuzten Punktwerte für jede Frage in das unten stehende Diagramm ein. Verbinde anschließend die einzelnen Punkte durch eine Linie miteinander.

	-5	-4	-3	-2	-1-	0	+1	+2	+3	+4	+5
1											
2											
3											
4											
5											
6											
7											
8											
9											
10											
11											
12											
13											
14											
15											
16											
17											
18											
19											
20											
21											
22											
23											
24											
25											
26											
27											
28											
29											
30											
31											
32											
33											
34											
35											

Zu deiner Information:

Je mehr deine „Selbstwahrnehmungslinie" im rechten, positiven Bereich des Diagramms verläuft, desto größer ist deine Fähigkeit zur aktiven Selbstwahrnehmung entwickelt. Auch dein Selbstbewußtsein ist in diesem Falle recht groß. Je weiter die Linie im linken Teil des Diagramms verläuft, um so geringer sind deine Fähigkeiten zur Selbstwahrnehmung und Einschätzung deines Selbstvertrauens. Du kannst etwas dagegen tun!

Selbstwahrnehmung und Körpererfahrung – © Verlag an der Ruhr, Postfach 10 22 51, 45422 Mülheim an der Ruhr

Wahrnehmungsebenen

V = visuell = sehen

A = auditiv = hören

K = kinästhetisch = fühlen,
empfinden

O = olfaktorisch = riechen

G = gustatorisch = schmecken

Welcher Typ bin ich?

Menschen nehmen nicht mit allen Wahrnehmungsebenen gleichermaßen intensiv wahr. Die meisten Menschen in unserer Gesellschaft, etwa 60 Prozent, sind visuelle Typen. Sie nehmen bevorzugt über Bilder, Farben und optische Reize wahr. Etwa 30 Prozent sind eher kinästhetische Typen, die vor allem über Gefühle, Gerüche, Texturen und Wärme wahrnehmen. Nur etwa 10 Prozent erlebt die Umwelt bevorzugt auditiv über Geräusche, Töne, Klänge, Stimmen.

Bildet Paare und setzt euch bequem einander gegenüber. Jeder überlegt sich nun 12 Begriffe, die er später seinem Partner nennen wird, zum Beispiel Gras, Wind, Glocke, Schweiß, Eisenbahn …, und trägt sie in eine Kopie der unten stehenden Tabelle ein. Hinter jedem Begriff stehen drei Kästchen: a für den visuellen Kanal, b für den auditiven Kanal und c für den kinästhetischen Kanal. Die Begriffe sollen aus möglichst ganz unterschiedlichen Bereichen sein und möglichst verschiedene Wahrnehmungskanäle ansprechen können.

Partner A schließt nun die Augen und entspannt sich, während B nun das erste Wort seiner Liste vorliest. A soll ganz spontan und ohne langes Nachdenken sagen, mit welchem Kanal er sich diesen Begriff zuerst vorstellt, welche Wahrnehmung als zweite und welche als letzte vor seinem inneren Auge erscheint: Hat er dabei direkt ein Bild vor Augen (a), imaginiert er dabei ein Geräusch (b) oder assoziiert er damit zuerst einen Geruch, ein

Gefühl, eine körperliche Empfindung (c)? Für den zuerst von A genannten Kanal schreibt B 1 Punkt auf, für die zweite Wahrnehmung 2 Punkte und für den zuletzt genannten Kanal 3 Punkte.

Ein Beispiel: B nennt A den Begriff „Wind". A imaginiert zuerst das Gefühl, wie der Wind über die Haut streicht, dann sieht er vom Wind gebeugte Baumwipfel vor sich und zuletzt „hört er" in seiner Vorstellung das Pfeifen des Windes. B trägt nun hinter dem Begriff „Wind" 1 Punkt für c, 2 Punkte für a, und 3 Punkte für b ein.

So verfahrt ihr bei allen Begriffen aus Bs Liste, dann werden die Rollen getauscht.

Addiert dann die Werte der Spalten. Der Wahrnehmungskanal mit der geringsten Punktzahl ist der wahrscheinlich von euch bevorzugte. Natürlich gibt es auch jede Menge Mischformen. Kaum jemand wird ein rein visueller oder kinästhetischer Typ sein.

	a) visuell	b) auditiv	c) kinästhet.
1. _____	☐	☐	☐
2. _____	☐	☐	☐
3. _____	☐	☐	☐
4. _____	☐	☐	☐
5. _____	☐	☐	☐
6. _____	☐	☐	☐
7. _____	☐	☐	☐
8. _____	☐	☐	☐
9. _____	☐	☐	☐
10. _____	☐	☐	☐
11. _____	☐	☐	☐
12. _____	☐	☐	☐

Es wäre sicherlich interessant, dieses Spiel einmal mit einem Eskimo und einem Buschmann aus Papua-Neuguinea zu spielen. Welches Ergebnis dabei wohl herauskäme? _____

_____

_____

Glaubt ihr, daß die Ausprägung von Wahrnehmungstypen auch kulturell bedingt ist? Diskutiert mit eurem Spielpartner darüber.

Findet Beispiele für das Vorhandensein einer solchen kulturellen Ausprägung.

Welche anderen Faktoren könnten eine solche Ausprägung noch beeinflussen?

Selbstwahrnehmung und Körpererfahrung — © Verlag an der Ruhr, Postfach 10 22 51, 45422 Mülheim an der Ruhr

Objektive Außenwelt =

die Wirklichkeit, wie sie wirklich ist

Wahrnehmung der Reize aus der objektiven Wirklichkeit mit Hilfe der fünf sensorischen Sinneskanäle:

sehen, hören, empfinden/fühlen, riechen, schmecken

Einschränkung der Wahrnehmung über Filter:

neurologisch, soziologisch, individuell

Ergebnis:

individuelle Interpretation der objektiven Realität = subjektive Landkarte der Wirklichkeit

Reaktion:

aufgrund der subjektiven Landkarte der Wirklichkeit = individuelles Verhalten, Handeln

Filter

Wir Menschen sind reine „Filterwesen". Aus der Flut der uns immer umströmenden Sinneseindrücke müssen wir die für uns wichtigen herausfiltern und andere ausblenden, sonst könnten wir es weder körperlich noch psychisch verkraften.

Dabei fällt es uns schwer zu begreifen, daß das Bild, das unsere Sinne uns von der Welt bieten, kein objektives Abbild der Realität darstellt. Die meisten Menschen setzen ihre Wahrnehmung der Wirklichkeit mit der Wirklichkeit selbst gleich. Wer die Struktur von Konflikten, im Kleinen wie im Großen, näher betrachtet, wird feststellen, daß ein Großteil dieser Auseinandersetzungen im Beharren auf der eigenen Position und dem festen Glauben an der objektiv wahren eigenen Sicht der Dinge beruht.

Tatsächlich aber gibt es viele verschiedene Filter für die Wahrnehmung der uns umgebenden Welt: kulturelle, biologische, soziale, individuelle …

Unsere Wahrnehmung wird auch von Bedürfnissen, Interessen und der erforderlichen Anpassung an die Umwelt geprägt:

➡ Eskimos können viele Weißtöne unterscheiden und haben viele verschiedene Bezeichnungen für Schnee;

➡ Wüstenstämme unterscheiden und benennen viele Brauntöne;

➡ das menschliche Auge unterscheidet 350.000 Farbqualitäten. Wir haben aber nur wenige Kategorien und Namen für all diese Farben.

Das folgende, in den USA durchgeführte Experiment zeigt,
wie z.B. stereotype Muster die Wahrnehmung beeinflussen:

Einer Gruppe von Personen wurde ein Bild gezeigt, das eine U-Bahn Szene wiedergibt.
Ein Schwarzer und ein Weißer sprechen miteinander.
Der Weiße hält in der linken Hand ein offenes Rasiermesser.
Die Versuchsperson sollte nun dieses Bild einer zweiten Versuchsperson beschreiben,
die das Bild nicht gesehen hatte, diese wiederum einer dritten Person usw.,
über eine Kette von sechs Versuchspersonen. Das Ergebnis war,
daß mehr als die Hälfte der letzten Versuchspersonen das Messer in der Hand
des Schwarzen lokalisierte, wobei die Deutungen soweit gingen,
daß er damit den Weißen bedrohe oder das Messer „schwänge".

 Natürlich gibt es auch bei euch Filter vor der Wahrnehmung. Welche sind euch bewußt? Unterhaltet euch in Kleingruppen darüber. Fällt euch eine Situation ein, wo ihr die Umwelt ganz anders wahrgenommen habt als andere? Wem habt ihr dabei mehr vetraut: eurer Wahrnehmung oder der Meinung des/der anderen?

 Durch eine Straße in einer großen Stadt kommen

◎ ein Grundstücksmakler,

◎ ein Bauer,

◎ ein Autofahrer,

◎ ein Schornsteinfeger.

Wie sehen sie die Straße?

Überlegt gemeinsam, welche Eindrücke sie wohl haben könnten.

Könnt ihr daraus etwas über ihre Wahrnehmung der Welt ableiten?

Selbstwahrnehmung und Körpererfahrung — © Verlag an der Ruhr, Postfach 10 22 51, 45422 Mülheim an der Ruhr

1.2 Fragebogen: Körpererfahrung

Mit diesem Fragebogen sollen die Teilnehmer sich der Erfahrungen mit ihrem eigenen Körper bewußter werden. Durch Reflexion und Vergleich mit dem Körpererleben anderer Teilnehmer können sich eventuell sogar Konsequenzen für den eigenen Alltag ergeben:

- Bewußtmachen von Leistungsgrenzen und -defiziten,
- Erinnern von Spannungs- und Entspannungszuständen,
- Einstellungen zum eigenen Körper überprüfen,
- Einstellungen zu Berührungen durch andere Menschen überprüfen,
- über eigene Körpererfahrungen sprechen,
- Konsequenzen für den Alltag ziehen.

ab 12 Jahren

bis ca. 20 Personen

a) ca. 40-50 Minuten für die Übung
b) ca. 90 Minuten für die Auswertung

Jeder Teilnehmer erhält den als Material 1 abgedruckten Sensibilitäts-Test. Sie besprechen mit den Teilnehmern die zu Beginn angegebenen zwei Beispiele. Anschließend bearbeitet jedes Gruppenmitglied den Fragebogen in einem ersten Schritt für sich allein (Dauer ca. 30 Minuten). Stellen Sie durch mehrfache Zeitinformationen sicher, daß der gesteckte Zeitrahmen möglichst nicht überschritten wird.
Danach verteilen Sie den als Material 2 abgedruckten Auswertungsbogen, in den jedes Gruppenmitglieder die Antworten einträgt, die es auf die Testfragen gegeben hat. Um Fehler zu vermeiden, können Sie das Prinzip vorher beispielhaft erklären.

- Welche Fragen waren für mich besonders schwer/besonders leicht zu beantworten?
- Was habe ich über mich erfahren, von dem ich vorher so noch nichts wußte?
- Welche Erfahrungen habe ich mit meinem Körper in Belastungssituationen?

- Welche Erfahrungen habe ich mit meinem Körper bei körperlicher Anstrengung? Wie genau spüre ich dann meinen Körper? Ist mir das Gefühl, das ich in solchen Situationen habe, eher angenehm oder eher unangenehm?
- Welche Einstellung habe ich zu meinem eigenen Körper, und wie beurteile ich sie?
- Welche Erfahrungen habe ich mit Berührungen, Zärtlichkeiten?
- Welche Bedeutung haben für mich Berührungen im alltäglichen Umgang mit anderen Menschen?
- Welche Erfahrungen habe ich mit verschiedenen Formen von Massagen? Wie erlebe ich eine Massage?
- Welche Art körperlicher Nähe kann ich mir zu einem anderen Menschen vorstellen?
- Was weiß ich über die Bedeutung von Körperkontakt für das seelische Wohlbefinden?
- Was weiß ich darüber, welche Rolle die Haut bei Berührungen spielt?
- Welche Bedeutung haben meine Antworten für meinen Alltag?

Nach dem Ausfüllen sollten die Teilnehmer in Vierer- oder Fünfergruppen ihre Ergebnisse miteinander besprechen. Anschließend treffen sich alle im Plenum. Reihum kann sich jeder Jugendliche zunächst knapp zu den beiden ersten Auswertungsfragen äußern. Im anschließenden Kreisgespräch sollten Sie weitergehende Aspekte der Auswertung einführen.

- Bei einer Reihe von Fragen des Testbogens geht es um Erfahrungen, die die Teilnehmer nicht notwendigerweise selbst gemacht haben müssen. Antworten sind in diesen Fällen naturgemäß nicht sinnvoll zu geben. Sie sollten die Jugendlichen darauf hinweisen, daß sie bei der Bearbeitung des Fragebogens entsprechende Fragen überspringen sollten.
- In keinem Fall sollten die Antworten der Jugendlichen auf dem Hintergrund von Alltagspsychologien interpretiert werden. Sie können allenfalls Anhaltspunkte liefern, an denen ggf. im Rahmen eines ver-

tiefenden Gesprächs weitergearbeitet werden kann.

- Der Fragebogen sollte in jedem Fall – ganz oder teilweise – mit anderen Spielen des Kapitels Körpererfahrung in Zusammenhang gebracht werden.

- Aus diagnostischen Erwägungen, beispielsweise zu Beginn eines Seminars oder einer Klassen- bzw. Kursfahrt, können Fragen dieses Fragebogens auch mit solchen aus dem Fragebogen Selbstwahrnehmung kombiniert werden.

- Bei Zeitproblemen kann auf eine vertiefende, über die Besprechung einzelner Fragen hinausgehende Bearbeitung des Fragebogens verzichtet werden.

- Bei jüngeren Teilnehmern ist eine genaue Besprechung der gewählten Struktur der Fragen hilfreich, um falsche Antworten zu vermeiden.

Mahr 1994; Mittermair 1985;
Scholz/Schubert 1982; Dychtwald 1981;
Entspannt sein, Energie haben 1993;
Fast 1984; Lauster 1988; Leleman 1982

Im Verlaufe eines vertiefenden Auswertungsgesprächs sollten den Teilnehmern zunächst grundlegende Kenntnisse über die Anatomie des menschlichen Körpers vermittelt werden: Hierher gehören insbesondere Bemerkungen zum Skelettaufbau, zu den Muskeln, zum Nerven-System (Material 3) und zum Herz-Kreislauf-System (Material 4). Als Moderator sollten Sie darauf hinarbeiten, den Gruppenmitgliedern ein Verständnis von der Ganzheit des Menschen nahezubringen; nur das harmonische Miteinander aller den Menschen ausmachenden körperlichen, aber auch seelischen Teile gewährleistet eine leistungsfähige und zugleich selbstbewußte und zufriedene Gesamtpersönlichkeit.

In einem nächsten Schritt können Sie die besondere Bedeutung der menschlichen Haut als Schutz- und Kontaktorgan besprechen (Material 4). Über die zahlreichen Nervenenden, die sich an der Hautoberfläche befinden, erleben wir Berührungen besonders intensiv. Welche Bedeutung haben körperliche Berührungen, in welchen Kontexten kommen sie vor und in welchen Zusammenhängen werden sie wie bewertet? Es empfiehlt sich, dabei von den konkreten Erfahrungen und Berichten der Gruppenmitglieder auszugehen.

An dieser Stelle bietet es sich auch an, mit den Jugendlichen über ihre Körpererfahrungen in Belastungssituationen und bei körperlicher Anstrengung zu sprechen. In der Regel gibt es zahlreiche konkrete Erlebnisse der Teilnehmer, mit denen Sie als Moderator weiterarbeiten können. Außerdem sollten Sie knapp darüber reden, welche Wirkungen spezielle Entspannungsübungen und sportliches Training auf die verschiedenen Körperbereiche und auf die Psyche des Menschen ausüben.

Wie nehmen wir Menschen unseren Körper wahr? Was empfinden wir als schön? Eine Diskussion der Schönheitsideale und eine vertiefende Reflexion der eigenen Körperwahrnehmung (Material 5 und 6) kann Jugendlichen die kulturelle und geschichtliche Bedingtheit der Begriffe Schönheit und Körper verdeutlichen.

Fragebogen:
Sensibilität

Auf den folgenden Seiten sind 35 Fragen abgedruckt, mit deren Hilfe du herausfinden kannst, mit welchen Sinnen und wie intensiv du deinen Körper und bestimmte Körperzustände wahrnimmst und welche Wirkungen diese Erfahrungen auf deine Person und Lebensqualität haben. Du erfährst auch einiges darüber, was du von deinem Körper und von Berührungen hältst und wie du damit umgehst.

Die Anwort auf jede Frage kann auf einer Punkteskala von „+5" bis „-5" angekreuzt werden. Je weiter der angekreuzte Wert im Plusbereich liegt, desto mehr stimmst du der vorgegebenen Aussage zu; je weiter der angekreuzte Wert im negativen Bereich der Skala liegt, desto weniger trifft die jeweilige Textaussage auf dich zu. Wenn du die in den Testfragen angenommenen Erfahrungen noch nicht gemacht hast, überspringe die entsprechenden Fragen einfach. Antworte bitte möglichst spontan, aber ehrlich! Lies die Beispiele aufmerksam durch, und beginne danach mit der Beantwortung der 35 Fragen. Die Reihenfolge der Beantwortung ist beliebig. Du hast dafür höchstens 30 Minuten Zeit.

1. Beispiel

Ich schaue jeden Tag mehrmals in den Spiegel und kann mich an meinem Spiegelbild erfreuen. Ich lege großen Wert darauf, mich häufiger im Spiegel anzuschauen, und ich fühle mich sehr wohl dabei.

stimmt nicht — stimmt zum Teil — stimmt genau

-5	-4	-3	-2	-1	0	+1	+2	+3	+4	+5
☐	☐	☐	☐	☐	☐	☐	☐	☐	☒	☐

Die Antwort „+4" besagt: Ja, ich schaue fast jeden Tag mehrmals in den Spiegel; und kann mich an meinem Spiegelbild erfreuen. Ich lege auch recht großen Wert darauf, mich häufig im Spiegel zu betrachten, und das macht mir ziemlich großen Spaß.

2. Beispiel

Ich habe keine Probleme, andere Menschen in geeigneten Situationen, zum Beispiel in der Sauna, nackt zu sehen. Ich kann es genießen, in solchen Situationen auch selbst nackt zu sein.

stimmt nicht — stimmt zum Teil — stimmt genau

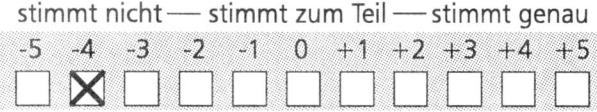

-5	-4	-3	-2	-1	0	+1	+2	+3	+4	+5
☐	☒	☐	☐	☐	☐	☐	☐	☐	☐	☐

Die Antwort „-4" besagt: Nein, ich habe erhebliche Schwierigkeiten, wenn ich in der Sauna bin und andere Menschen nackt sehe. Ich kann es kaum genießen, in der Situation selbst nackt zu sein.

Und hier die 35 Testfragen:

1. Ich weiß genau, wie es sich anfühlt, wenn ich richtig müde bin. Ich kenne dieses Gefühl gut, weil ich es oft erlebe, wenn ich hart gearbeitet oder intensiv Sport getrieben habe. Ich kann ziemlich genau beschreiben, wie und wo in meinem Körper sich dieses Gefühl breitmacht. Ich mag dieses Gefühl.

-5	-4	-3	-2	-1	0	+1	+2	+3	+4	+5
☐	☐	☐	☐	☐	☐	☐	☐	☐	☐	☐

2. Wenn ich Angst bekomme, habe ich immer ein ganz bestimmtes Gefühl dabei. Ich kann ziemlich genau beschreiben, wo sich dieses Gefühl in meinem Körper meldet und wie intensiv es ausgeprägt ist. Ich weiß auch ziemlich genau, in welcher Weise dieses Gefühl nach einiger Zeit wieder verschwindet.

-5	-4	-3	-2	-1	0	+1	+2	+3	+4	+5
☐	☐	☐	☐	☐	☐	☐	☐	☐	☐	☐

3. Ich habe in einem Kurs gelernt, mich aktiv zu entspannen. Seither führe ich diese Entspannungsübungen regelmäßig durch: Ich habe Kenntnisse in Autogenem Training oder Progressiver Muskelentspannung. Das Gefühl, das sich während und nach der Durchführung dieser Übungen bei mir einstellt, empfinde ich als sehr angenehm.

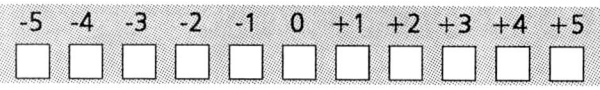

-5	-4	-3	-2	-1	0	+1	+2	+3	+4	+5
☐	☐	☐	☐	☐	☐	☐	☐	☐	☐	☐

4. Wenn ich meine Hand zur Faust balle, habe ich bereits eine genaue Vorstellung davon, wie es sich anfühlt, wenn ich anschließend die Faust öffne und sich die angespannten Muskeln entspannen.

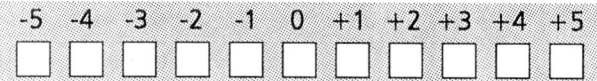

-5	-4	-3	-2	-1	0	+1	+2	+3	+4	+5
☐	☐	☐	☐	☐	☐	☐	☐	☐	☐	☐

5. Ich habe Erfahrungen damit, von anderen Menschen angefaßt zu werden. Ich kann es intensiv genießen, wenn mich eine andere Person zur Begrüßung oder beim Abschied liebevoll umarmt. Ich habe gelernt, andere Menschen, die mir nahestehen, bei passenden Gelegenheiten ebenfalls zu umarmen.

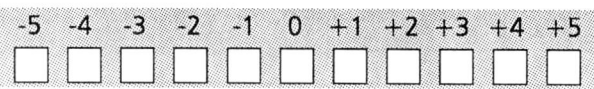

-5	-4	-3	-2	-1	0	+1	+2	+3	+4	+5
☐	☐	☐	☐	☐	☐	☐	☐	☐	☐	☐

6. Ich begegne immer wieder Menschen, die traurig sind. Wenn ich andere Menschen in solchen Situationen trösten möchte, nehme ich sie lieber in den Arm, als daß ich mit ihnen spreche. Ich erlebe dabei, wie sich die betreffenden Menschen dann sehr rasch beruhigen. Diese Erfahrung kann ich sehr gut genießen.

-5	-4	-3	-2	-1	0	+1	+2	+3	+4	+5
☐	☐	☐	☐	☐	☐	☐	☐	☐	☐	☐

7. Ich habe konkrete Erfahrungen damit, von einem anderen Menschen massiert zu werden. Ich erlebe die Massage am ganzen Körper als angenehm und kann die damit verbundenen Gefühle intensiv genießen.

-5	-4	-3	-2	-1	0	+1	+2	+3	+4	+5
☐	☐	☐	☐	☐	☐	☐	☐	☐	☐	☐

8. Wenn ich einmal so richtig abschalten will, produziere ich in meinem Kopf einen Film von angenehmen Erinnerungen. Ich spüre dann, wie ich sofort ruhiger und gelassener werde.

-5	-4	-3	-2	-1	0	+1	+2	+3	+4	+5
☐	☐	☐	☐	☐	☐	☐	☐	☐	☐	☐

9. Ich weiß ziemlich genau, wie viele Atemzüge ich pro Minute mache. Ich kann auch beschreiben, ob ich eher flach oder tief atme. Ich habe mich schon öfter damit beschäftigt, mir meine Atmung bewußt zu machen. Ich weiß auch, daß ich mit Hilfe einer bewußten Kontrolle der Atmung meine körperliche Befindlichkeit zielgerichtet verbessern kann.

-5	-4	-3	-2	-1	0	+1	+2	+3	+4	+5
☐	☐	☐	☐	☐	☐	☐	☐	☐	☐	☐

10. Ich habe Erfahrungen mit Atemübungen. Daher ist mir bekannt, weshalb man zunächst in den Bauch- und erst danach in den Brustraum einatmen soll. Ich weiß auch, daß man durch das bewußte Verlangsamen des Ausatmens im Körper einen Entspannungseffekt auslösen kann. Außerdem weiß ich, daß bei körperlichem Training folgende Regel gilt: Beim Entspannen einatmen, beim Anstrengen ausatmen.

-5	-4	-3	-2	-1	0	+1	+2	+3	+4	+5
☐	☐	☐	☐	☐	☐	☐	☐	☐	☐	☐

11. Mir ist schon öfter aufgefallen, daß sich meine Gefühle in einer Situation ohne erkennbaren Grund verändern. Gleichzeitig habe ich festgestellt, daß ich meine Stimmung beeinflussen kann, indem ich meine Körperhaltung in der entsprechenden Situation verändere. Ich verändere daher auch häufiger ganz bewußt meine Körperhaltung, wenn mir auffällt, daß ich mich in einer Situation nicht wohl fühle.

-5	-4	-3	-2	-1	0	+1	+2	+3	+4	+5
☐	☐	☐	☐	☐	☐	☐	☐	☐	☐	☐

12. Ich habe schon mehrfach einem anderen Menschen in einer für ihn problematischen Situation die Hand gehalten. Dabei ist mir aufgefallen, daß sich die andere Person deutlich entspannt hat, obwohl ich während der ganzen Zeit kein Wort gesprochen habe. Mir ist das Handhalten dabei immer recht leicht gefallen, und ich habe mich dabei wohl gefühlt.

-5	-4	-3	-2	-1	0	+1	+2	+3	+4	+5
☐	☐	☐	☐	☐	☐	☐	☐	☐	☐	☐

13. Ich kann mir gut vorstellen, daß es Spaß machen kann, einmal mit geschlossenen Augen durch einen Wald geführt zu werden. Ich habe mich schon öfter von einem anderen Menschen „blind" führen lassen und weiß daher, wie angenehm diese Erfahrung sein kann.

-5	-4	-3	-2	-1	0	+1	+2	+3	+4	+5
☐	☐	☐	☐	☐	☐	☐	☐	☐	☐	☐

14. Ich bin sicher, nicht die äußeren Ereignisse sind dafür verantwortlich, wie sich ein Mensch fühlt, sondern der Mensch selbst. Schließlich können wir uns entscheiden, ob wir uns in einer bestimmten Situation gut oder schlecht fühlen wollen. Ich habe es gelernt, meine Gefühle in belastenden Situationen durch angenehme Gefühle auszutauschen.

-5	-4	-3	-2	-1	0	+1	+2	+3	+4	+5
☐	☐	☐	☐	☐	☐	☐	☐	☐	☐	☐

15. Ich bin der Meinung, daß man einem anderen Menschen in bestimmten Situationen durch Körperkontakt viel mehr sagen kann als durch Worte. Ich setze diese Auffassung auch in die Praxis um, und ich werde in meiner Auffassung fast immer bestätigt.

-5	-4	-3	-2	-1	0	+1	+2	+3	+4	+5
☐	☐	☐	☐	☐	☐	☐	☐	☐	☐	☐

16. Ich bin manchmal ganz besonders aufgeregt, zum Beispiel dann, wenn ich kurz vor einer Klassenarbeit oder Klausur oder einer anderen Prüfung stehe. Wenn mir ein Mensch in einer solchen Situation die Hand halten würde, würde ich das sicher als sehr angenehm erleben und bestimmt ganz schnell ruhiger werden.

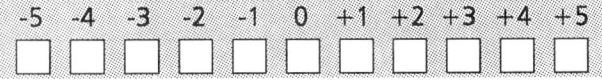

17. Ich treibe ziemlich viel Sport. Wenn ich meinem Körper dabei einmal richtig viel zumute, fühle ich mich anschließend immer besonders wohl. Ich kann es dann so richtig genießen, wie mein Körper sich anfühlt, wenn ich mich kräftig verausgabt habe.

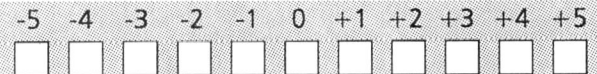

18. Wenn ich jetzt an ein Ereignis denke, bei dem ich mich richtig gut gefühlt habe, spüre ich sofort auch das Gefühl wieder in meinem Körper, das zu dieser Erfahrung gehört.

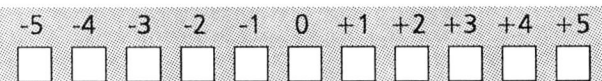

19. Ich denke, die meisten Menschen sind in bestimmten Situationen überlastet und überfordert. Um diesen Streß auf die Dauer auszuhalten, sollte man sich Methoden zur aktiven Entspannung aneignen. Entspannung ist eine sehr angenehme Erfahrung. Die Entspannungsübungen sollten zum festen Bestandteil des Tagesablaufs werden.

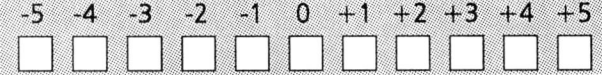

20. Wenn man einem Menschen die Augen verbindet und ihn auffordert, dann seinen Namen auf ein Stück Papier zu schreiben, wird ihm das sicher ziemlich schwer fallen.

21. Wenn ich einmal richtig angespannt und genervt bin, habe ich ein ganz bestimmtes Ritual, um mich zu entspannen. Ich schaffe es dann auch ziemlich schnell, wirklich ruhig zu werden. Ich habe gemerkt, daß es wichtig ist, ein solches Ritual zu haben, um wirklich ganz abschalten zu können.

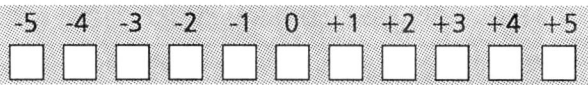

22. Bevor ich abends einschlafe, habe ich mir angewöhnt, immer etwas ganz Bestimmtes zu tun. Wenn ich einmal etwas anderes mache, fällt es mir viel schwerer einzuschlafen als sonst.

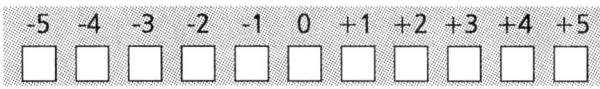

23. Ich habe beobachtet, daß manche Menschen zurückweichen, wenn man ihnen zu nahe kommt. Ich kann dies nicht so recht verstehen. Mir fällt es ziemlich leicht, einem anderen Menschen nahe zu kommen.

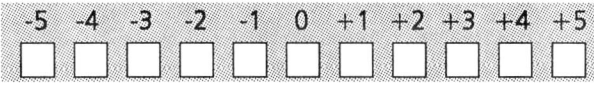

24. Massagen sind nicht nur geeignet, Muskelverspannungen und -verhärtungen zu lösen. Massagen lockern auch die Seele des Massierten. Deshalb sollte sich jeder Mensch darum bemühen, einen guten Masseur zu finden, um möglichst regelmäßig eine qualifizierte Massage genießen zu können.

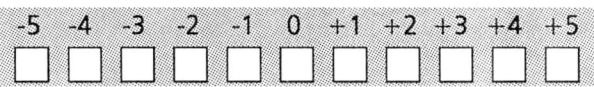

25. Wenn ich einmal so richtig von allem die Nase voll habe, gehe ich immer an einen bestimmten Ort. An diesem Lieblingsort finde ich die Ruhe, die ich in solchen Situationen brauche. Ich kann dann dort sehr rasch auftanken und fühle mich bald wieder wohl.

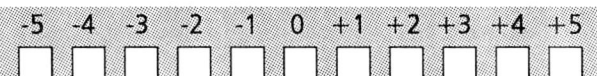

26. Wenn ich an einen besonders lieben Menschen denke, mache ich mir immer auch sofort ein besonders schönes Bild von ihm. Ich sehe ihn dann so richtig plastisch vor meinem inneren Auge. Und ich spüre dann irgendwie auch körperlich, wie ich diesen Menschen mag. Ich fühle mich dann immer sehr wohl.

-5	-4	-3	-2	-1	0	+1	+2	+3	+4	+5
□	□	□	□	□	□	□	□	□	□	□

27. Wenn ich einmal richtig viel gearbeitet habe, kann es schon vorkommen, daß ich Kopfschmerzen bekomme. In solchen Fällen kenne ich verschiedene gymnastische Übungen, die mir helfen, die Beschwerden rasch zu lindern oder zu beseitigen. Ich mag es dann immer besonders, zu spüren, wie die Kopfschmerzen wieder langsam aus dem Kopf verschwinden.

-5	-4	-3	-2	-1	0	+1	+2	+3	+4	+5
□	□	□	□	□	□	□	□	□	□	□

28. Wenn ich mich an ein besonders schönes Ereignis aus meinem Leben erinnere, läuft in meinem Kopf ein richtiger Tonfilm ab: Ich sehe dann bewegte Bilder und höre sogar oft etwas dazu; manchmal rieche und schmecke ich dann im Geiste auch etwas. In solchen Fällen habe ich auch immer ein sehr angenehmes Gefühl.

-5	-4	-3	-2	-1	0	+1	+2	+3	+4	+5
□	□	□	□	□	□	□	□	□	□	□

29. Ich habe schon öfter an Spielen teilgenommen, bei denen den Spielteilnehmern die Augen verbunden wurden. Man sollte dann besonders auf seinen Gehör- oder Tastsinn achten. Mir haben diese Spiele immer viel Spaß gemacht.

-5	-4	-3	-2	-1	0	+1	+2	+3	+4	+5
□	□	□	□	□	□	□	□	□	□	□

30. Wenn ich einem anderen Menschen allein durch Berühren seiner Hände meine Gefühle vermitteln sollte, würde mir das bestimmt nicht leicht fallen. Aber ich würde es versuchen und traue mir schon zu, es irgendwie auch zu schaffen.

-5	-4	-3	-2	-1	0	+1	+2	+3	+4	+5
□	□	□	□	□	□	□	□	□	□	□

31. Ich weiß wie schwierig es manchmal ist, seine eigenen Gefühle klar zu bestimmen. Noch schwieriger ist es dann oft, einem anderen Menschen diese Gefühle auf angemessene Weise mitzuteilen. Ich habe gelernt, in solchen Situationen genau auf meinen Körper zu hören. Er sagt mir dann genau, was ich fühle.

-5	-4	-3	-2	-1	0	+1	+2	+3	+4	+5
□	□	□	□	□	□	□	□	□	□	□

32. Ich habe den Eindruck, daß die Menschen in unserer Kultur viel zu kopflastig sind. Vielen könnte es nicht schaden, wenn sie ihre Gefühle ernster nähmen und wenn sie diese anderen Menschen auch mitteilten. Ich denke, um seine Gefühle anderen mitteilen zu können, muß man sie erst einmal richtig wahrnehmen. Dazu gehört für mich vor allem ein intensives Körpererleben. Denn wo sonst als in meinem Körper sind denn die Gefühle?

-5	-4	-3	-2	-1	0	+1	+2	+3	+4	+5
□	□	□	□	□	□	□	□	□	□	□

33. Gefühle erlebe ich immer zuerst im Körper. Mein Körper sagt mir, wie ich mich fühle. Erst danach, so glaube ich, mache ich mir einen Begriff von dem jeweiligen Gefühl, das ich gerade habe.

-5	-4	-3	-2	-1	0	+1	+2	+3	+4	+5
□	□	□	□	□	□	□	□	□	□	□

34. Um so richtig zu wissen, wer man eigentlich ist, ist es bestimmt wichtig, auch möglichst viel von seinem Körper zu wissen. Doch dieses Wissen darf sich nicht nur im Kopf abspielen; man muß auch erleben, man muß spüren, wie der eigene Körper funktioniert.

-5	-4	-3	-2	-1	0	+1	+2	+3	+4	+5
□	□	□	□	□	□	□	□	□	□	□

35. Ich fände es phantastisch, wenn Menschen ihre körperliche und seelische Befindlichkeit selbst beeinflussen könnten, indem sie ihre Vorstellungen veränderten. Wenn es eine solche Möglichkeit der Veränderung gäbe, würde mich das schon sehr interessieren.

-5	-4	-3	-2	-1	0	+1	+2	+3	+4	+5
□	□	□	□	□	□	□	□	□	□	□

Auswertungsbogen

Trage jetzt deine im Fragebogen angekreuzten Punktwerte sorgfältig in den unten abgedruckten Auswertungsbogen ein. Mache kleine Kreuze in die entsprechenden Felder. Verbinde anschließend die einzelnen Kreuze durch eine Linie miteinander.

	-5	-4	-3	-2	-1-	0	+1	+2	+3	+4	+5
1											
2											
3											
4											
5											
6											
7											
8											
9											
10											
11											
12											
13											
14											
15											
16											
17											
18											
19											
20											
21											
22											
23											
24											
25											
26											
27											
28											
29											
30											
31											
32											
33											
34											
35											

Zu deiner Information:
Je mehr deine „Sensibilitätslinie" im linken, negativen Bereich des Diagramms verläuft, desto geringer sind deine Fähigkeiten zur aktiven Körperwahrnehmung und dein Körperbewußtsein und -erleben entwickelt.
Du kannst etwas dagegen tun!
Je weiter die Linie im rechten Teil des Diagramms verläuft, um so größer ist deine Fähigkeit zur Wahrnehmung des eigenen Körpers einzuschätzen.

Das menschliche Skelett

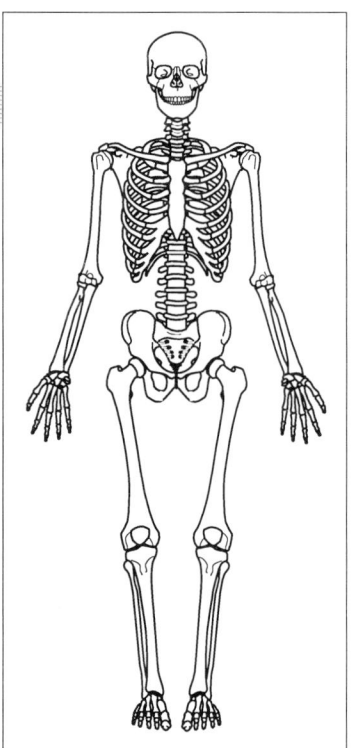

Knochen sind die tragenden Säulen des Körpers. Sie sind das Gerüst, in dessen Schutz die inneren Organe und das Gehirn arbeiten. Über Gelenke und Sehnen sind die Knochen mit den Muskeln so verbunden, daß Bewegung möglich ist. Zusätzlich sind die Knochen ein riesiger Kalzium- und Phosphatspeicher. So starr ein Knochen auch wirkt, in seinem Innern ist er höchst lebendig. Ständiger Auf- und Abbau des Körpergewebes sorgt dafür, daß der Zustand des Skeletts sich den ständig ändernden Anforderungen des Körpers anpassen kann.

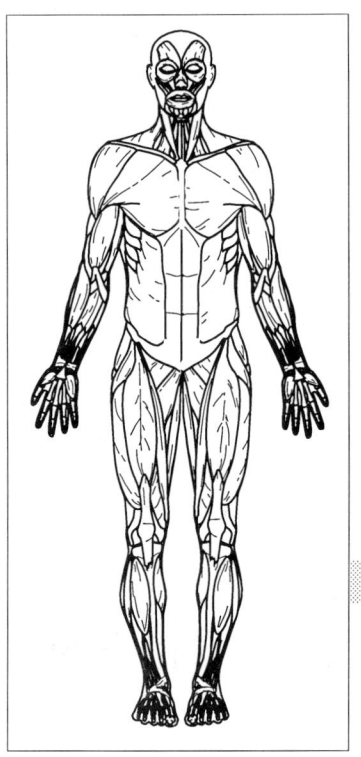

Die menschlichen Muskeln

Die Skelettmuskeln ermöglichen die Bewegung des Körpers. Ihre Muskelfasern können sich in schneller Folge zusammenziehen und wieder entspannen. Das Signal zu dieser Muskelarbeit geben die Nerven. Jeder Muskel ist ein durch Bindegewebe zusammengehaltenes Bündel von Muskelfasern. Die Energievorräte in einer Muskelfaser reichen für etwa 20 Sekunden Arbeit. Dann müssen der Traubenzucker und der Sauerstoff, die das Blut heranspült, neue Energie liefern. Muß ein Muskel ohne ausreichende Sauerstoffversorgung arbeiten, sammeln sich in ihm unerwünschte Stoffwechselprodukte wie zum Beispiel Milchsäure an (Muskelkater). Die Muskelfaser baut diese „Schlacken" sofort ab, wenn sie sich ausruhen darf. Es ist also günstiger, bei Belastungen viele kurze Pausen einzulegen als einige lange.

Das menschliche Nervensystem

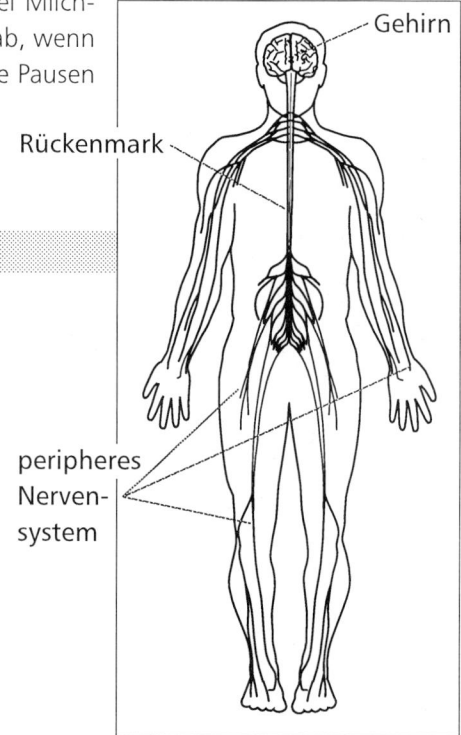

Das Nervensystem ist der vielfältigste und komplizierteste Teil des Körpers. Es teilt sich in das zentrale Nervensystem (Gehirn und Rückenmark) und das periphere Nervensystem (alle übrigen Nervenbahnen). Die Kopf- und Hirnnerven geben Impulse an einzelne Körperregionen, sie müssen aber auch Impulse aufnehmen, weiterleiten und verarbeiten. Das Rückenmark ist die Fortsetzung des Gehirns, es hat den gleichen Aufbau. Die peripheren Nervenbahnen leiten Empfindungen und Wahrnehmungen von außerhalb des Körpers zum Zentralnervensystem, und sie leiten dessen Anweisungen an die Muskeln und Organe weiter. Der Transport von Informationen erfolgt durch die Übermittlung schwacher elektrischer Ströme, chemischer Reaktionen oder körpereigener Übertragungsstoffe.

Selbstwahrnehmung und Körpererfahrung — © Verlag an der Ruhr, Postfach 10 22 51, 45422 Mülheim an der Ruhr

Das menschliche Herz-Kreislauf-System

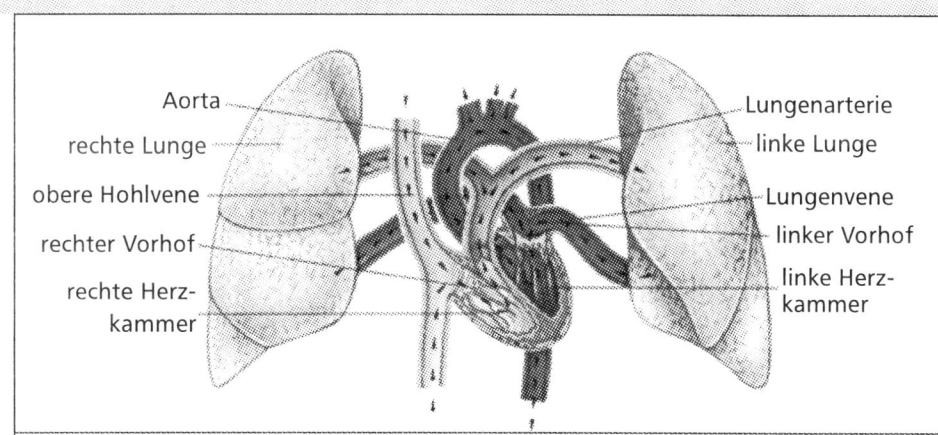

Aorta	Lungenarterie
rechte Lunge	linke Lunge
obere Hohlvene	Lungenvene
rechter Vorhof	linker Vorhof
rechte Herz-kammer	linke Herz-kammer

Abbildung mit freundlicher Genehmigung aus: Corazza, V. u.a., Kursbuch Gesundheit, Köln 1995

Im Laufe von 70 Jahren schlägt ein Herz etwa 2.500.000.000 mal. Es versorgt den gesamten Körper mit Blut, das vom Herz weg zu den Arterien gepumpt wird. Die Arterien verzweigen sich immer weiter, sie werden enger und enger, formen sich zu Arteriolen, verzweigen sich weiter und werden zu den Kapillaren, winzigen Blutgefäßen.Über diese Kapillaren wird das Gewebe mit Sauerstoff und Nährstoffen versorgt. Dabei nimmt das Blut auch Abfallstoffe auf, zum Beispiel Kohlendioxid, das beim Stoffwechsel entsteht. Über die Venen wird das „verbrauchte" Blut zum Herzen zurückgeleitet und von dort in die Lungen gepumpt. Da wird das Kohlendioxid ausgewaschen (und ausgeatmet), das Blut neu mit Sauerstoff beladen und in den Kreislauf zurückgepumpt.

Die menschliche Haut

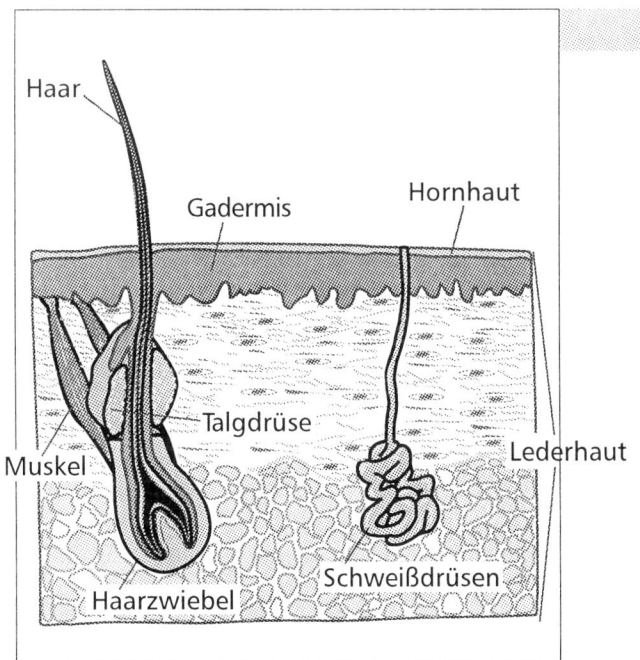

Haar

Gadermis

Hornhaut

Talgdrüse

Muskel

Lederhaut

Haarzwiebel

Schweißdrüsen

Die Haut ist das größte Organ des Menschen. Sie hat eine Fläche von etwa zwei Quadratmetern und wiegt etwa zwei Kilogramm. Als Grenze zur Außenwelt hat sie mehrere Funktionen: Sie ist Organ des Tast-, Schmerz- und Wärmesinnes. Dabei hat sie auch große Bedeutung im Kontakt mit anderen Menschen und für das eigene Wohlbefinden. Sie bietet Schutz vor mechanischen Einflüssen (Stöße, Reiben). Sie reguliert die Körpertemperatur durch die äußere Isolationsschicht (Haare), die Fettschicht, das Kühlungssystem des Blutgefäßnetzes und die Schweißdrüsen. Durch die Hornschicht und ein keimfeindliches Milieu der Hautoberfläche (trocken und sauer) schützt sie vor Krankheitskeimen. Sie bietet Schutz vor den schädigenden UV-B-Strahlen der Sonne (durch Bräunung und Verdickung der Haut). Als Barriere zwischen Organismus und Umwelt verhindert sie ein Austrocknen des Körpers und Eindringen körperfremder Erreger.

Schöön dick! – Iiih, wie fätt!!

Kein Zweifel: Wir sind sehr stark von Äußerlichkeiten abhängig. Wer bestimmt die Wertigkeit dieser Äußerlichkeiten? In anderen Kulturen herrschen andere Idealvorstellungen vor. Zu anderen Zeiten existierten auch andere Ideale als heute. Kurz: Die Schönheitsideale ändern sich.

Wir finden heutzutage in unserer Gesellschaft sportliche, schlanke, mobile Typen gut. Zumindest ist es das, was in der Werbung tagtäglich als Schönheitsideal von „hippen" coolen Typen eingeprägt wird. Wer anders ist, dem Ideal nicht entspricht, hat es schwerer, Kontakt zu knüpfen. „Dikke" Menschen zum Beispiel finden bei uns weit schwerer Akzeptanz als schlanke, sportliche Typen. Andererseits haben es die „Traumtypen" auch nicht leicht: Bewunderung liegt direkt neben Neid und verhindert andererseits auch oftmals einen unvoreingenommenen Kontakt.

Wer oder was bestimmt euer Schönheitsideal?

_____

_____

Vergleicht ihr euch bewußt mit den „Idealtypen" aus der Werbung und aus Filmen?

_____

_____

Beschreibt euer Schönheitsideal. Wer entspricht ihm?

_____

_____

_____

_____

_____

_____

Wie wird wohl das Schönheitsideal des Jahres 2050 in Europa aussehen? Versucht, eine umfassende Beschreibung zu geben.

_____

_____

_____

_____

 Selbstwahrnehmung und Körpererfahrung – © Verlag an der Ruhr, Postfach 10 22 51, 45422 Mülheim an der Ruhr

My body the car?

1 „Mein Körper ist eine Maschine. Er muß gepflegt werden wie ein Auto: Ich achte darauf, was ich esse und trinke! Ich treibe regelmäßig Sport und gehe zum Bodybuilding. Außerdem mache ich Karate. Das gibt mir Sicherheit. Ich finde schon, daß sportliche Typen besser ankommen!"

2 „Gut, ich bin nicht gerade der Schwarzenegger. Eher Woody Allen. Hat aber doch auch was! Muskelmaschinen und dauernd dieser Sport- und Körperstreß? Ätzend! Darauf stehen eh nur Hirnis, die obenrum unterbelichtet sind. Geist und Witz find' ich viel wichtiger! Ich fühle mich auf jeden Fall ganz wohl in meiner Haut."

3 „Ich versuche, mich total bewußt zu ernähren. Treibe viel Sport. Halte mein Idealgewicht. Wenn du Model werden willst, mußt du total diszipliniert sein. Natürlich zahle ich dafür auch den Preis, daß ich mal passen muß, wo andere ihren Spaß haben. Aber es ist schon toll, wenn man einen guten Körper hat. Und warum soll man daraus nicht Kapital schlagen?"

4 „Marylin Monroe war ja auch nicht gerade schlank, und wenn man etwas mobbeliger ist, kann man auch ganz gut ankommen. Früher hatte ich immer Komplexe wegen meiner Figur, aber heute weiß ich, daß die Typen, die mich wegen meines Bauchs blöd finden, selber blöd sind. Die können mir gestohlen bleiben. Ich habe sehr gute Freunde und fühle mich eigentlich meistens sehr wohl mit mir."

Vier Typen, vier verschiedene Körperwahrnehmungen.
Welche kommt euren eigenen Vorstellungen am nächsten?

A Anregungen zum Nachdenken und Miteinandersprechen:

1. Gibt es Unterschiede in der Körperwahrnehmung von Frauen und Männern? Wodurch könnten diese Unterschiede geprägt sein?

2. Wie sieht eurer Meinung nach eine typisch männliche bzw. typisch weibliche Selbstwahrnehmung aus?

3. Inwieweit entspricht eure „Haltung" dieser typischen Wahrnehmung?

4. Wie wohl fühlt ihr euch in eurem Körper?

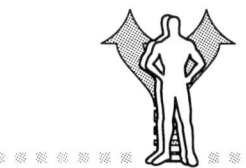

„Wir sind am Universum teilhabende Organismen.
Durch unsere Sinneskanäle – durch Sehen, Hören, Fühlen,
Riechen und Schmecken – nehmen wir Informationen über
unsere Umwelt und unsere inneren Zustände auf.
Durch unser Nervensystem werden diese Informationen
organisiert, miteinander verknüpft, verstärkt oder abge-
schwächt und weitergeleitet. Die Zentrale unseres Nerven-
systems, das Gehirn, ist ein hochkomplizierter, bis heute
noch weitgehend unerforschter Bio-Computer.
In diesem Bio-Computer entsteht die Reproduktion unserer
äußeren und inneren Welt. Wir wissen nicht, ob diese
Reproduktion – diese ‚Landkarte' –, mit der wirklichen
‚Landschaft' übereinstimmt. Wir wissen aber, daß aufgrund
subjektiver Wahrnehmungsprozesse jeder von uns seine
eigene ‚Landkarte' entwirft."

(Fries u. a. 1994, 19)

 Selbstwahrnehmung und Körpererfahrung – © Verlag an der Ruhr, Postfach 10 22 51, 45422 Mülheim an der Ruhr

2.0 Einführung

Die subjektive Weltsicht

Wenn Menschen die sie umgebende Umwelt wahrnehmen, benutzen sie nicht nur die bekannten sensorischen Sinneskanäle: Sehen, Hören, Fühlen, Riechen und Schmecken. Ständig ist das menschliche Gehirn damit beschäftigt, von außen kommende Informationen auf vielfältige Weise zu verarbeiten und als bestandsfähige Aussagen über die Außenwelt in unserem Bewußtsein widerzuspiegeln. Das Gehirn ist dabei keineswegs autonom; vielmehr wird es in seiner Leistungsfähigkeit durch physiologische, soziale und vor allem individuelle Einflüsse in seinen Möglichkeiten bedingt.

Gerade unter individuellen Gesichtspunkten sind spezifische gedankliche, gefühlsmäßige und körperliche Reaktionen auf Ereignisse der Umwelt charakteristisch für jeden von uns. Diese Reaktionen sind in beachtlichem Umfang an der jeweils typischen Interpretation der Außeninformationen beteiligt und beeinflussen sie daher wesentlich. Die als Ergebnis aus der internalen Verarbeitungsvorgänge resultierende Weltsicht ist somit in jeder Hinsicht subjektiv; sie entspricht unter evolutionären Gesichtspunkten nur insoweit der Realität, wie dies für das Überleben des Individuums und damit der menschlichen Art erforderlich erscheint. Tilgungen, Verzerrungen und Generalisierungen der auf das Individuum einströmenden Informationen werden zum Zweck des Überlebens in Kauf genommen, solange sie diesem Zweck nicht entgegenstehen.

Diese von der Erkenntnistheorie ebenso wie von der philosophischen Hermeneutik und der sozialwissenschaftlichen Forschung vorgetragene Einschätzung, wonach die menschliche Weltsicht vom Wahrnehmungsapparat und den kulturellen und persönlichen Rahmenbedingungen und Erfahrungen abhängt, ist interessant. Sie räumt nämlich mit dem Vorurteil auf, daß unsere Wahrnehmungen und Einschätzungen mit der wirklichen Welt identisch sind oder unsere soziale Umwelt tatsächlich beurteilen. Daß wir unsere Welt gleichsam mit jedem Akt der Wahrnehmung und deren Verarbeitung jeweils neu erschaffen, kommt schon einer kopernikanischen Wende gleich.

Welche Qualitäten in der Welt objektiv vorhanden sind, läßt sich letztlich ebensowenig feststellen, wie wir eine Aussage darüber machen können, welche Farbe die Mondoberfläche hat. Unsere Feststellungen in bezug auf die Frage, wie die Welt an sich beschaffen ist, sind durch Vorbedingungen bereits vor aller Erfahrung definiert. Unser Wahrnehmungsapparat stattet uns mit Fähigkeiten aus, die zugleich die Einschränkungen unserer Welterkenntnis bedeuten. Wir können uns nicht vorstellen, daß etwas außerhalb von Zeit, Raum oder Ursache existiert. Die Frage, ob es Zeit, Dreidimensionalität oder das Prinzip der Kausalität in der Wirklichkeit tatsächlich gibt, bleibt damit trotzdem unbeantwortet. Unsere Vernunft verhilft uns bei allem Zweifel lediglich zu der Einsicht, daß uns eine objektive Welt- und Selbsterkenntnis verwehrt ist. Daß es eine objektive Wirklichkeit gibt, ist jedoch unstrittig.

Der Aufbau unseres Gehirns

Trotzdem machen wir täglich Erfahrungen mit der Welt. Wir nehmen wahr, und wir reagieren darauf, was unser Gehirn aus diesen Wahrnehmungen macht. Die moderne Gehirnforschung fand heraus, daß die menschliche Großhirnrinde funktionell gegliedert ist und man in bezug auf die Aufgabenverteilung strukturell eine rechte und eine linke Hemisphäre unterscheiden kann. Das menschliche Großhirn macht rund sieben Achtel der Masse des gesamten Zentralnervensystems aus. Etwa zehn Milliarden Nervenzellen stehen für die Verarbeitung der von außen kommenden Reize zur Verfügung und ermöglichen dem Individuum eine detaillierte, wenngleich nicht objektive Wahrnehmung der Umwelt.

Die Benutzung der verschiedenen Wahrnehmungskanäle versetzt unterschiedliche Bereiche der stark gefalteten, ungefähr eine Fläche von 250 000 Quadratmillimeter umfassenden Großhirnrinde in Aktivität. Rechtshemisphärisch beispielsweise liegen am Hinterkopf das Sehzentrum und – etwas weiter nach vorn – die Körperfühlsphäre, die die unterschiedlichen Körperempfindungen registriert. Linkshemisphärisch dagegen findet man, im Schläfenlappen lokalisiert, das Hörzentrum, das nicht nur das Wahrnehmen aller auditiven Reize regelt, sondern zugleich eine Voraussetzung für das menschliche Sprechen bildet. Auch die Zentren für das Riechen und Schmecken befinden sich in der linken Hirnhälfte.

Der linken Hemisphäre werden vor allem logisch-rationale Fähigkeiten, der rechten Gehirnhälfte in erster Linie die Fähigkeit zu komplexem, ganzheitlichem und intuitivem Erfassen und Bewältigen der einströmenden Reize zugeordnet. Während die rechte Gehirnhälfte eher assoziativ orientiert ist, auf Gefühle reagiert und zur Organisation der Informationen vorzugsweise komplexe Bilder benutzt, verarbeitet die linke Gehirnhälfte Informationen stark linear und zergliedernd. Sie benutzt Sprache und Zeichen und analysiert die von außen einströmenden Reize vor allem nach dem Kausalitätsprinzip.

Diese vereinfachende Betrachtung ignoriert, daß die beiden Gehirnhälften in Wahrheit nicht völlig isoliert voneinander sind; vielmehr sind sie durch den sogenannten Balken, das corpus calosum, miteinander verbunden. Das corpus calosum, ein hochkomplexes Nervenbündel, sorgt dafür, daß die sich im Grundsatz ergänzenden Leistungen der beiden Hirnhälften auf einer übergeordneten Ebene miteinander vernetzt werden. Zwar ist auch jede Hemisphäre aufgrund ihrer eigenen Fähigkeiten für sich alleine in der Lage, die eingehenden Informationen zu interpretieren; erst die ganzheitliche interne Verarbeitung aber verhilft dem Individuum zu einer (erkenntnistheoretisch gesehenen) angemessenen Weltsicht. Daß sich diese im Alltag bewährt, zeigt die Tatsache, daß wir uns in dieser Welt zurechtfinden und überleben.

Wahrnehmungsdefizite

Unsere Wahrnehmungs- und Erlebnisfähigkeiten sind für eine ganzheitliche Erfahrung allerdings in der Regel nicht angemessen entwickelt. Die meisten Menschen nehmen ihre Umwelt beispielsweise primär über das Sehen wahr; die übrigen Eingangskanäle sind demgegenüber weniger geschult. Solche Vereinseitigungen führen nicht nur im sensorischen Bereich der Wahrnehmung zu einer Verödung der Erfahrungswirklichkeit und damit zur Abstumpfung vor allem gegenüber sensiblen Reizen der Umwelt und anderer Menschen. Sie verzerren über die ohnehin nicht auszuschaltenden sozialen und persönlichen Vorurteile hinaus zudem das Selbstbild, welches das Individuum im Spiegel der Mitmenschen von sich entwirft. Es stellt für uns in jedem Fall einen Vorteil dar, die Umwelt möglichst unverzerrt, also vielfältig zu erleben und uns auf diesem Wege ein insgesamt zumindest weitgehend angemessenes Bild der eigenen Lebenswirklichkeit zu machen.

Die Wahrnehmungsübungen der folgenden Seiten können Defizite im Wahrnehmungsbereich aufspüren und ausgleichen helfen. Selbstverständlich gelingt eine solche Kompensation nicht auf Anhieb; wer wirklich Wert darauf legt, seine Wahrnehmungsfähigkeiten auf Dauer zu steigern, der muß dafür Zeit aufwenden und möglichst regelmäßig trainieren. Ein Training etwa in Form spezifisch ausgewählter Visualisierungsübungen bereitet die Möglichkeit zu einem intensiveren Erleben der Umwelt.

Alle Sinneskanäle können Wahrnehmungsdefizite besitzen. Sie können auch gezielt bearbeitet und ausgeglichen werden. So fordern und fördern die folgenden Übungen jeweils spezifische Wahrnehmungsfähigkeiten. Da viele Menschen hinsichtlich ihres Körperempfindens einen Mangel an adäquaten Erfahrungen erleben, bietet es sich für Sie als Gruppenleiter darüber hinaus an, die Übungen und Spiele mit Übungen des folgenden Kapitels *„Körpererfahrung"* zu kombinieren. So können Sie eine ganzheitlichere Wahrnehmung anstreben und sensorisches Erleben auf möglichst vielen Ebenen ermöglichen.

Auch die Fragebögen können hier unter Umständen sinnvoll eingesetzt werden. Stellen Sie etwa fest, daß die Teilnehmer bei der Wahrnehmung von unterschiedlichen Reizen Schwierigkeiten haben, kann es sinnvoll sein, ein diagnostisches Element zur genaueren Abklärung der vorhandenen Wahrnehmungsfähigkeiten zu nutzen. Das hat für alle Beteiligten den Vorteil, die konkreten Schwierigkeiten zu klären. Zudem liefert Ihnen dieses Vorgehen eine geeignete Entscheidungsgrundlage zur Auswahl der anschließenden Übungen zur Verbesserung der Wahrnehmungskompetenz.

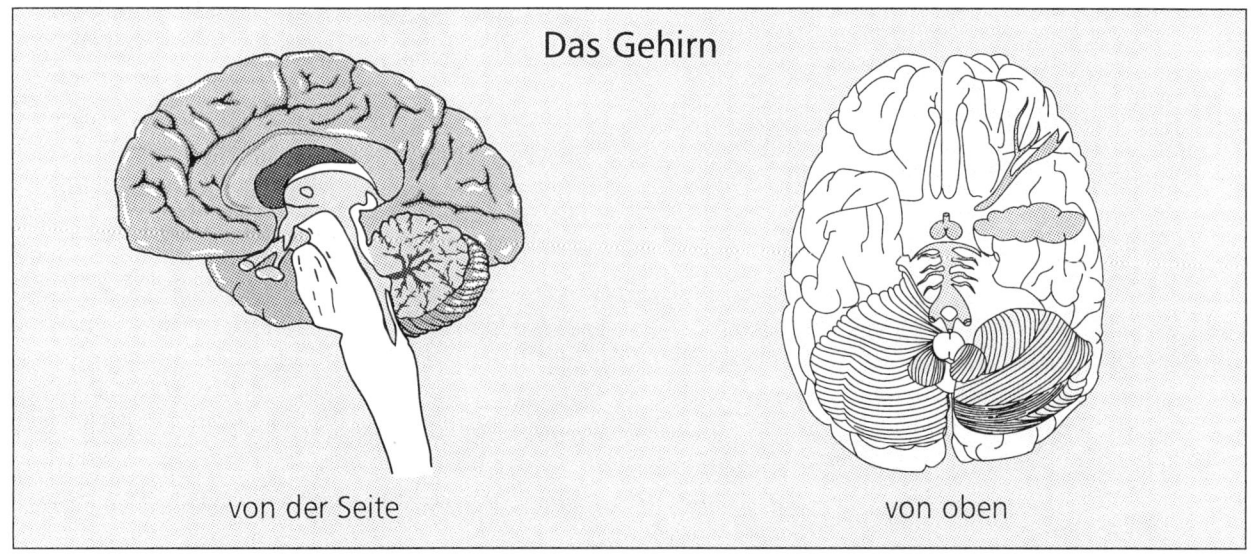

Das Gehirn

von der Seite   von oben

2.1 Blicke schärfen

„Blicke schärfen" übt, die eigene visuelle Wahrnehmungsfähigkeit zu erkennen, sie einzuschätzen und beurteilen zu lernen. Unter anderem heißt das:

- sich bewußt an Gesehenes erinnern,
- visualisieren lernen,
- erleben, daß die visuelle Wahrnehmungsfähigkeit verbessert werden kann,
- überprüfen, ob und wie die visuelle Wahrnehmung durch Zeitdruck und Konkurrenz beeinflußt wird,
- das Phänomen der selektiven Wahrnehmung erkennen,
- über individuelle Filter der Wahrnehmung nachdenken.

ab 10 Jahren

bis ca. 20 Personen

a) ca. 30 Minuten für die Übung
b) ca. 45 Minuten für die Auswertung

Der Übungsraum sollte nur noch Stühle enthalten. Eine Wand des Raums dient als Projektionsfläche; ein Overheadprojektor steht bereit. Für das Spiel haben Sie drei Folien (Materialien 1 bis 3) vorbereitet.

Das Plenum wird in Gruppen zu jeweils fünf Personen aufgeteilt; die Gruppenmitglieder sitzen jeweils in Stuhlkreisen so beieinander, daß sie alle problemlos auf die Projektionswand schauen können. Die Gruppen konkurrieren während des Spiels miteinander.

Sie können das Experiment etwa mit folgenden Worten einleiten:

„Ich werde gleich eine Folie (Material 1) an die Wand projizieren. Auf der Folie ist ein Gegenstand abgebildet. Schaut euch diesen Gegenstand so genau wie möglich an. Prägt euch so viele Einzelheiten ein, wie ihr könnt. Ihr sollt euch hinterher an diese Einzelheiten erinnern. Während des Anschauens sprecht bitte nicht." (Legen Sie die Folie auf, und warten Sie 45 Sekunden.)

„Jetzt schließt bitte eure Augen. Bildet nun den Gegenstand, den ihr gerade vor euch gesehen habt, vor eurem inneren Auge ab. Versucht, ihn so genau wie möglich zu sehen. Macht euch ein möglichst klares und scharfes Bild von diesem Gegenstand. Merkt euch wiederum so viele Einzelheiten wie möglich. Ihr werdet euch später daran erinnern müssen." (Warten Sie 30 Sekunden.)

Anschließend wiederholen Sie den beschriebenen Vorgang mit demselben Bild. Danach erhalten alle Teilnehmer den Auswertungsbogen (Material 4) und setzen sich in den gebildeten Gruppen zusammen. Die Gruppen haben dann fünf Minuten Zeit, um gemeinsam die auf dem Bogen stehenden Fragen zu beantworten.

Im Anschluß daran wird die gesamte Übung noch zweimal mit den Bildern 2 und 3 (Materialien 2 und 3) sowie den jeweils dafür vorgesehenen Auswertungsbögen (Materialien 5 und 6) durchgeführt.

- Bei welchem Bild ist es mir besonders leicht bzw. schwer gefallen, mir Einzelheiten einzuprägen?
- Wie gut habe ich mir innere Bilder machen können?
- Wie scharf, deutlich, kontrastreich waren diese Bilder?
- Wie hat sich die Qualität meiner inneren Wahrnehmung der Bilder im Laufe der Übung verändert?
- Welche Erfahrungen habe ich mit inneren Bildern in anderen Zusammenhängen?
- Wie nützlich könnte es sein, sich möglichst präzise innere Bilder machen zu können?
- In welchem Ausmaß haben sich meine Wahrnehmungen in bezug auf die Bilder von denen anderer Gruppenmitglieder unterschieden?
- Wie erkläre ich mir diese Unterschiede?
- Wie könnte man seine visuelle Wahrnehmungsfähigkeit schulen?
- Welche Schlüsse ziehe ich aus meinen Beobachtungen während dieses Experiments für mein alltägliches Leben?

In einem ersten Schritt werten die Gruppen ihre Ergebnisse mit Hilfe des Antwortbogens (Material 7) aus. Danach kann mit Hilfe des Ergebnisbogens (Material 8) festgestellt werden, welche Gruppe die meisten Einzelheiten behalten hat und damit Spielsieger ist. An-

schließend findet im Plenum ein weiterführendes Gespräch über die Erfahrungen mit der Übung statt.

- Das Spiel verlangt insbesondere in der zweiten Phase jedes Durchgangs, in der die Teilnehmer ihre Augen geschlossen halten sollen, erhöhte Konzentration. Sie sollten gerade bei jüngeren Schülern mit Schwierigkeiten rechnen.
- Für die beiden ersten Phasen der Durchgänge des Spiels ist es wichtig, daß die Gruppenmitglieder nicht sprechen. Gespräche würden ablenken und die Informationsaufnahme erheblich behindern.
- Wenn Sie möchten, können Sie den Jugendlichen Augenbinden zur Verfügung stellen.
- Sie sollten die Gruppen im vorhinein so im Raum verteilen, daß nach dem Anschauen der Bilder keine neue Sitzordnung eingenommen werden muß.
- Die Übung arbeitet mit sehr einfach strukturiertem Bildmaterial, um das Spiel auch für junge Teilnehmer durchführbar zu halten. Bei geübteren Gruppen können Sie auch komplexere Bilder, beispielsweise Gemälde o. ä., einsetzen.
- Zur Erschwernis der Übung können Sie auch zwei oder alle drei der Bildmaterialien gleichzeitig projizieren. Das Spiel wird auch anspruchsvoller gestaltet, wenn Sie den Teilnehmern zum Betrachten des Bildmaterials weniger Zeit zur Verfügung stellen.
- Zur Vereinfachung arbeiten Sie ggf. mit nur einem Bild. Lassen Sie die Teilnehmer dann auch mehrfach innere Repräsentationen des projizierten Bildes herstellen, bevor Sie an die Auswertung gehen.
- Bei manchen Menschen steigert sich das Merkvermögen, wenn die Projektion mit geeigneter Musik unterlegt ist.
- Als weitere Übung mit ähnlicher Methodik empfehlen wir aus dem Kapitel „Körpererfahrung" die Bausteine „Kopfkino" (Kap. 3.4) und „Gefühle tauschen" (Kap. 3.5).

Gawain 1989; Grinder 1994; Vester 1980a; Kliebisch 1995b; Grinder/Bandler 1991; Kliebisch/Weyer 1995

Die Bedeutung des Seh-Sinns

Das Sehen ist für den Menschen im allgemeinen der wichtigste Sinn. Menschen nehmen ihre Umwelt zuallererst mit den Augen wahr. Die Bedeutung des Sehens für die Orientierung in unserer Umwelt kann man leicht erkennen. Wenn man sich einmal mit geschlossenen Augen in einer vertrauten Umgebung, etwa der eigenen Wohnung, aufhält, ist das Ausmaß der Desorientierung in der Regel immens. Der Bereich, der auf der menschlichen Großhirnrinde für die Funktion des Sehens zuständig ist, ist vermutlich auch deshalb größer als die Sektoren für die anderen Sinneswahrnehmungen.

Lichtstrahlen, von einem Gegenstand reflektiert und in das Auge gelenkt, werden durch den komplizierten Aufbau des menschlichen Auges (Material 9) so zentriert, daß auf der Netzhaut ein umgekehrtes, verkleinertes Abbild der externen Reize entsteht. Durch einen internen Prozeß der Weiterverarbeitung sind wir schließlich in der Lage, eine scheinbar reale Vorstellung vom Aussehen unserer Umwelt zu erhalten, nicht zuletzt aufgrund der Fähigkeit des menschlichen Auges, Farben zu erkennen und die Welt dreidimensional darzustellen.

Selektionsmechanismen

Die Aufnahmekapazität unseres Gehirns ist allerdings begrenzt. So kann der Kurzzeitspeicher des menschlichen Gedächtnisses im allgemeinen nur zwischen fünf und neun Informationen zur gleichen Zeit aufnehmen, weiterverarbeiten und auch behalten. Ein Überangebot an externen Reizen führt zur Selektion der Informationen; nur ein Teil dessen, was auf den Menschen einströmt, wird demnach tatsächlich wahrgenommen. Das Gehirn selektiert die Informationen nicht beliebig, sondern auf dem Hintergrund von individuellen Erfahrungen.

2.1 Blicke schärfen

Der bei der Interpretation der von außen einströmenden Informationen tätige individuelle Filter ist in der Praxis von enormem Belang. Der Selektionsmechanismus ist beispielsweise dafür verantwortlich, daß zwei Menschen, die denselben Unfall erlebt haben, keine vollständig übereinstimmenden Aussagen über den Hergang machen können. Auch die Körpergefühle heben sich vielfach von denen anderer Menschen in bezug auf dasselbe Ereignis ab.

Die Auswertung des Spiels *„Blicke schärfen"* sollte die Relevanz des Sehens für die Orientierung des Menschen in der Welt herausarbeiten und an verschiedenen Beispielen illustrieren. Zugleich soll deutlich werden, daß die Abbildungen, die das menschliche Gehirn von der Welt liefert, nicht mit dieser identisch sind. Vielmehr führt eine Reihe von Beschränkungen unseres Wahrnehmungsapparates zu einer zwar subjektiv richtigen, nicht aber objektiven Sicht der Welt. Dadurch ist es zu erklären, daß eine Gruppe von Spielern, die dasselbe Bildmaterial angeschaut hat, additiv zu sehr viel genaueren Beschreibungen kommt, als wenn man jeden Teilnehmer einzeln befragen würde. Der Aspekt der Begrenztheit des menschlichen Wahrnehmungsvermögens kann mit Hilfe einiger optischer Täuschungen (Material 10) gut veranschaulicht werden.

Die Bedeutung individueller Filter

Optische Täuschungen können auch Ausgangspunkt für ein Gespräch über die Bedeutung individueller Filter sein. Die Jugendlichen könnten darüber nachdenken, welchen Nutzen es haben kann, aber auch welche Schwierig-

keiten damit verbunden sein können, die Welt durch einen individuellen Filter wahrzunehmen. Wenn die Zeit zur Verfügung steht, sollten Sie neben dem individuellen Filter auch die physiologischen Beschränkungen der menschlichen Wahrnehmung erwähnen oder ausführlicher auf kulturelle Begrenzungen des Wahrnehmungsprozesses eingehen.

An dieser Stelle bietet es sich auch an, auf kulturelle Unterschiede in der Sicht der uns umgebenden Dinge einzugehen (Material 11). Die Weltsicht der australischen Aborigines bietet einen guten Einblick in eine unserem materiellen Weltbild völlig entgegengesetzte Anschauung.

In einem weiterführenden Auswertungsgespräch lassen sich praktische Konsequenzen für Lernprozesse ableiten: Da der Sehsinn für den Menschen so zentral ist, sollten Sie darauf achten, daß die Informationen auch optisch aufbereitet werden. Bilder, Tafelanschriebe, Mind-maps u. ä. helfen dabei, Informationen leichter aufzunehmen und zu verarbeiten. Weiterhin kann das Lernen dadurch optimiert werden, daß nicht zu viele Informationen zur selben Zeit angeboten werden. Thematisieren Sie mit den Gruppenmitgliedern deren eigenes Lernverhalten und geben Sie ihnen Hilfestellung dabei, dieses den Gesetzen der Lernbiologie besser anzupassen. Raten Sie Jugendlichen mit einem offensichtlich weniger gut entwickelten Sehsinn dazu, ihren Sehsinn mit Hilfe von Visualisierungsübungen zu trainieren. Ähnlich wie bei sportlichem Training bedarf es hier auch einer gewissen Geduld, bevor sich Erfolge einstellen.

Selbstwahrnehmung und Körpererfahrung — © Verlag an der Ruhr, Postfach 10 22 51, 45422 Mülheim an der Ruhr

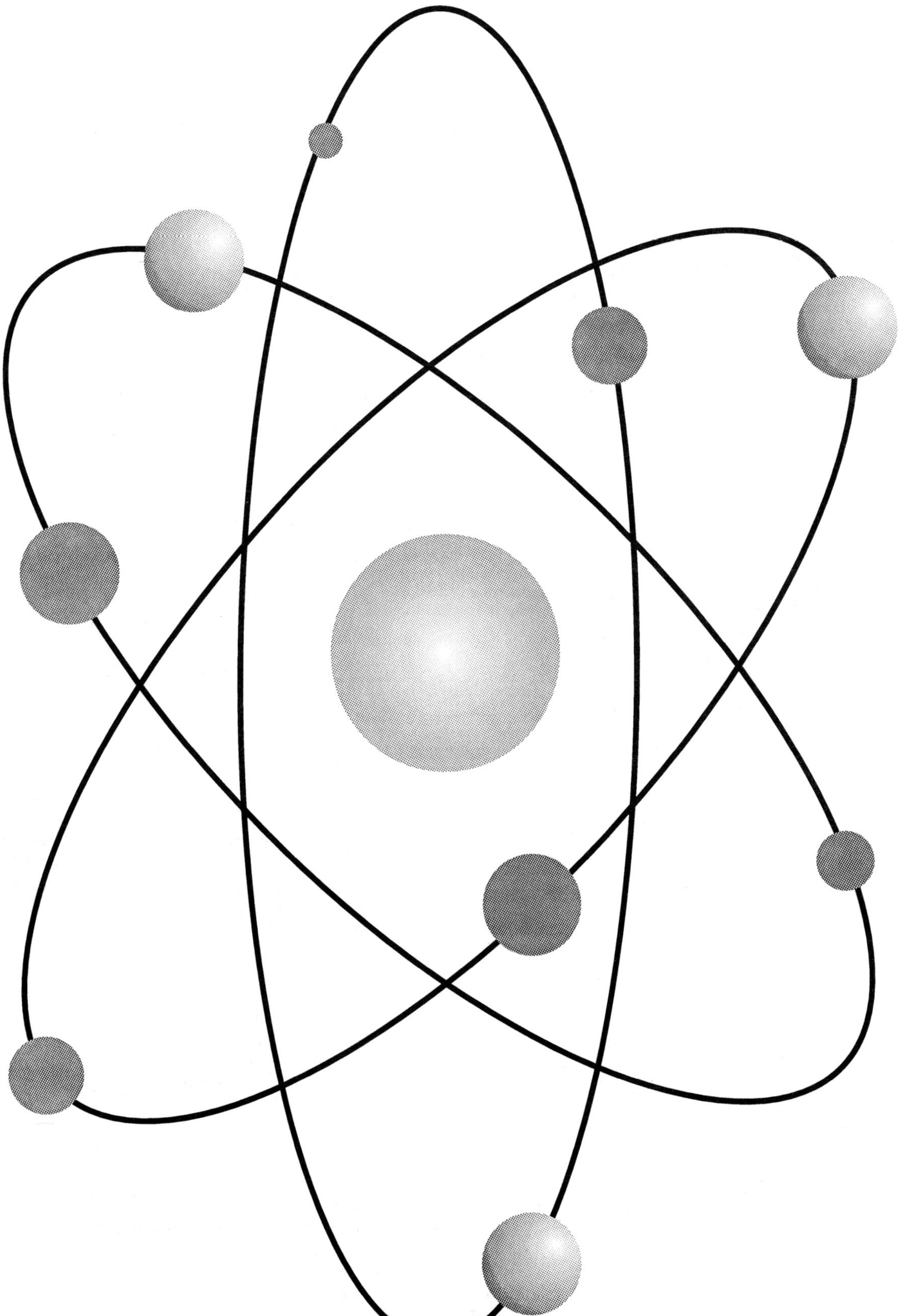

Auswertungsbogen
für das Bild
„Waage"

Beantwortet die folgenden Fragen:

1. Welche Waagschale hängt tiefer?

   _____

2. Mit wie vielen Seilen sind die Waagschalen am Waagebalken befestigt?

   _____

3. Wie viele „Treppen" hat der Standfuß der Waage?

   _____

4. In welche Richtung ist das Ende des linken Teils des Waagebalkens gebogen?

   _____

5. Was liegt auf der rechten Waagschale?

   _____

6. Worauf genau trifft das Auge, wenn es von der rechten Ecke des oberen Randes der linken Waagschale nach rechts wandert?

   _____

Auswertungsbogen
für das Bild
„Häuser"

Beantwortet die folgenden Fragen:

1. Wie viele Häuser sind auf dem Bild zu sehen?

    _____

2. Wie viele Fenster sind im Dachgeschoß des zweiten Hauses
    von rechts zu erkennen?

    _____

3. Wie viele senkrechte Zaunstäbe weist das Gartentor links auf?

    _____

4. Wie viele verschiedene Eingangstüren haben die Häuser insgesamt?

    _____

5. Wie viele Fenster insgesamt hat das rechte Haus?

    _____

6. Bei wie vielen Häusern befindet sich der Schornstein auf dem
    rechten Teil des Daches?

    _____

Auswertungsbogen
für das Bild
„Atom"

Beantwortet die folgenden Fragen:

1. Wie viele in sich geschlossene Kurven (Ellipsen) zeigt das Bild?

   _____

2. Wie viele Kugeln (Elektronen) bewegen sich auf den einzelnen Kurven (Ellipsen)?

   _____

3. Wie viele Schnittstellen haben die Kurven miteinander?

   _____

4. Wie viele gleich große Kugeln mit einem weißen Reflex bewegen sich auf den Kurven?

   _____

5. Wie viele Kugeln befinden sich auf der aufrecht stehenden Kurve? Sind sie gleich groß?

   _____

6. Wie sieht die Kugel aus, die am weitesten von der Kugel in der Mitte (Proton) entfernt ist?

   _____

Antworten
für den Ergebnisbogen

Waage

1. die rechte Waagschale
2. drei
3. drei
4. nach rechts
5. nichts
6. auf einen Knauf/auf eine Kugel

Häuser

1. fünf
2. vier
3. drei
4. vier
5. 28
6. zwei

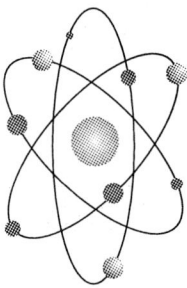

Atom

1. drei
2. 1: 3; 2: 3; 3: 3
3. 12
4. drei
5. drei Kugeln, unterschiedlich groß
6. hell mit weißem Reflex

Selbstwahrnehmung und Körpererfahrung — © Verlag an der Ruhr, Postfach 10 22 51, 45422 Mülheim an der Ruhr

Ergebnisbogen

Gruppe 1

Waage	Anzahl der richtigen Antworten	
Häuser	Anzahl der richtigen Antworten	+
Atom	Anzahl der richtigen Antworten	+
	Gesamtzahl der richtigen Antworten	

Gruppe 2

Waage	Anzahl der richtigen Antworten	
Häuser	Anzahl der richtigen Antworten	+
Atom	Anzahl der richtigen Antworten	+
	Gesamtzahl der richtigen Antworten	

Gruppe 3

Waage	Anzahl der richtigen Antworten	
Häuser	Anzahl der richtigen Antworten	+
Atom	Anzahl der richtigen Antworten	+
	Gesamtzahl der richtigen Antworten	

Gruppe 4

Waage	Anzahl der richtigen Antworten	
Häuser	Anzahl der richtigen Antworten	+
Atom	Anzahl der richtigen Antworten	+
	Gesamtzahl der richtigen Antworten	

1. Platz: Gruppe [ ]   **2. Platz:** Gruppe [ ]

3. Platz: Gruppe [ ]   **4. Platz:** Gruppe [ ]

Der Aufbau des menschlichen Auges

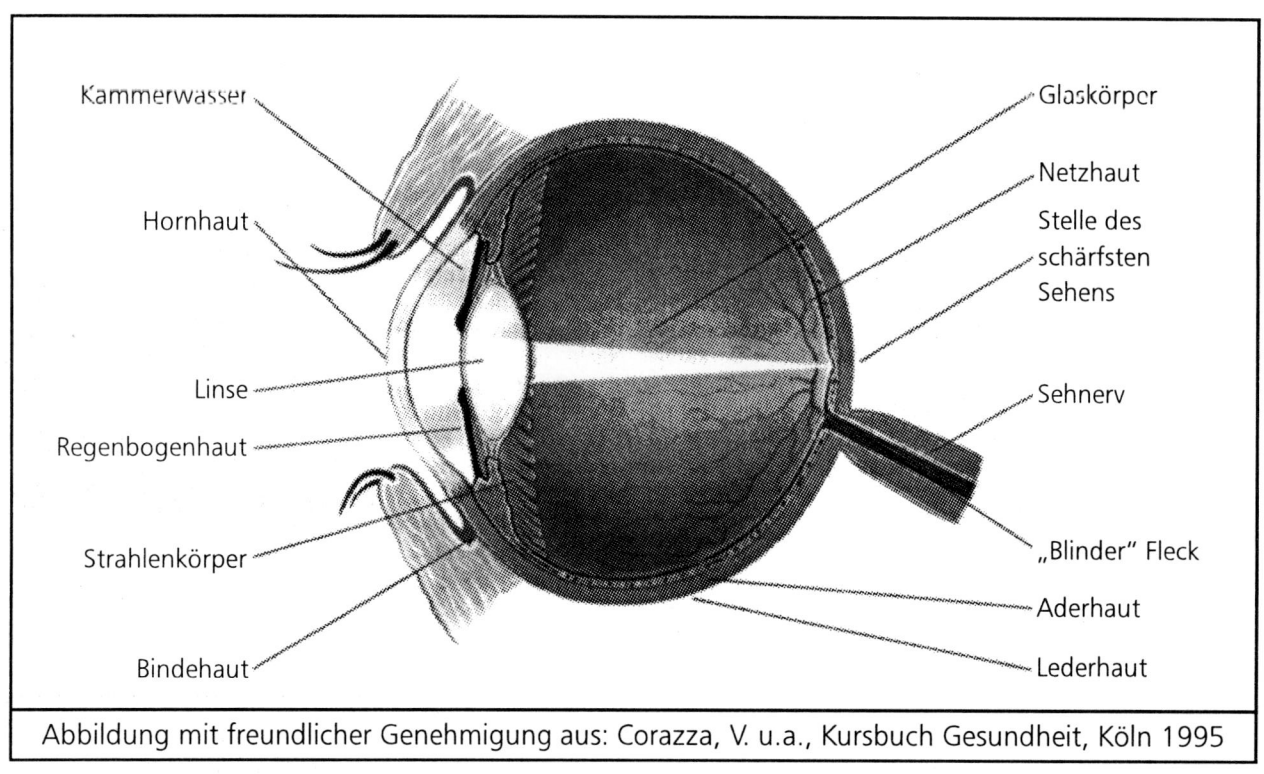

Kammerwasser

Hornhaut

Linse

Regenbogenhaut

Strahlenkörper

Bindehaut

Glaskörper

Netzhaut

Stelle des schärfsten Sehens

Sehnerv

„Blinder" Fleck

Aderhaut

Lederhaut

Abbildung mit freundlicher Genehmigung aus: Corazza, V. u.a., Kursbuch Gesundheit, Köln 1995

In die Augen schauen wir einem Menschen, wenn wir ihn kennenlernen wollen. Augen sind der „Spiegel der Seele" und unser „Fenster zur Welt".

Die Augen sind immer unter höchster Belastung. Bei Streß und Übermüdung nimmt die Sehleistung vorübergehend ab. Wer sich angespannt fühlt, kann die Augen durch gezielte Übungen entlasten. Trockene, brennende Augen oder verschwommenes Sehen gehen schnell vorüber, wenn Sie eine Viertelstunde eine warme Kompresse auf die Augen legen und ausruhen.

Augenübungen sind keine „Gymnastik für die Augenmuskeln" oder eine Behandlung gegen Fehlsichtigkeit. Sie helfen, auch die Sehreize am Rand des Gesichtsfeldes wahrzunehmen und damit das Wohlbefinden zu erhöhen. Augenübungen erlernt man am besten in einer Gruppe mit entsprechender fachlicher Unterstützung.

Selbstwahrnehmung und Körpererfahrung — © Verlag an der Ruhr, Postfach 10 22 51, 45422 Mülheim an der Ruhr

Optische Täuschungen

Zweideutige Figur: Alte oder junge Frau
(aus: Frisby 1989, 20)

Indianer/Eskimo-Kippfigur

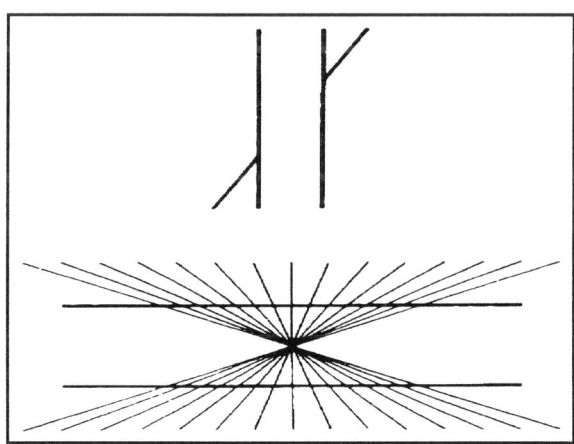

Geometrische Täuschungen

oben: Poggendorf (1860);
unten: Hering (1861)
(aus: Frisby 1989; 116)

Drehfigur
(um 180°), dreht die Figur auf den Kopf.

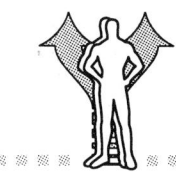

Der Blick hinter die Dinge

„Der weiße Mensch kennt keinen Iraum,
er geht einen anderen Weg,
der weiße Mann macht alles anders,
er geht allein auf seiner Straße."
Muta, ein Aborigine vom Stamm der Murimbala

Wenn zwei Menschen unseres Kulturkreises einen Gegenstand sehen, so meinen sie, das Gleiche zu sehen, und können sich darüber verständigen. Ein Baum ist ein Baum. Unsere westliche Sicht der Dinge ist ein Blick auf die äußere Form, auf die Erscheinung.

Ein Angehöriger einer anderen Kultur aber mag beim Betrachten eines Baumes eine ganz andere Wahrnehmung haben. Ein Melpa aus Papua Neuguinea sieht in dem Baum vielleicht einen Geist oder Totem, der ein Bindeglied zur Welt der Götter herstellt. Ein Aborigine aus Australien könnte in ihm seinen Urahnen erkennen. Eine solch erweiterte Sicht der Dinge erzeugt auch ein ganz anderes Verständnis und einen anderen Umgang mit den Dingen. Viele Stämme der Aborigines sind seit dem Auftauchen der Europäer verschwunden, andere haben ihre Tradition verloren. Ähnlich wie bei den Indianern Nord- und Südamerikas gibt es aber auch hier zunehmend Bestrebungen, die eigene Identität zu erhalten und sich gegen den Ausverkauf der eigenen Kultur zur Wehr zu setzen.

Zeit des Träumens

Die Ureinwohner Australiens denken an eine vergangene Zeit zurück, die Zeit des Träumens. Zu jener Zeit wurde die Landschaft, wie sie heute ist, von Ahnenwesen geformt, die über die Erde liefen, kämpften, lachten, Feste feierten: Känguruh-Männer, Emu-Männer, Vogel-Frauen, Feigenbaum-Männer, … Ihre Spuren sind Berge, Wasserlöcher, Bäume, Höhlen und Sterne. Totems gelten als die Nachfahren jener Ahnenwesen. Ihre Standorte sind den einzelnen Stämmen durch Überlieferungen bekannt. Ein Mann kann auf einen Stein deuten, der als Feigenbaum-Mann gilt, und sagen: „Das ist mein Großvater." Die Stämme müssen diese Totems pflegen, die Geschichten überliefern und bestimmte Rituale durchführen: Tänze, Zeremonien, Zeichnungen.

Das Handeln der Ahnen zur Zeit des Träumens ist Vorbild für menschliches Verhalten. Moral ist eine Frage traditionskonformen Verhaltens.

Für die Aborigines spielt sich ewige Wirklichkeit auf der Ebene der Geister ab. Sie glauben, daß der Geist, der in ihnen wohnt, auch in den Totems wohnt, die als Tiere, Pflanzen und Wasserlöcher verehrt werden. Einen sterbenden Körper verläßt der Geist, um weiterzuleben. Daher fühlt sich der Ureinwohner mit seiner Umgebung, mit allen Gliedern seiner Sippe und anderen Stämmen sowie mit vergangenen und zukünftigen Generationen verbunden.

Informationen aus: „Handbuch Weltinformationen",
Dr. Wulf Merz (Hrsg.), Wuppertal/Gießen 1988

A Versucht die Unterschiede zwischen unserer materiellen Weltsicht und dem Traumzeit-Glauben der Aborigines herauszuarbeiten:

1. Wie unterscheidet sich die Sicht der Dinge?
2. Welche Auswirkungen auf den Umgang mit der Natur hat die Sicht der Aborigines im Gegensatz zu unserer?
3. Was ist wohl passiert, als die übermächtige europäische „Zivilisation" auf die Welt der Aborigines traf?
4. Versucht, euch Informationen über die Weltsicht anderer Völker zu besorgen. Worin unterscheiden sie sich?

2.2 Düfte

 „Düfte" ist ein Spiel über Gerüche. Insbesondere geht es dabei um:

- bewußtes Erleben der Geruchswahrnehmung (bei gleichzeitigem Ausschalten des visuellen Sinneskanals),
- die besondere Relevanz des visuellen Sinneskanals,
- (Wieder)erkennen von Düften (Gerüchen),
- den Geruchssinn als Signalgeber bei Gefahren,
- den Vergleich der eigenen Wahrnehmungsfähigkeit mit der anderer Menschen,
- die Veränderung der Wahrnehmungsfähigkeit in Konkurrenzsituationen und bei zeitlicher Begrenzung der Spielsituation,
- Sprichwörter zum Thema „Riechen",
- die Bedeutung von Düften für den Menschen,
- den Sinn von Duftspuren im Tierreich,
- die Schulung der eigenen Wahrnehmungsfähigkeit

ab 10 Jahren

bis ca. 12 Personen

a) ca. 45 Minuten für die Übung
b) ca. 45 Minuten für die Auswertung

Die Teilnehmer werden in vier Gruppen (A, B, C und D) zu je drei Personen aufgeteilt. Danach setzen sich die Mitglieder der Gruppen A und B jeweils an einen Einzeltisch. Die Tische sollten im Raum möglichst weit voneinander entfernt stehen. Den Mitgliedern der Gruppen A und B werden anschließend die Augen verbunden. Während des gesamten Spiels sollten die Jugendlichen so wenig wie möglich miteinander sprechen. Jeder Teilnehmer der Gruppen C und D sucht sich einen Partner aus den beiden anderen Gruppen, stellt sich neben diesen und bekommt dann von Ihnen einen Flakon mit einem Parfumduft ausgehändigt. Die sechs Flakons enthalten unterschiedliche Duftnoten, die mit verschiedenen Namen bezeichnet sind. Die Spieler der Gruppen C und D halten den geöffneten Flakon unter die Nase des Partners

und nennen dabei den Namen des Parfums. Die Spieler mit verbundenen Augen haben dreißig Sekunden Zeit, sich den Duft allein mit Hilfe ihres Geruchssinns einzuprägen. Danach geben sie den Flakon dem stehenden Partner zurück. Sie oder ein von Ihnen bestimmter Teilnehmer achten auf die Einhaltung der Zeit. Anschließend wechseln die Mitglieder der Gruppen C und D solange ihre jeweiligen Partner, bis jeder Spieler der Gruppen A und B alle sechs Flakons zur Riechprobe erhalten hat. Anschließend findet eine Pause von ungefähr 5 Minuten statt.

Im Anschluß an die Pause haben die Teilnehmer der Gruppen A und B die Aufgabe, die Duftnoten mit verbundenen Augen wiederzuerkennen und dabei mit den jeweiligen Namen zu bezeichnen. Zu diesem Zweck geben Sie jedem einzelnen Mitglied der Teams A und B die Flakons in einer von Ihnen bestimmten Reihenfolge zur Riechprobe. Jedes Gruppenmitglied hat für das Wiedererkennen eines Duftes 10 Sekunden Zeit.

Damit die Spielergebnisse (Treffer) genau registriert werden können, fertigen Sie für jeden Spieler ein Protokoll (Material 1) an, in das Sie jede Übereinstimmung sofort eintragen.

Danach tauschen die Mitglieder der Gruppen A und B mit denen der Gruppen C und D die Rollen; und das Spiel wird in derselben Weise noch einmal durchgeführt. Achten Sie darauf, daß sechs andere Flakons mit unterschiedlichen Duftnoten verwendet werden.

Sammeln Sie die Protokolle ein. Die Treffer werden dann in den Ergebnisbogen (Material 2) eingetragen, und so wird der Sieger ermittelt.

- Wie schwer/leicht ist es mir gefallen, die unterschiedlichen Düfte zu unterscheiden? Woran hat das gelegen?
- Wie genau habe ich mir die Duftnoten eingeprägt?
- Welche der Düfte benutze ich selbst?
- Welche Duftnote habe ich als besonders (un)angenehm erlebt?
- Wie schwer/leicht ist es mir gefallen, die unterschiedlichen Düfte wiederzuerkennen?
- Wie hoch ist die Trefferquote?

Wie sensibel ist mein Geruchssinn im Vergleich zu dem der anderen Teilnehmer ausgeprägt?

Welches Gefühl hatte ich, als meine Augen verbunden waren?

Wie gut ist es mir gelungen, mich auf die Aufgabe zu konzentrieren?

In welchen Situationen bin ich auf meinen Geruchssinn angewiesen?

Welche Sprichwörter, die etwas mit dem Riechen zu tun haben, kannte ich bereits?

Warum verwenden Menschen eigentlich Parfums?

Welchen Einfluß hat die Werbung für Parfums in diesem Zusammenhang?

Welche Bedeutung haben Düfte in der Tierwelt?

Welchen Sinn haben Körpergeruch und Schweißbildung beim Menschen?

Welchen Nutzen kann die umstrittene Aromabehandlung für den Menschen haben?

Welche Folgerungen kann ich aus den Erfahrungen mit diesem Spiel ziehen?

Wo kann ich in meinem Alltag diese Erfahrungen nutzen?

Geben Sie anhand der Auswertungsbögen die Ergebnisse der einzelnen Gruppen bekannt. Die Gruppe mit der höchsten Trefferquote ist Sieger. Nach der Siegerehrung findet ein ausführliches Auswertungsgespräch im Plenum statt. Dieses Gespräch kann phasenweise durch eine Partner- oder Gruppenarbeit ergänzt werden (s. Informationen).

- Wollen Sie einen optimalen Ablauf der Übung gewährleisten, empfiehlt es sich grundsätzlich, das Spiel mit einer geraden Anzahl von Teilnehmern durchzuführen.

- Die Flakons bekommen Sie im allgemeinen in Parfümerien.

- Alternativ können Sie das Spiel „Düfte" auch mit verschieden duftenden Blumen durchführen.

- Sorgen Sie in jedem Fall für eine ausreichende Zahl von Augenbinden, um den jeweils aktiven Spielteilnehmern die Augen verbinden zu können. Andernfalls müssen Sie insbesondere bei jüngeren Gruppenmitgliedern mit undiszipliniertem Verhalten rechnen.

- Um eine Wettbewerbsverzerrung zu vermeiden, ist eine möglichst genaue Einhaltung der für das Einprägen der Düfte vorgegebenen Zeitbegrenzung wichtig.

- Je präziser Sie das Spiel vorbereiten, um so reibungsloser wird es ablaufen.

- Sie können auch für den zweiten Durchgang die gleichen sechs Flakons verwenden. Dabei sind allerdings die Teilnehmer der Gruppen C und D im Vorteil, weil sie sich vermutlich den von ihnen jeweils weitergegebenen Duft bereits recht gut eingeprägt haben.

- Teilnehmer mit Schnupfen haben Nachteile bei diesem Spiel.

- Um das Konzentrationsvermögen jüngerer Teilnehmer nicht zu überfordern, kann das Spiel mit weniger Düften und entsprechend geänderter Gruppeneinteilung durchgeführt werden.

- Das Wiedererkennen der Düfte wird erschwert, wenn sich die Duftnoten sehr ähnlich sind.

- Wer zufälligerweise einen von Ihnen verwendeten Duft selbst als Parfum benutzt, hat natürlich einen Vorteil.

- Für jeden Teilnehmer der Siegergruppe sollten Sie ein kleines Geschenk bereithalten, warum nicht kleine Duftflakons?

- Andere Spiele, bei denen der visuelle Sinneskanal gezielt ausgeschaltet wird, sind die Übungen „Torball" (Kap. 2.4), „Mit den Händen sehen" (Kap. 2.3) oder „Trink-Bar" (Kap. 2.6). Bei „Torball", einem Spiel mit sportlichem Charakter, benötigen die Teilnehmer vor allem einen gut ausgebildeten Gehörsinn, um das Spiel als Team erfolgreich zu bestehen. In „Mit den Händen sehen" geht es besonders darum, den Tastsinn der Jugendlichen zu testen. Das Spiel „Trink-Bar" stellt den Geschmackssinn der Teilnehmer auf die Probe.

2.2 Düfte

Friedrich Jahresheft XIII 1995; Kükelhaus/
Lippe 1982; Blickhan/Blickhan 1992; Herder
Lexikon Biologie 1977; Downer 1990;
Waterman 1990

Die Bedeutung des Geruchssinns

Während des Spiels wird die visuelle Wahrnehmungsebene gezielt ausgeblendet und allein auf die Nutzung des Geruchssinns abgestellt. Da Menschen ihre Umwelt am häufigsten mit dem visuellen Sinneskanal wahrnehmen, ist es für die Teilnehmer schwierig, die einzelnen Düfte problemlos wiederzuerkennen. Zudem verlangt die Übung ein erhebliches Maß an Konzentration, was gerade für jüngere Gruppenmitglieder mitunter schwierig ist. Das Spannende des Spiels besteht darin, diese Schwierigkeiten als eine Herausforderung zu erleben, die es mit Hilfe von Teamarbeit zu bestehen gilt.

Der Geruchssinn dient höheren Tieren und dem Menschen zum Erkennen chemischer Substanzen in ihrer jeweils spezifischen Umwelt (Material 3). Dabei können diese Stoffe aufgrund ihrer Feinverteilung in der Luft bereits auf einige Entfernung hin wahrgenommen werden; man spricht daher beim Geruchssinn von einem Fernsinn. Wirbeltiere riechen mit Hilfe von Nasenorganen, die die Geruchswahrnehmungen durch paarweise angeordnete Geruchsnerven an das Gehirn weiterleiten. Die Geruchssinneszellen befinden sich im wesentlichen im oberen Teil der Nasenhöhle. Beim Menschen nimmt die Riechschleimhaut aufgrund verminderter Faltenbildung nur einen recht geringen Teil (ca. 2,5 cm^2) der Nasenschleimhaut ein. Die Geruchssinneszellen haben Ausläufer, sogenannte Riechstäbchen, die zwischen den Stützzellen angeordnet sind. Die Riechstäbchen sind etwas länger als die Stützzellen und haben sechs bis acht Riechhärchen. Der Mensch hat ca. 10 bis 20 Millionen Riechzellen. Lebewesen mit einem nur schwach entwickelten Geruchssinn (z. B. Menschen, Affen, Vögel u.a.) werden Mikrosmaten genannt. Lebewesen mit einem gut ausgeprägten Geruchssinn (Hunde, Rehe u. a.) nennt man Makrosmaten. Die Riechschleimhaut der Makrosmaten ist sehr stark gefaltet und deshalb viel größer als die der Mikrosmaten.

Mit Hilfe des Geruchssinns erkennen die Tiere Nahrung, Artgenossen und Feinde. Er hilft ihnen bei der Orientierung in der biologischen Umwelt und unterstützt die Verständigung untereinander. Der Mensch ist fähig, mehrere tausend Düfte zu unterscheiden. Der Geruchssinn spielt bei uns vor allem bei der Überprüfung von Speisen und Getränken eine Rolle und gibt uns Hinweise auf schädigende Stoffe oder sonstige Gefahren, wie etwa Brände oder Gasausbrüche.

Die Schulung des Geruchssinns

Die Sensibilität des Geruchssinns jedes einzelnen Spielteilnehmers, und damit auch die Anzahl der wiedererkannten Flakons, ist sicherlich davon abhängig, in welchem Maße jemand mit solchen Empfindungen bereits Erfahrung gemacht hat. Allerdings hat sich die Fähigkeit des Menschen, Gerüche präzise wahrzunehmen, im Laufe der Evolution beachtlich zurückgebildet. Der Geruchssinn gehört heute beim Menschen zu den am wenigsten entwickelten Wahrnehmungsebenen. Trotz dieser reduzierten Bedeutung des Riechens haben wir in der Alltagssprache eine Reihe von sprichwörtlichen Redensarten, die sich gerade auf die Nase und das Geruchsvermögen beziehen. Sie können die Jugendlichen mit Hilfe des Arbeitsblattes „Sprichwörter" (Material 4) anregen, sich über die Bedeutung der Redensarten Gedanken zu machen.

Ein unterentwickelter Geruchssinn muß freilich nicht als Schicksal verstanden werden, das man nicht ändern kann. Man kann seinen Geruchssinn schulen, indem man ihn häufig bewußt einsetzt und trainiert. Menschen, die beispielsweise in der Kosmetikindustrie neue Duftnoten kreieren, benötigen für ihre Arbeit einen ausgezeichnet ausgeprägten Geruchssinn. Die Fähigkeit, Gerüche differenziert wahrzunehmen, ist im allgemeinen nicht angeboren, sondern erlernt. Es ist deshalb nicht verwunderlich, daß auch bei den Teilnehmern des Spiels „Düfte" bei mehrmaliger Wiederholung eine höhere Trefferquote als beim ersten Mal zustandekommt.

Klären Sie in einem vertiefenden Auswertungsgespräch, welchen Sinn es für den einzelnen Menschen konkret haben kann, seinen Ge-

ruchssinn zu schulen. Hier sollte man auch auf etwaige Alltagserfahrungen der Teilnehmer zurückgreifen. Warum verwenden Menschen eigentlich Parfums? Welchen Einfluß hat die Werbung für Parfums in diesem Zusammenhang? Welche Bedeutung haben Düfte in der Tierwelt? Welchen Sinn haben Körpergeruch und Schweißbildung beim Menschen? Welchen Nutzen kann die umstrittene Aromabehandlung für den Menschen haben?

Sie werden sicherlich darauf zu sprechen kommen, daß die sensorischen Wahrnehmungsmöglichkeiten beim Menschen unterschiedlich entwickelt sind, und daß der Grad ihrer Ausprägung entscheidend davon abhängt, in welchem Maße dem Individuum entsprechende externe Reize angeboten werden. Für ein ganzheitliches und damit angemessenes Welterleben ist es wünschenswert, die verschiedenen Sinneskanäle intensiv nutzen zu können. Daher lohnt sich – auch für ältere Menschen – ein Wahrnehmungstraining, wie es beispielsweise durch das Spiel *Düfte* angeregt wird.

Zur Typologie der Nase

Schon der aufklärerische Reisende Karl Julius Weber (1843) warnte vor der verräterischen Nase: sie charakterisiere „einen Mensch fast noch mehr als Aug' und Mund, wie das Nasenhorn das Nashorn, und die Physiogno-misten haben mit Recht dem Spott die Nase zum Thron angewiesen ... der Nasenflügeraufzieher ist der schlimmste Verräter; einem vernünftigen Mann fällt Schweigen um so weniger schwer, je dummer es zugeht. Aber dieser verdammte Knorpeltelegraph! Die Mode setzt noch Brillen von Glas, Metall und Horn auf die Nase, und doch setzt uns die Natur die Nase auf, bloß damit sie denke und urteile, was wohlriecht oder stinkt."

Die wichtigsten Aufgaben der Nase sind angedeutet. Sie ist der Punkt des Gesichts, der sich am weitesten vorwagt, der Erker gewissermaßen. Als solcher spielt die Nase in vielen Alltagsregeln eine Rolle, indem sie wie ein Außenposten behandelt wird, der bestimmte Erfahrungen aufgrund seiner physiognomischen Fürwitzigkeit machen kann und muß. Schon als Kind fällt man auf die Nase, trotzdem darf man nicht hochnäsig sein, sonst bekommt man das unter die Nase gerieben. Als Student hat man seine Nase in Bücher zu stecken, aber nicht in die Angelegenheiten anderer Leute, auch, weil man da leicht an der Nase herumgeführt wird. Vor allem soll man kein Naseweis sein und niemandem auf der Nase herumtanzen, dafür darf man eine gute Nase haben, ja sogar eine Spürnase erben, die trotzdem nicht jedem gleich alles auf die Nase binden muß.

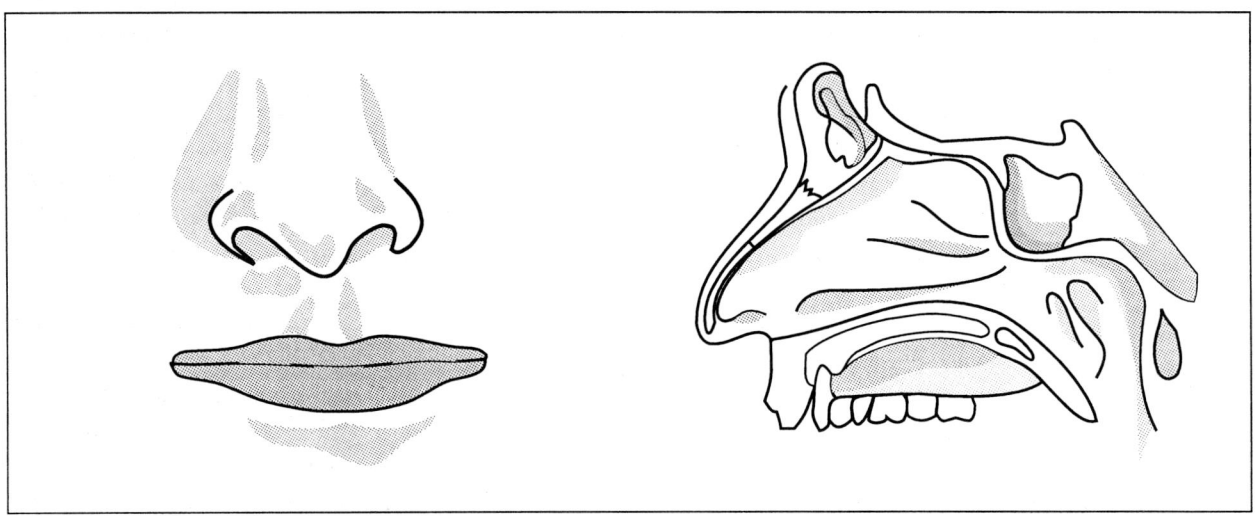

Protokoll

Tragen Sie in die linke Spalte des Protokolls die Namen der Düfte ein, die sich in den entsprechenden Flakons befinden; tragen Sie in die mittlere Spalte die Namen der Spieler und die Gruppe, zu der sie gehören, ein; und notieren Sie in der rechten Spalte in dem jeweiligen Kreis ein Kreuz, wenn der Spieler den Duft wiedererkannt hat.

Flakon	Gruppe	Spieler	erkannt
Nr. 1			
Nr. 2			
Nr. 3			
Nr. 4			
Nr. 5			
Nr. 6			

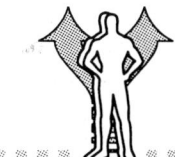

Ergebnisbogen

Gruppe A

Teilnehmer 1: _____ Anzahl der Treffer | + |

Teilnehmer 2: _____ Anzahl der Treffer | + |

Teilnehmer 3: _____ Anzahl der Treffer | + |

Gesamtzahl der Treffer

Gruppe B

Teilnehmer 1: _____ Anzahl der Treffer | + |

Teilnehmer 2: _____ Anzahl der Treffer | + |

Teilnehmer 3: _____ Anzahl der Treffer | + |

Gesamtzahl der Treffer

Gruppe C

Teilnehmer 1: _____ Anzahl der Treffer | + |

Teilnehmer 2: _____ Anzahl der Treffer | + |

Teilnehmer 3: _____ Anzahl der Treffer | + |

Gesamtzahl der Treffer

Gruppe D

Teilnehmer 1: _____ Anzahl der Treffer | + |

Teilnehmer 2: _____ Anzahl der Treffer | + |

Teilnehmer 3: _____ Anzahl der Treffer | + |

Gesamtzahl der Treffer

1. Platz: Gruppe [ ]   **2. Platz:** Gruppe [ ]

3. Platz: Gruppe [ ]   **4. Platz:** Gruppe [ ]

Selbstwahrnehmung und Körpererfahrung — © Verlag an der Ruhr, Postfach 10 22 51, 45422 Mülheim an der Ruhr

Der Aufbau
der menschlichen Nase

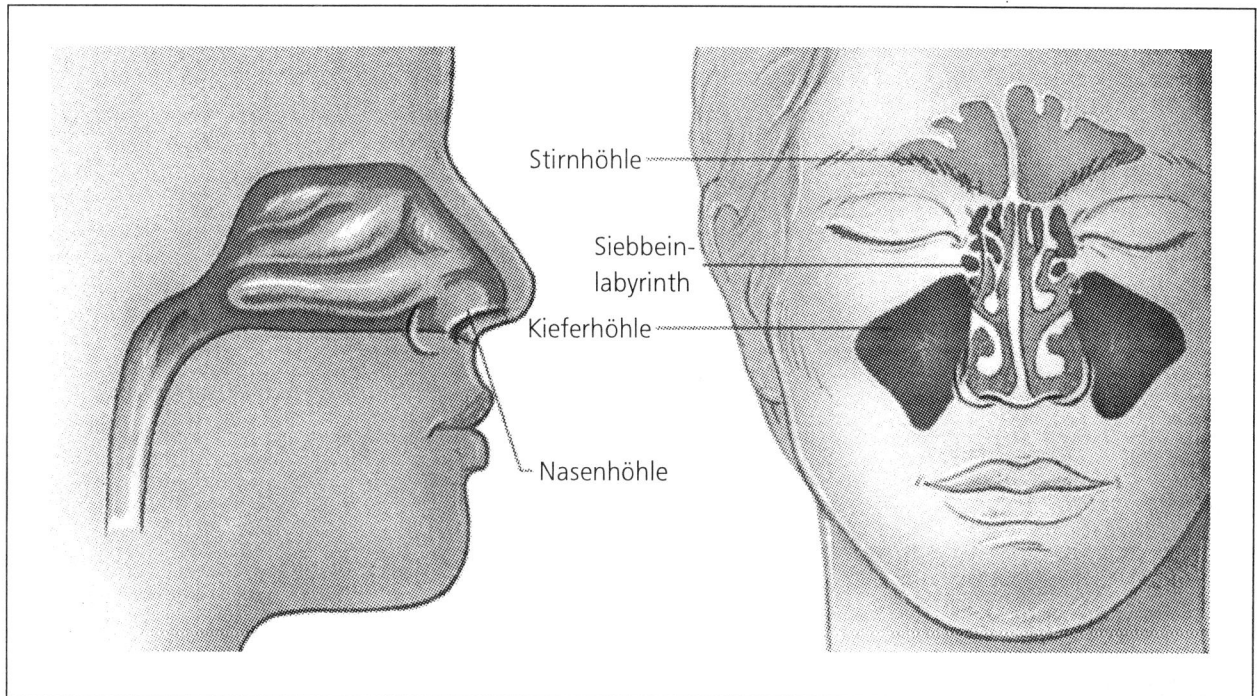

Abbildung mit freundlicher Genehmigung aus: Corazza, V. u.a., Kursbuch Gesundheit, Köln 1995

Die Nase enthält nicht nur das Geruchsorgan. Für die eingeatmete Luft ist sie die erste Station auf dem Weg zur Lunge.

Die Luft wird von feinen Härchen am Naseneingang gefiltert, von der Nasenschleimhaut mit ihren Schleimdrüsen befeuchtet und vom Blut in den Blutgefäßen angewärmt. Von der Nasenhöhle gelangt die Luft weiter in den Rachen. Außerdem bestehen Verbindungskanäle von der Nasenhöhle zum Tränennasengang, zu den Nasennebenhöhlen und zum Mittelohr. Die Nasennebenhöhlen, mit Schleimhaut ausgekleidete Kammern in den Gesichtsknochen, wärmen die eingeatmete Luft ebenfalls an.

Sprichwörter

Sicher habt ihr auch schon einmal Redensarten verwendet, die etwas mit der Nase oder dem Riechen zu tun haben. Hier sind einige davon abgedruckt. Überlegt, was sie bedeuten. Notiert eure Gedanken in den dafür vorgesehenen Leerzeilen.

1. Ich kann dich nicht riechen. _____

2. Das stinkt mir. _____

3. Ich habe die Nase voll. _____

4. Ich rieche den Braten. _____

5. Die Sache ist faul. _____

6. Das stinkt zum Himmel. _____

7. Peter führt Fritz an der Nase herum. _____

8. Das sehe ich dir an der Nasenspitze an. _____

9. Eigenlob stinkt. _____

Fallen euch noch weitere Redensarten ein? _____

2.3 Mit den Händen sehen

Die Möglichkeiten und Begrenzungen taktiler Wahnehmung werden meist erst deutlich erfahrbar, wenn wir den visuellen Wahrnehmungskanal ausblenden. In diesem Spiel geht es darüber hinaus darum

- nachzuerleben, wie sich Blinde fühlen und wie sie die Welt wahrnehmen,

- zu spüren, welche Konsequenzen Konkurrenzdruck für das eigene Handeln hat,

- sich mit der Bedeutung und den Möglichkeiten von Berührungen im alltäglichen Leben zu beschäftigen,

- über den Zusammenhang von „Streicheleinheiten" und weniger aggressivem Verhalten nachzudenken.

ab 11 Jahren

bis ca. 20 Personen

a) ca. 30 Minuten für die Übung
b) ca. 45 Minuten für die Auswertung

Das Plenum wird in vier Gruppen zu je 5 Personen aufgeteilt. Die Gruppen konkurrieren während des Spiels miteinander. Die Gruppenmitglieder setzen sich jeweils um einen Tisch herum. Der Tisch sollte so klein sein, daß die Gruppenmitglieder mit ihren Händen ohne Probleme bis in die Mitte des Tisches greifen können. Alle Teilnehmer schließen ihre Augen bzw. verbinden sie sich gegenseitig. Während des Spiels darf nicht gesprochen werden.

Sie haben auf jeden Gruppentisch 5 verschlossene Briefumschläge gelegt, die mit den Buchstaben A bis E bezeichnet sind. Die Briefumschläge enthalten die Teile eines Puzzles, die zusammengelegt einen Kreis ergeben. Die Puzzleteile sind gemäß der Anleitung (Material 1) ausgeschnitten und auf die fünf Umschläge verteilt worden.

Auf ein Startzeichen hin öffnen die Spielteilnehmer die Umschläge. Jede Gruppe bemüht sich, so schnell wie möglich alle Puzzleteile zu einem Kreis zusammenzulegen. Zum Informationsaustausch dürfen nur nonverbale Zeichen benutzt werden.

Sobald eine Gruppe diese Aufgabe bewältigt hat, erhält sie von Ihnen fünf weitere Umschlä-

ge, die mit den Buchstaben F bis J gekennzeichnet sind. Diese Umschläge enthalten weitere Puzzleteile, die zusammengelegt ein Rechteck ergeben. Die Puzzleteile haben Sie vor dem Spiel gemäß der Anleitung (Material 2) ausgeschnitten und auf die fünf Umschläge verteilt.

In einem dritten Durchgang erhalten die Teilnehmer fünf weitere Umschläge (K bis O). Diese enthalten Puzzleteile, die zusammengelegt einen Elefanten ergeben. Auch diese Puzzleteile sind zuvor gemäß der Anleitung (Material 3) ausgeschnitten und auf die fünf Umschläge verteilt worden.

Während des Spiels notieren Sie oder ein von Ihnen bestimmter Teilnehmer auf dem Auswertungsbogen (Material 4) die Zeiten, die die Gruppen für die Bewältigung der einzelnen Durchgänge benötigen. Sieger ist die Gruppe, die für die drei Durchgänge insgesamt die wenigste Zeit gebraucht hat.

- Wie gut habe ich mich konzentrieren können?

- Wie schwer/leicht ist es mir gefallen, mich während des Spiels auf die Mitglieder meiner Gruppe zu konzentrieren, und wie habe ich das geschafft?

- Welche Probleme sind dadurch aufgetreten, daß wir nicht sehen und sprechen konnten?

- Wie haben wir untereinander Informationen ausgetauscht?

- Waren die Schwierigkeiten schon vorher absehbar, und was haben wir zu ihrer Beseitigung unternommen?

- Wie und wie gut haben wir schließlich miteinander kooperiert?

- Ist es mir leicht oder schwer gefallen, die Puzzleteile zu fühlen?

- Wie sind wir beim Zusammenlegen der Puzzles in unserer Gruppe vorgegangen?

- Was bringen mir diese Erfahrungen, und wo kann ich sie in meinem Alltag nutzen?

Geben Sie zunächst die Rangplätze der einzelnen Gruppen bekannt. Anschließend findet ein ausführliches Auswertungsgespräch im Plenum statt.

Alternativ können die Kleingruppen anhand des Fragebogens (Material 5) ein Auswertungsgespräch in den gebildeten Kleingruppen führen, bevor man sich im Plenum trifft. Das Arbeitsblatt „Was wichtig war ..." (Material 6) soll die Teilnehmer dazu anregen, in Einzel-, Partner- oder Gruppenarbeit zu zentralen Aspekten des Spiels Ideen zu assoziieren. Auf der Grundlage dieser Assoziationen kann dann das weitere Auswertungsgespräch beginnen.

- Die für das Spiel erforderliche hohe Konzentrationsleistung ist insbesondere bei jüngeren Schülern nicht vorauszusetzen. Kürzen Sie in diesem Fall das Spiel etwa um einen Durchgang, oder erlauben Sie den Gruppenmitgliedern, zwischen den Durchgängen die Augen zu öffnen und miteinander zu reden.

- Erschweren bzw. erleichtern können Sie das Spiel u. a. dadurch, daß Sie mehr oder weniger Bilder verwenden, die benutzten Bilder in mehr oder weniger Teile zerschneiden oder die Gruppengröße variieren.

- Um Ungerechtigkeiten zu vermeiden, sollten alle Gruppen gleich groß sein und am besten durch ein Losverfahren gebildet werden.

- Wenn Gruppen bei einzelnen Durchgängen der Übung überhaupt nicht fertig werden, kann es sinnvoll sein, eine Höchstzeit für jeden Durchgang vorzugeben.

- Kopieren Sie die Puzzlevordrucke und kleben Sie sie auf stärkeres Papier oder dünne Pappe, bevor Sie die Bilder auseinanderschneiden. Kleben Sie die Briefumschläge, in die Sie die Puzzelteile eingelegt haben, nicht zu.

- Weitere Übungen, bei denen der visuelle Sinneskanal gezielt ausgeschaltet wird, sind: „Düfte" (Kap. 2.2), „Torball" (Kap. 2.4) und „Trink-Bar" (Kap. 2.6) . In „Düfte" geht es darum, den Geruchssinn der Jugendlichen zu testen. Bei „Torball" benötigen die Teilnehmer vor allem einen gut ausgebildeten Gehörsinn, um das Spiel als Team erfolgreich zu bestehen. Das Spiel „Trink-Bar" prüft den Geschmackssinn der Jugendlichen.

Kirsten/Müller-Schwarz 1982; Gudjons 1990; Reichel/Rabenstein/Thanhoffer 1988

Der Tastsinn

Das Ausblenden des visuellen Sinneskanals erschwert das Spiel beachtlich. Die Konzentration auf die mit diesen Umständen verbundenen Wahrnehmungen ist beabsichtigt und macht den eigentlichen Reiz des Spiels aus. Da den Teilnehmern zudem nur nonverbale Informationen, insbesondere ihr Tastsinn verbleibt, empfinden sie diese Situation vielleicht als schwierig. Das Spannende des Spiels besteht darin, diese Schwierigkeiten als eine Herausforderung zu erleben, die es mit Hilfe von Teamarbeit zu bestehen gilt.

Der Tastsinn ist auch im Tierreich weit verbreitet. Er hilft den Tieren, Gefahren zu erkennen und ihnen angemessen zu begegnen. Dem Menschen verhilft der Tastsinn in Zusammenarbeit mit dem Muskelsinn zu konkreten inneren Vorstellungen über die Gegenstände. So können die berührten Dinge der Außenwelt als hart oder weich, heiß oder kalt, rauh oder zart erfahren werden. Etwa 600 000 Druckpunkte, über die gesamte Körperoberfläche verteilt, leiten die jeweils erlebten Druckempfindungen an das Gehirn weiter, das dann eine innere Landkarte, ein Bild des Gegenstands entwirft. Für das Spiel „Mit den Händen sehen" ist von Interesse, daß die Hautoberfläche an den Fingerballen von besonders vielen solcher Druckpunkte besetzt ist. Hier kommen 23 dieser Punkte auf 1 qmm Haut; in der gesamten Handinnenfläche sind es ungefähr 15 000. Diese Dichte an druckempfindlichen Stellen an den Fingern und Händen erklärt die herausragende Bedeutung, die diese Körperteile für den Menschen haben, und weshalb sie in entsprechender Intensität genutzt werden. Neben den Lippen und den Geschlechtsorganen weisen die Fingerspitzen die meisten Rezeptoren für Berührungsreize auf.

Die Schulung des Tastsinns

Wieviel die Druckpunkte dem einzelnen Spielteilnehmer über die Beschaffenheit des jeweiligen Puzzleteils verraten, hängt auch davon ab, in welchem Maße jemand Erfahrung mit solchen Empfindungen erworben hat. Wie

2.3 Mit den Händen sehen

man weiß, können Blinde den Mangel an Sehvermögen mit der Zeit durch eine vermehrte Kompetenz im Hören und Tasten ausgleichen. Man kann die Sinne also schulen. Vielen mag es beim dritten Durchgang der Übung leichter fallen, das Puzzle zu legen, als beim ersten. Fragen für ein vertiefendes Auswertungsgespräch: Welchen Nutzen kann es haben, seine Wahrnehmungsfähigkeit dort zu verbessern, wo sie bislang noch nicht (hinreichend) entwickelt ist? Interessant ist sicher auch, daß Jugendliche, die vorzugsweise mit Hilfe des Tastsinns lernen, im üblichen Schulbetrieb enorme Nachteile in Kauf nehmen müssen, weil hier im allgemeinen eher visuell und auditiv orientierte Vorgehensweisen dominieren. Das Arbeitsblatt „Augen zu, und los!" (Material 7) will auf spielerische Weise die Sinneswahrnehmung über taktile Reize schulen.

Daß man mit den Händen und dem ganzen Körper nicht nur sehen, sondern auch sprechen kann, weiß jeder Mensch im Unterbewußtsein. Eine kleine „Körpersprachkunde" bietet das Material 8.

Bleibt noch Zeit, können Sie auf das Problem der Übermittlung nonverbaler Informationen eingehen. Da nonverbale Informationen häufig nicht eindeutig sind, bedarf es oftmals einer hervorragenden Sensibilität und eines beachtlichen Vertrautseins mit einem anderen Menschen, um dessen nonverbale Winke wirklich zu verstehen. Da diese Voraussetzungen im Rahmen des Spielverlaufs kaum gegeben sein dürften, lassen sich so den Jugendlichen die Kommunikationsschwierigkeiten veranschaulichen, die sich während des Spiels aus dem Sprechverbot ergeben haben.

Unterhalten Sie sich bei einer interessierten Gruppe über die psychologische Bedeutung des Tastens für den Menschen, insbesondere im Zusammenhang mit Liebesbezeugungen jeder Art. Menschen verlieren ihr Leben lang nicht das Bedürfnis, von anderen Menschen gestreichelt zu werden. „Streicheleinheiten" beruhigen. Sie wirken ausgleichend und fördern wechselseitig Vertrauen. Wenn die Gruppe reif und „gefaßt" genug ist, können Sie darüber sprechen, auf welche Art die Teilnehmer in ihrem konkreten Alltag das Bedürfnis nach „Streicheleinheiten" befriedigen. Hier kann sich auch anbieten, Spiele aus dem Kapitel „Körpererfahrung" durchzuführen, insbesondere die beiden Massage-Experimente, „Fußmassage" (Kap. 3.1) und „Massage erleben" (Kap. 3.2).

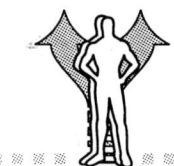

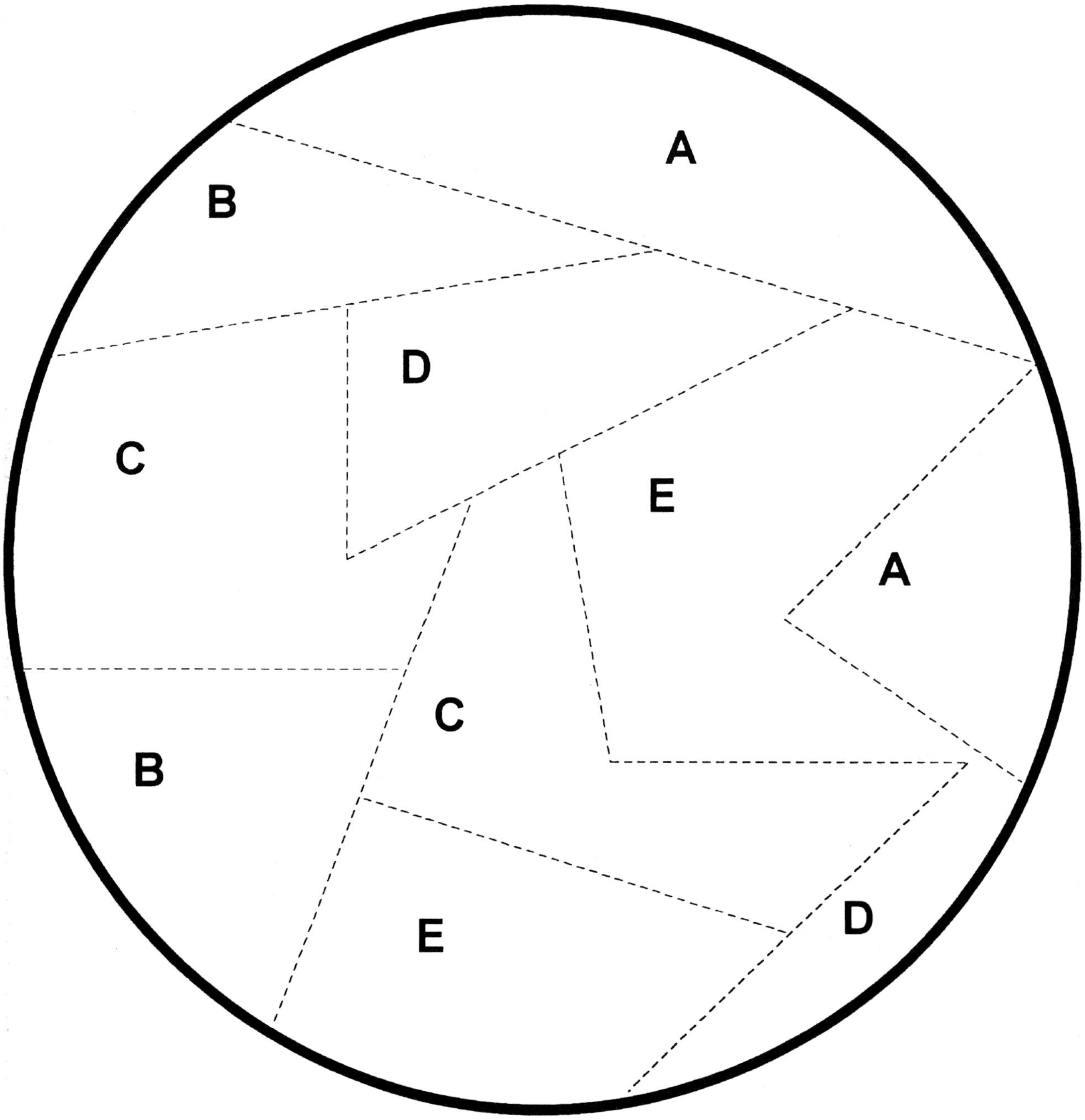

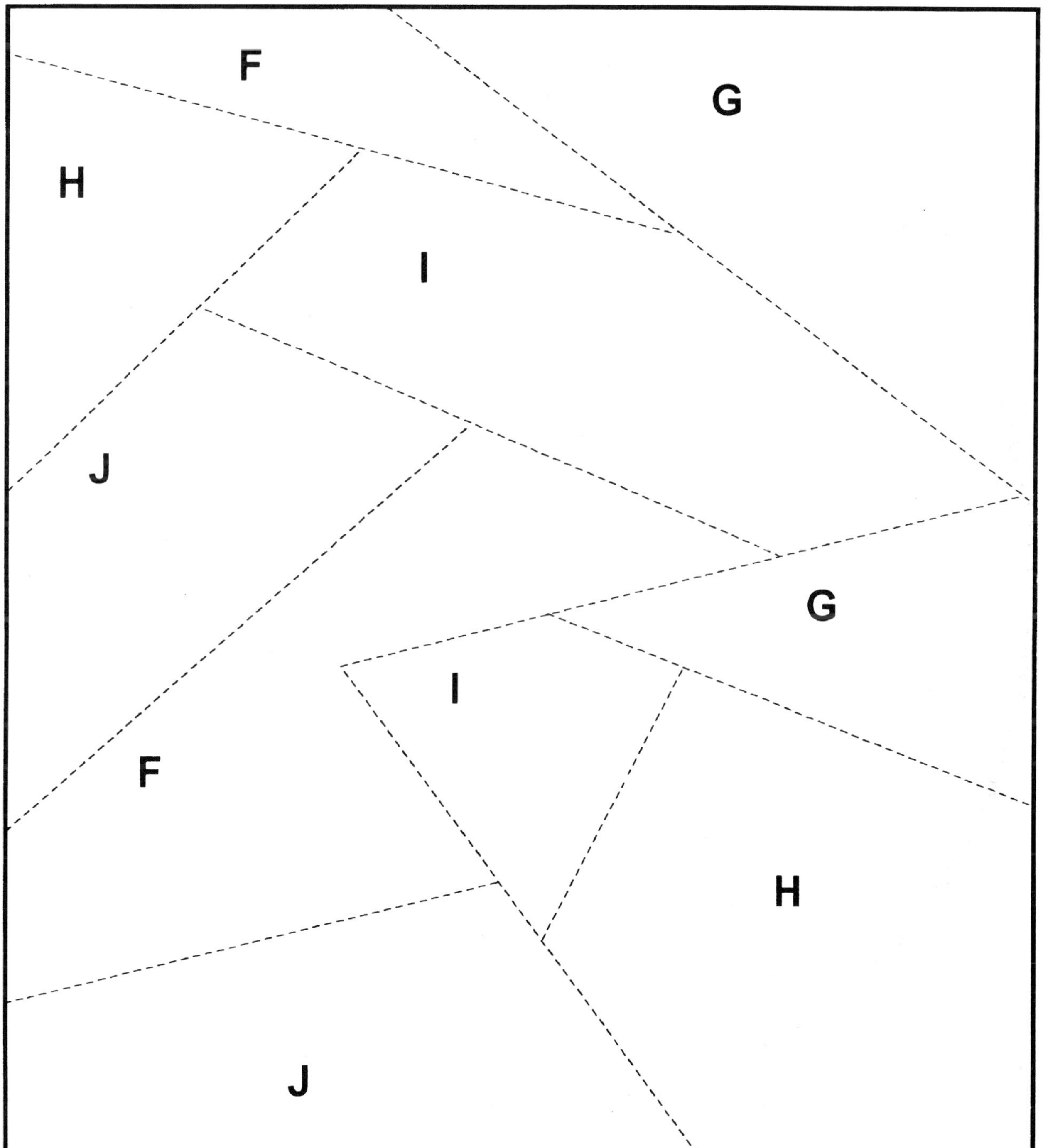

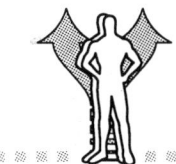

Selbstwahrnehmung und Körpererfahrung — © Verlag an der Ruhr, Postfach 10 22 51, 45422 Mülheim an der Ruhr

Auswertungsbogen

Gruppe 1

Rangplatz

			Min.		Sek.
Kreis			Min.		Sek.
Rechteck	+		Min.		Sek.
Elefant	+		Min.		Sek.
insgesamt	=		Min.		Sek.

Gruppe 2

Rangplatz

			Min.		Sek.
Kreis			Min.		Sek.
Rechteck	+		Min.		Sek.
Elefant	+		Min.		Sek.
insgesamt	=		Min.		Sek.

Gruppe 3

Rangplatz

			Min.		Sek.
Kreis			Min.		Sek.
Rechteck	+		Min.		Sek.
Elefant	+		Min.		Sek.
insgesamt	=		Min.		Sek.

Gruppe 4

Rangplatz

			Min.		Sek.
Kreis			Min.		Sek.
Rechteck	+		Min.		Sek.
Elefant	+		Min.		Sek.
insgesamt	=		Min.		Sek.

Fragebogen zur Auswertung in Kleingruppen

Besprecht die folgenden Fragen in eurer Gruppe. Notiert die wesentlichen Antworten kurz in Stichworten in dem dafür vorgesehenen Raum. Ihr habt dafür 15 Minuten Zeit. Anschließend werten wir eure Ergebnisse in der Großgruppe aus.

1. Wie habt ihr euch während der Übung gefühlt?

   _____

   _____

   _____

2. Wie erklärt ihr euch diese Gefühle?

   _____

   _____

   _____

3. Welche Schwierigkeiten habt ihr bei der Durchführung der Übung gehabt?

   _____

   _____

   _____

4. In welchem Übungsdurchgang hattet ihr die wenigsten Probleme?

   _____

   _____

   _____

5. Wie erklärt ihr euch die Schwierigkeiten?

   _____

   _____

   _____

6. Wie könntet ihr diesen Schwierigkeiten in einer ähnlichen Situation in der Zukunft besser begegnen?

   _____

   _____

   _____

 Selbstwahrnehmung und Körpererfahrung – © Verlag an der Ruhr, Postfach 10 22 51, 45422 Mülheim an der Ruhr

Was wichtig war ...

Das Spiel, das ihr gerade gespielt habt, enthält einige Aspekte, über die zu sprechen sich lohnt. Auf diesem Blatt findet ihr einige Begriffe, die wichtige Gesichtspunkte des Spiels kennzeichnen. Schreibt in die vorgesehenen Felder, was euch zu den Begriffen einfällt. Ihr habt dafür 10 Minuten Zeit. Wir wollen anschließend mit allen darüber sprechen.

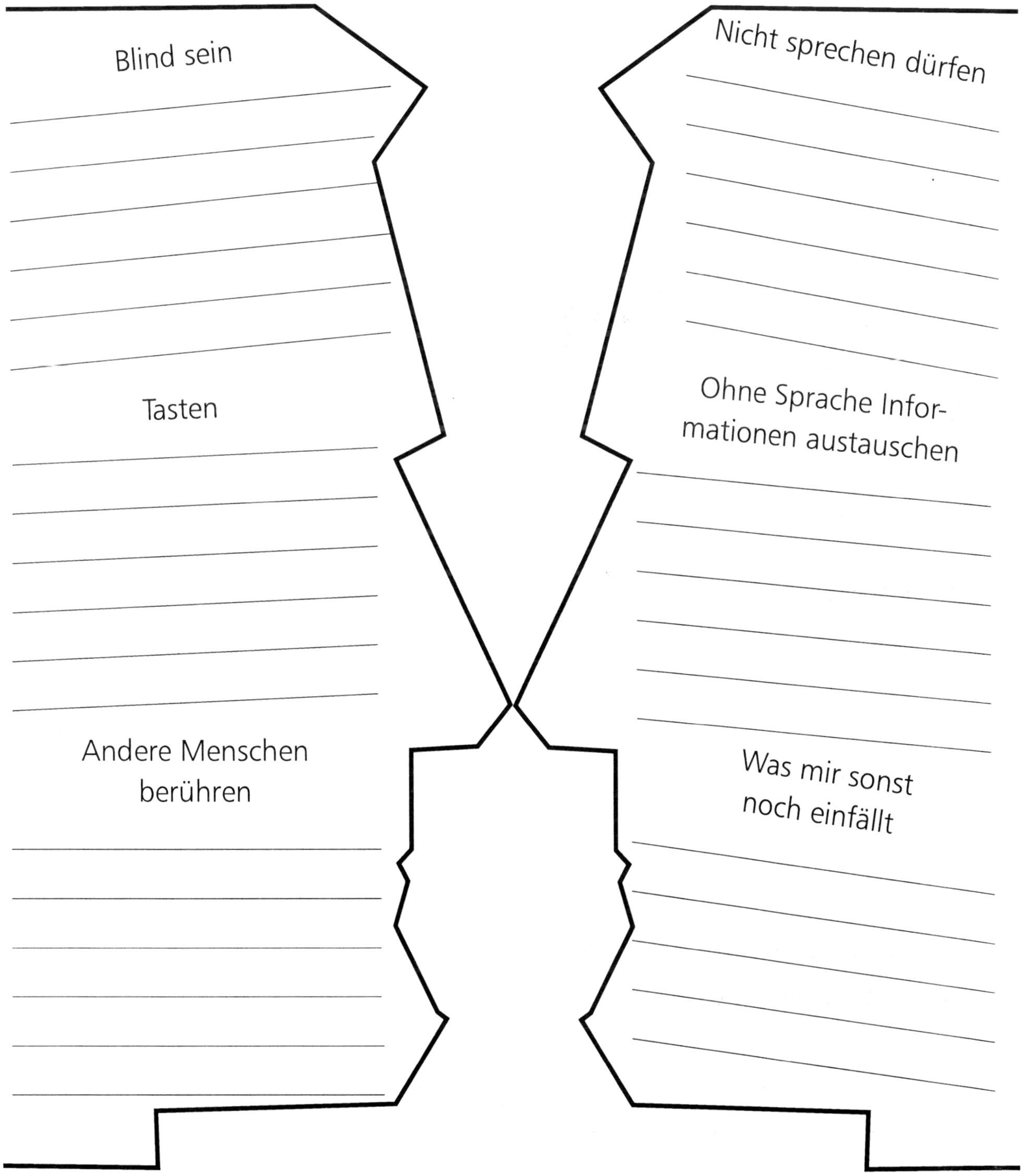

Blind sein

Nicht sprechen dürfen

Tasten

Ohne Sprache Informationen austauschen

Andere Menschen berühren

Was mir sonst noch einfällt

Augen zu, und los!

Ein paar Anregungen für Spiele, die auf unterhaltsame Weise die Sinneswahrnehmung schulen, wenn der visuelle Kanal ausgeblendet wird.

Blindes Erkennen

Die Teilnehmer stehen einander gegenüber. Sie legen die Handflächen aneinander und schließen die Augen. Nach einiger Zeit lassen sie auf Kommando die Hände sinken und drehen sich, ohne die Augen zu öffnen, dreimal im Kreis herum. Ob sie die Handfläche des Partners wiederfinden?

Blindes Führen

Ein Spiel für draußen. Gehen Sie mit Ihrer Gruppe in einen Wald, Park oder großen Garten. Immer zwei Mitspieler arbeiten zusammen. Einer schließt die Augen, der andere führt ihn behutsam durchs Gelände. Dies kann, je nachdem wie vertraut die Teilnehmer miteinander sind, alleine durch verbale Kommandos erfolgen oder durch ein sanftes Führen mit der Hand.

Unterwegs wird der „blinde" Mitspieler zu verschiedenen Stationen geführt: einem Baum, einer Blume, einem kleinen Tümpel, die er ertasten, erschnüffeln oder erfühlen soll.

Nach 5 Minuten werden die Rollen getauscht. Nun wird der Führer zum „blinden" Geführten und umgekehrt.

Weitere Anregungen zum „blinden" Führen finden Sie im Spiel „Kamera" aus Joseph Cornell, „Mit Freude die Natur erleben", Verlag an der Ruhr, Mülheim an der Ruhr 1991.

Blinder Ton

Breiten Sie eine lange Plastikplane auf dem Boden oder auf den Tischen aus. Immer zwei Mitspieler knien/sitzen sich gegenüber. Vor sich haben sie einen größeren Klumpen Ton, den sie nun jeweils zu zweit bearbeiten sollen. Beide Mitspieler feuchten sich die Hände an, schließen die Augen und beginnen gemeinsam, aus dem Ton ein Objekt zu formen – welches auch immer. Mündliche Absprachen dürfen nicht getroffen werden.

Ideal ist es, wenn beide der Meinung sind, ihr Kunstwerk sei fertig und sich ohne Worte blind darüber verständigen. Sie können aber auch als Spielleiter eine bestimmte Zeit vorgeben, nach der alle ihre Werke beendet haben sollten.

Blinde Vampire

Alle schließen die Augen und wandern im Raum umher. Sie als Spielleiter ernennen nun einen Mitspieler leise und heimlich zum Vampir. Auch der Vampir läßt die Augen geschlossen. Stößt er mit einem anderen Mitspieler zusammen, stößt er einen blutrünstigen Schrei aus; oder er packt das Opfer und zischelt ihm ein heimtückisches Wort zu, das vorher vereinbart wurde; oder ... Das Opfer wird nun selbst zum Vampir und begibt sich auf die Suche nach Opfern. Nun wären eigentlich die Tage der normal „Sterblichen" bald gezählt, würden sich nicht zwei Vampire, die einander begegnen, augenblicklich neutralisieren und wieder normal werden. Werden alle zu Vampiren, oder verwandeln sich alle Blutsauger und Zischler in Sterbliche? Sie als Spielleiter sollten den Überblick behalten und zur Not das Spiel beenden, wenn es ein zu langes, ergebnisloses Beißen gibt.

Die Sprache des Körpers

„Der Körper ist der Handschuh der Seele."

Samy Molcho

Ob du wirkst und wie du ankommst, hängt nicht nur mit dem Wesen, sondern auch mit der Körperhaltung zusammen. Körpersprache ist viel deutlicher als Worte. Wer Angst hat, verkrampft sich, verschränkt die Arme, zieht die Schultern ein, schaut vielleicht zu Boden. Die einzelnen Nuancen sind vielleicht von Mensch zu Mensch unterschiedlich. Aber die generellen Zeichen der Körpersprache sind bei den Menschen eines Kulturkreises im allgemeinen gleich.

Die Art zu gehen

Ein ausgeglichener Mensch, der Umwelt gegenüber offen, geht aufrecht. Die Hände bewegen sich locker neben dem Körper. Der Blick ist nach vorne gewendet, Kopf und Hals sind unverkrampft. Er wirkt sicher und offen.

Der Kopf ist nach hinten gedrückt, der Gang starr und steif. Der Mensch hält sich exakt an bestimmte Richtlinien, ist reserviert und distanziert.

Der Kopf ist nach vorne geschoben, die Brust eingezogen. Dieser Mensch ist eher passiv und wenig vital. Er wirkt vorsichtig und ängstlich. Im Stand kann ein vorgeschobener Kopf aber auch signalisieren: Ich kann alles besser erklären, wobei die zurückgezogene Brust ausdrückt: Machen soll das jedoch ein anderer!

Sprechende Hände

Wer spricht und die Hände stillhält, wirkt monoton und langweilig. Hände können besonders wichtige Aussagen unterstreichen.

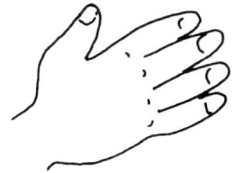

Die offene Handinnenseite öffnet die empfindliche, sensible Seite. Wer sie im Gespräch zeigt, signalisiert Vertrauen, Achtung und die Bereitschaft zur Kooperation. Eine höfliche Ablehnung kann auch mit geöffneter Hand dargeboten werden.

Der Zeigefinger weist nach vorne, auf den Gesprächspartner. Das ist immer eine aggressive Bewegung. Sie signalisiert maßregelnde Dominanz. Wird der Zeigefinger an Stirn oder Nase gelegt, demonstriert er kritisches oder konzentriertes Nachdenken. Zwischen Hals und Kragen geschoben drückt er Beengung aus.

Die zudeckende Hand schirmt die empfindliche Seite gegenüber der Außenwelt ab. Dies geschieht aus Unsicherheit oder aus dem Bedürfnis, etwas verbergen zu wollen.

 Skizziert die Haltungen und Gesten mit groben Strichen auf Karteikärtchen und legt so einen eigenen „Verhaltenskatalog" an, den ihr immer wieder ergänzen könnt.

Damit könnt ihr ein kleines Gestenraten veranstalten. Jeder zieht eine Karte. Der Reihe nach spielt nun jeder den anderen die Geste vor. Die Übrigen müssen die entsprechende Bedeutung erraten.

Wie ist es mit Gesten von Menschen aus anderen Kulturkreisen? Kennt ihr Gesten, die dort anders interpretiert werden als bei uns?

„Torball" bietet den Teilnehmern die Möglichkeit, den visuellen Sinneskanal zu schulen. Es geht dabei im einzelnen um:

- die Bedeutung des visuellen Sinneskanals, Situationen, in denen der visuelle Sinneskanal ausgeschaltet ist,
- Teamgeist,
- Schulung des Reaktionsvermögens,
- Orientierung an akustischen Signalen,
- Verbesserung der auditiven Wahrnehmungsfähigkeiten,
- Veränderungen des eigenen Verhaltens,
- Zusammenarbeit unter Konkurrenzdruck,
- die Probleme Blinder, anderer Behinderter und allgemein die Schwierigkeiten von „Randgruppen",
- das eigene Verhalten gegenüber diesen zum Teil ausgegrenzten Menschen,
- Möglichkeiten eines kooperativen Umgangs zwischen Behinderten und Nicht-Behinderten.

 ab 11 Jahren

 bis ca. 10 Personen

 a) ca. 45 Minuten für die Übung
b) ca. 45 Minuten für die Auswertung

 Zuerst bauen die Teilnehmer in einer Turnhalle gemeinsam das Spielfeld auf. Dazu werden auf beiden Seiten der Halle zwei Bänke plaziert und umgelegt. Das Spielfeld sollte 10 Meter breit und 15 Meter lang sein. Die Bänke stellen die Tore dar. Danach werden zahlenmäßig gleich starke Mannschaften gebildet. Welches Team Anstoß hat, wird durch Los bestimmt. Die Mitspieler stellen sich in ihren Spielhälften auf; anschließend werden ihnen die Augen verbunden. Das Spiel wird mit einem speziellen Ball gespielt, dessen Bewegungen durch ein integriertes Glöckchen gehört werden können (s. Hinweise).
Ziel des Spiels ist es, den Ball in das gegnerische Tor (die Fläche der beiden auf dem Boden plazierten, umgelegten Bänke) zu befördern. Dabei wird der Ball mit dem Glöckchen (zur akustischen Orientierung) gekegelt, nicht geworfen. Der Spielleiter als einzig Sehender

fungiert als Schiedsrichter. Er sorgt in allen Fällen dafür, daß der Ball im Spiel bleibt und unterrichtet die Mannschaften über den aktuellen Spielstand. Die Spieler verteilen sich in ihrem Spielfeld und können den Spielball ausschließlich durch das Glöckchen lokalisieren und durch entsprechenden Körpereinsatz ein Tor verhindern. Hat ein Mitspieler einen Wurf der gegnerischen Mannschaft erfolgreich abgewehrt, darf dieser seinerseits den Ball in Richtung gegnerische Zone befördern. Berührt der Ball das gegnerische Tor, wird dieser erfolgreiche Torwurf mit einem Punkt bewertet.
Die Mannschaft, die zuerst 21 Punkte erzielt und 2 Punkte Vorsprung vor dem Gegner hat (sonst erfolgt, wie beim Tischtennis, eine Verlängerung bis 2 Punkte Differenz), gewinnt diesen Satz. Nach einem Satz kann eine Pause von 5 bis 10 Minuten eingelegt werden, in der die Mitspieler die Augenbinden abnehmen dürfen. Das Team, welches zuerst zwei Sätze hintereinander für sich entscheidet, hat das Spiel gewonnen.

- Wie schwer bzw. leicht ist es mir gefallen, ohne meinen visuellen Sinneskanal auszukommen?
- Wie sensibel ist mein Gehör im Vergleich zu dem anderer Teilnehmer ausgeprägt?
- Welches Gefühl hatte ich, als meine Augen verbunden waren?
- Wie gut ist es mir gelungen, mich auf die Aufgabe zu konzentrieren?
- In welchem Maße habe ich das Spiel als Teamarbeit erlebt, und wie haben wir als Mannschaft die Aufgaben koordiniert?
- Welche Probleme haben Blinde im Alltag, und wie lösen sie diese Probleme?
- Was tun Sehende dafür, daß Blinde im Alltag weniger Probleme haben?
- Welche Erfahrungen macht ein Blinder, wenn er plötzlich wieder sehen kann?
- In welcher Weise kann der religöse Glaube eines Menschen helfen, mit einer Behinderung besser fertig zu werden?
- Wie gehen wir in unserer Gesellschaft allgemein mit „Randgruppen" um, und wie ist dieses Verhalten zu erklären?

2.4 Torball

● Welche Möglichkeiten haben die „Randgruppen", auf die Gesellschaft zuzugehen
und umgekehrt?

● Wie sinnvoll ist es, Behinderte in Regelschulen zu unterrichten?

● Welche Folgerungen kann ich aus den Erfahrungen mit diesem Spiel für meinen Alltag ziehen? Kann ich in meinem Alltag diese Erfahrungen konkret nutzen?

Nach Ende des Spiels findet die Siegerehrung
statt. Anschließend treffen sich die Teilnehmer
zum Kreisgespräch. Das Plenumsgespräch
kann phasenweise durch Partner- oder Grup-
penarbeiten ergänzt werden (s. Informationen).

• Für das Spiel ist ein Ball mit integriertem
Glöckchen erforderlich. Der Ball kann über
den Spielwarenfachhandel oder direkt vom
Verein zur Förderung der Blindenbildung,
Bleekstr. 26, 30559 Hannover, Tel. 0511/
95 46 50 bezogen werden. Der Ball kostet
ca. 46 DM.

• Normalerweise ist eine Turnhalle optimal
für die Ausrichtung dieses Spiels geeignet.
Eine Durchführung im Freien ist durchaus
möglich, wenn der Untergrund eben ist.

• Sie sollten unbedingt dafür sorgen, daß
eine ausreichende Anzahl von Augenbinden oder Schals zur Verfügung steht.

• Bei mehr als zehn Spielern sollten Sie das
Spielfeld entsprechend vergrößern.

• Sie können das Spiel auch durch eine vorgegebene Spielzeit begrenzen, zum Beispiel wenn für die Durchführung der
Übung nur eine bestimmte Zeit zur Verfügung steht.

• Eine spezielle Aufwärmgymnastik muß bei
angenehmer Hallentemperatur nicht notwendigerweise durchgeführt werden, sollte jedoch bei ausreichender Zeit obligatorisch sein. Einige Beispiele für Aufwärmübungen bietet Material 5 in der Übung
„Crunch" (Kap. 3.6.)

• Um Verletzungen, z.B. durch Zusammen-
prallen mit anderen Mitspielern, zu vermeiden, sollten die Teilnehmer auf dem Spielfeld so verteilt werden, daß sie mindestens

3 Meter Abstand zu den anderen Akteu-
ren haben. Die Spieler erhalten die Anweisung, ihren Bewegungsspielraum auf 2
Schritte in jeder Richtung zu begrenzen.

• Erfahrungsgemäß ist bei den jüngeren Teilnehmern die Disziplin durch die Spiel-
euphorie eingeschränkt, deshalb ist gerade hier darauf zu achten, daß die Mindest-
abstände eingehalten werden.

• Halten Sie nach Möglichkeit für die Spieler des Siegerteams ein kleines Präsent bereit.

• Wollen Sie ein weiteres Spiel durchführen,
bei dem der visuelle Sinneskanal gezielt
ausgeschaltet wird, greifen Sie auf die
Übungen „Mit den Händen sehen" (Kap.
2.3) oder „Düfte" (Kap. 2.2) zurück. Bei
„Mit den Händen sehen" benötigen die
Teilnehmer vor allem einen gut ausgebildeten Tastsinn, um das Spiel als Team erfolgreich zu bestehen. In „Düfte" geht es
darum, den Geruchssinn der Jugendlichen
zu testen.

• Möchten Sie mit der Gruppe noch weitere
Spiele mit sportlichem Charakter durchführen, bieten sich aus dem Kapitel „Körpererfahrung" die Übungen „Crunch" (Kap.
3.6) und „Sport-As" (Kap. 3.9) an.

Mittermair 1985; Kliebisch 1995d; Orlick
1982; Seitz 1983; Zalfen 1991; Bischops
1994; Freiwald 1991

„Blinde" Orientierung

Normalerweise wird das Spiel begeistert aufgenommen, obwohl die Situation mit den
verbundenen Augen für die Spieler sehr ungewöhnlich ist und ihnen ein hohes Maß an
Konzentrationsvermögen abverlangt. Zudem
bleibt den Gruppenmitgliedern nur noch, sich
auf nonverbale Informationen, in diesem Falle insbesondere auf ihren Gehörsinn, zu verlassen. Das Spannende des Spiels besteht für
die Teilnehmer darin, diese Schwierigkeiten als
eine Herausforderung zu erleben, die es mit
Hilfe von Teamarbeit zu bestehen gilt.
Dieses Spiel macht den Jugendlichen ein-
drucksvoll die Bedeutung ihres Augenlichts im
Alltag bewußt. Bei Ausblendung des visuellen

Sinneskanals ist es für die Mitspieler in der Regel schwierig, sich zu orientieren und die Bewegung des Balles nur über den Gehörsinn nachzuvollziehen. Führt man das Spiel häufiger durch, fällt es den Teilnehmern zunehmend leichter, mit diesem Handikap umzugehen. Der auditive Sinneskanal läßt sich also durch geeignete Übung schulen.

Dieses Spiel kann von Sehenden und Blinden gemeinsam gespielt werden. In einzelnen Städten Deutschlands gibt es sogar Vereine dafür. Möglicherweise werden einzelne Teilnehmer dazu angeregt, sich für ein vorurteilsfreies Miteinander mit Sehbehinderten zu engagieren. Als erster Kontakt könnte der örtliche Blindenverein dienen, der in allen größeren Städten anzutreffen ist.

Behindert sein

Blinde sind tagtäglich darauf angewiesen, ihre Umwelt ohne den Sehsinn wahrzunehmen und zu verstehen. Sprechen Sie über die Möglichkeiten, das Gehör zu verbessern. Erörtern Sie, welchen Nutzen eine Schulung des auditiven Wahrnehmungskanals im Alltag haben könnte. Stellen Sie heraus, welchen Sinn es macht, mehr Verständnis für die Probleme Blinder zu haben.

Als Einstieg in diese Phase des Gesprächs können Sie die biblische Geschichte von der Heilung des Bartimäus (Material 1) nutzen. Die Jugendlichen sollen versuchen, sich in die Situation eines Blinden und in dessen Empfinden nach der erfolgten Heilung zu versetzen. Die Ergebnisse dieser Gruppenarbeit könnten Anlaß sein, über die Erfahrungen der Jugendlichen mit behinderten Menschen allgemein zu sprechen. Welche Arten von Behinderungen kennen sie? Wer von ihnen hat direkten Kontakt mit einem Behinderten? Welche Reaktionen von Behinderten haben sie irritiert? Wie haben sie sich selbst beim Umgang mit Behinderten gefühlt? Was, glauben sie, erwartet ein Behinderter von einem Nicht-Behinderten? Hier kann das Arbeitsblatt „Behinderungen" (Material 2) eingesetzt werden.

Von dort läßt sich – soweit dafür genügend Zeit ist – das Gespräch leicht auf das Problem von „Randgruppen" in unserer Gesellschaft ausdehnen. Wie gehen wir allgemein mit al-ten Menschen, mit Obdachlosen, mit HIV-Infizierten, mit Homosexuellen oder ausländischen Mitbürgern, aber auch mit Skins oder Punks um? Was hindert uns daran, diesen Gruppen gegenüber ein Verhalten zu zeigen, wie wir es sonst als „üblich" empfinden? Welche Vorurteile spielen hier eine Rolle? Welche Möglichkeiten gibt es, das ausgrenzende Verhalten zu vermeiden und abzubauen? Was können die sogenannten Randgruppen selbst für einen „normalen" Umgang mit der übrigen Gesellschaft tun?

Als Moderator haben Sie an dieser Stelle die Gelegenheit, auf die individuellen Erfahrungen der Teilnehmer einzugehen. Vielleicht ist jemand in der Gruppe mit einem Behinderten, einem HIV-Infizierten befreundet oder hat einfach nur eine sehr alte Oma. Wie sieht der Umgang mit diesen Menschen in dem Augenblick aus, in dem sie einem vertraut sind? Was ändert sich gegenüber der „Fernsicht", die uns im Blick auf „Randgruppen" allenthalben zu eigen ist? Denn wer hat schon im täglichen Leben wirklich direkten Kontakt mit Angehörigen dieser Gruppen? Hier läßt sich der Unterschied zwischen unbegründeten Vorurteilen und den Erfahrungen aufgrund tatsächlichen Zusammenseins mit Behinderten oder Angehörigen von „Randgruppen" herausarbeiten und problematisieren.

Was halten die Jugendlichen von Behinderten in Regelschulen? Wie wäre es, wenn eine Klasse aus Behinderten und Nicht-Behinderten bestünde? Weshalb gibt es bis heute eine solche Koedukation von Behinderten und Nicht-Behinderten nur in wenigen Ausnahmefällen? Wer hätte dann wohl die meisten Probleme: die Behinderten, die Nicht-Behinderten oder vielleicht die Lehrer? Wie sollte das Zahlenverhältnis von Behinderten und Nicht-Behinderte in einer Lerngruppe aussehen? Läßt sich das eigentlich so einfach sagen? Was müßte beachtet werden, damit ein geregelter Unterricht möglich würde? Und: Lohnt sich das am Ende für alle Beteiligten? Lassen Sie die Jugendlichen gemeinsam überlegen, ob und unter welchen Bedingungen sie selbst eine solche Form des Unterrichts von behinderten und nicht-behinderten Schülern befürworten würden.

Die Heilung des blinden Bartimäus

Sie kamen nach Jericho. Als Jesus mit seinen Jüngern und einer großen Menschenmenge Jericho wieder verließ, saß an der Straße ein blinder Bettler, Bartimäus, der Sohn des Timäus. Sobald Bartimäus hörte, daß es Jesus von Nazaret war, rief er laut: „Sohn Davids, Jesus, hab Erbarmen mit mir!"

Viele wurden ärgerlich und befahlen ihm zu schweigen. Bartimäus aber schrie noch viel lauter: „Sohn Davids, hab Erbarmen mit mir!" Jesus blieb stehen und sagte: „Ruft ihn her!" Sie riefen dem Blinden zu und sagten zu ihm: „Hab nur Mut, steh auf, er ruft dich!" Da warf er seinen Mantel weg, sprang auf und lief auf Jesus zu.

Und Jesus fragte ihn: „Was soll ich für dich tun?" Der Blinde antwortete: „Rabbuni, ich möchte wieder sehen können!" Da sagte Jesus zu ihm: „Geh! Dein Glaube hat dir geholfen." Im gleichen Augenblick konnte er wieder sehen, und er folgte Jesus auf seinem Weg.

(Mk 10, 46-52; nach: Das Neue Testament 1979;
leichte Text- und Interpunktionsveränderungen
zur besseren Lesbarkeit: U.K.)

1. Finde heraus, wie es dem blinden Bartimäus geht, bevor und nachdem ihn Jesus geheilt hat. Woran kannst du die Veränderungen erkennen?

2. Wie reagieren die herumstehenden Menschen zunächst und dann später auf Bartimäus' Anliegen, zu Jesus zu kommen. Wie erklärst du dir dieses Verhalten der anderen Menschen? Kennst du ein solches Verhalten auch aus deinem Alltag? Vielleicht hast du dich selbst schon einmal so verhalten?

3. Was bedeutet es wohl für einen Menschen, von Blindheit oder einer anderen schweren Krankheit oder Behinderung geheilt zu werden? Welche Rolle spielt Jesus dabei für Bartimäus?

Behinderungen

Jeder von euch hat sicher schon einmal behinderte Menschen gesehen, vielleicht auch schon einmal mit ihnen gesprochen. Mancher hat vielleicht sogar engeren Kontakt mit ihnen. Auf diesem Arbeitsblatt findet ihr einige Fragen, die sich mit dem Thema „Behinderungen" beschäftigen. Besprecht die Fragen miteinander, und notiert dann stichwortartig, aber so genau wie möglich, eure Antworten in den dafür vorgesehenen Leerzeilen.

1. Welche Arten von Behinderungen kennt ihr?

   _____

   _____

2. Habt ihr direkten Kontakt mit einem Behinderten? Welche Art von Behinderung hat der Mensch, mit dem ihr Kontakt habt?

   _____

   _____

3. Welche Reaktionen von Behinderten haben euch schon einmal irritiert?

   _____

   _____

4. Wie habt ihr euch selbst beim Umgang mit Behinderten gefühlt?

   _____

   _____

5. Was, glaubt ihr, erwartet ein Behinderter von einem Nicht-Behinderten? Wie kommt ihr darauf?

   _____

   _____

6. Was erwartet ihr von einem Behinderten? Wie sollte er sich euch gegenüber verhalten? Warum sollte er sich so verhalten?

   _____

   _____

7. Welche anderen Gruppen haben es in unserer Gesellschaft wohl ähnlich schwer wie Behinderte? Woran liegt das eurer Meinung nach?

   _____

   _____

8. Was sollte und müßte sich in unserer Gesellschaft ändern, damit diese Menschen weniger Probleme hätten?

   _____

Selbstwahrnehmung und Körpererfahrung — © Verlag an der Ruhr, Postfach 10 22 51, 45422 Mülheim an der Ruhr

2.5 Klang-Farben

Hier geht es um das bewußte Wahrnehmen des auditiven Sinneskanals. Im einzelnen heißt das:

- Einprägen und späteres (Wieder)erkennen von verschiedenen Klängen (Melodien),

- Vergleich der eigenen Gehörempfindlichkeit mit der anderer Menschen,

- Beobachtung des eigenen Verhaltens in Konkurrenzsituationen und unter Zeitdruck,

- den eigenen Musikgeschmack reflektieren und diskutieren und über die Funktion von Musik im Alltag und in der Therapie nachdenken,

- über Probleme von Taubstummen sprechen,

- die ruinöse Wirkung von Lärm und zu lauter Musik erkennen und nach Möglichkeiten suchen, das eigene Gehör funktionsfähig zu erhalten.

ab 10 Jahren

bis ca. 20 Personen

a) ca. 30 Minuten für die Übung
b) ca. 45 Minuten für die Auswertung

Vor Beginn des Spiels haben Sie auf einer Audiocassette folgendes aufgenommen: zweimal jeweils zwanzig markante Sekunden von fünf Liedern (am besten eine Mischung aus Popsongs und klassischen Titeln, die den Spielteilnehmern weitgehend unbekannt sind) in jeweils zwei unterschiedlichen Reihenfolgen (a und b). In der Reihenfolge a werden die Lieder ohne Pause hintereinander aufgezeichnet, bei der Reihenfolge b wird zudem nach jedem Lied eine Pause von 20 Sekunden Länge eingeschnitten. Bringen Sie für das Spiel einen funktionsfähigen Cassettenrekorder mit.

Jeweils zwei Teilnehmer bilden ein Team. Die Teams konkurrieren während des Spiels miteinander. Um eine objektive Kontrolle zu gewährleisten, werden die Spieler A und B der Teams nun getrennt und in neue Zweiergruppen aufgeteilt. Dazu wird jedem Partner A einer Mannschaft ein Partner B aus einer anderen Mannschaft zugeordnet.

Geben Sie zu Beginn folgende Instruktionen an die Mitspieler: „Die Aufgabe des Spiels besteht darin, Melodien wiederzuerkennen.

Ich werde gleich jedem von euch fünf Lieder jeweils zwanzig Sekunden lang vorspielen. Im ersten Durchgang den Partnern A in den Zweiergruppen, danach den Partnern B. Versucht, euch diese Melodien zu merken. Das erste Lied bekommt die Nummer 1, das zweite die Nummer 2 usw. Ich werde euch anschließend die Lieder in einer anderen Reihenfolge vorspielen. Ihr sollt nach jedem Lied, das ihr gehört habt, die jeweilige Nummer nennen. Dafür habt ihr jeweils zwanzig Sekunden Zeit. Partner B soll dabei Protokoll darüber führen, wie viele Melodien Partner A richtig wiedererkannt hat. Benutzt dafür den Protokollbogen (Material 1).

Während des Spiels herrscht absolutes Redeverbot. Partner A muß seine Antworten geben, ohne dabei zu sprechen. Entweder er trägt seine Antworten direkt in den Protokollbogen ein, oder er benutzt die Zeichensprache. Bei der zweiten Variante müßt ihr darauf achten, daß die Antwort für die Spieler der anderen Teams nicht sichtbar wird, um eine Beeinflussung auszuschließen."

Spielen Sie dann die fünf Lieder für die Partner A in der Reihenfolge a (ohne dazwischengeschaltete Pause) ab. Machen Sie eine Pause von zwei Minuten, in der nicht gesprochen werden darf. Spielen Sie dann dieselben Lieder in der Reihenfolge b (mit jeweils zwanzig Sekunden Pause nach jedem Song) ab, so daß die Partner A der Paare die Lieder wiedererkennen müssen.

Geben Sie danach folgende Hinweise:

„Nachdem ihr die Antworten auf dem Protokollbogen eingetragen habt, machen wir erst einmal fünf Minuten Pause. Danach beginnt der zweite Durchgang mit neuen Teams und anderen Melodien, um die Chancengleichheit zu wahren." *(Pause)*

Spielen Sie jetzt die fünf Lieder der zweiten Cassette für die Partner B in der Reihenfolge a (ohne dazwischengeschaltete Pause) ab. Machen Sie eine Pause von zwei Minuten, in der nicht gesprochen werden darf. Spielen Sie dann dieselben Lieder in der Reihenfolge b (mit jeweils zwanzig Sekunden Pause nach jedem Song) ab. Nun muß der Partner B der Paare die Lieder wiedererkennen.

Fahren Sie dann so fort: „Nehmt nun noch einmal die Protokollbögen zur Hand. Ich nen-

ne jetzt zunächst für die Partner A die Reihenfolge, in der ich die Lieder beim zweiten Mal gespielt habe. Macht jeweils ein Kreuz in der rechten Spalte der Protokollbögen, wenn die gegebene Antwort richtig ist. … Und jetzt nenne ich euch die Lösung für die Partner B. … Notiert unten auf dem Protokollbogen die Anzahl der Treffer eures Partners. … Gebt mir nun die Protokollbögen, ich werde die Anzahl der Treffer in einen Ergebnisbogen (Material 2) eintragen und auf diese Weise gleich den Sieger ermitteln. Gewonnen hat das Team, dessen Mitglieder insgesamt die meisten Melodien erkannt haben."

- Wie ist es mir gelungen, mir die einzelnen Klangeindrücke einzuprägen?
- Wie ist es mir gelungen, die einzelnen Klangeindrücke wiederzuerkennen?
- Wie erkläre ich mir das Resultat?
- Wie präzise ist mein Gehör im Vergleich mit den anderen Teilnehmern? Woran kann ich das erkennen, und welche Erklärung habe ich dafür?
- Wie gut war mein Konzentrationsvermögen, und wodurch wurde ich wie stark abgelenkt?
- Wie kann man solche Ablenkungen vermeiden?
- Was schätze ich an der Musik, die ich besonders gern höre?
- Wie reagiere ich auf Menschen, die meinen Musikgeschmack nicht teilen? Was halte ich von diesen Menschen?
- Wie erlebt ein Taubstummer die Welt? Wie wird er sich fühlen, wenn er wieder sprechen und reden kann?
- Auf welche Weise ruinieren manche Menschen ihre Hörfähigkeit?
- Wie kann man Musik – außer zur Unterhaltung – noch einsetzen?
- Welches Musikinstrument kann ich spielen, und wie fühle ich mich, wenn ich selber Musik mache?
- Wie unterscheidet sich das Hören von Musik vom selbständigen Musikmachen?
- Welche Folgerungen kann ich aus den Erfahrungen mit diesem Spiel ziehen, und

wo kann ich diese in meinem Alltag nutzen?

Werten Sie zunächst die Protokollbögen aus, indem Sie die Anzahl der Treffer der Teammitglieder in den Ergebnisbogen eintragen (Material 2). Die Gruppe mit der höchsten Anzahl von wiedererkannten Melodien hat das Spiel gewonnen. Nach der Siegerehrung sollte ein ausführliches Auswertungsgespräch im Plenum stattfinden. Dieses Gespräch kann phasenweise durch Gruppen- oder Partnerarbeit ergänzt werden (s. Informationen).

- Um Chancengleichheit für die Teilnehmer zu gewährleisten, sollte der Abstand zum Cassettenrekorder für alle Mitspieler gleich sein.
- Achten Sie auf eine genaue Einhaltung der vorgegebenen Zeit, und tragen Sie dafür Sorge, daß das Sprechverbot beachtet wird.
- Die Schwierigkeit, die Melodien wiederzuerkennen, steigt, je ähnlicher sie sich sind. Sie können also den Schwierigkeitsgrad des Spiels auf die Altersgruppe abstimmen.
- Je länger der zeitliche Abstand zwischen Einprägen und Wiedererkennen der Melodien ist, um so schwieriger wird das Spiel. Deshalb ist darauf zu achten, daß dieser Abstand in beiden Durchgängen gleich groß ist.
- Halten Sie für das Siegerteam ggf. ein kleines Geschenk bereit. Überlegen Sie im Vorfeld, ob Sie die Jugendlichen das Geschenk selbst finanzieren lassen. Sie könnten dazu beispielsweise von jedem Gruppenmitglied einen kleinen Geldbetrag einsammeln.
- Weitere Spiele, bei denen gezielt ein bestimmter Sinneskanal getestet wird: „Blicke schärfen" (Kap. 2.1; Sehsinn), „Mit den Händen sehen" (Kap. 2.3; Tastsinn), „Torball" (Kap. 2.4; Gehörsinn) und „Trink-Bar" (Kap. 2.6; Geschmackssinn) aus dem Kapitel „Selbstwahrnehmung".

Kükelhaus/Lippe, 1982; Leleman 1982; Blickhan/Blickhan 1992; Herder-Lexikon Biologie 1977, Schüler-Duden Psychologie 1981

2.5 Klang-Farben

Die Bedeutung des Gehörs

Im Alltag sind wir uns des auditiven Sinneskanals häufig nicht genügend bewußt. Deshalb werden bei den Teilnehmern zum Teil erhebliche Schwierigkeiten auftreten, die einzelnen Melodien wiederzuerkennen. Der Reiz des Spiels liegt gerade darin, mit diesen Schwierigkeiten umzugehen und sie mit Teamgeist möglichst gut zu bewältigen.

Mit dem Gehör nehmen wir Geräusche in unserer Umwelt wahr. Wir hören Stimmen und kommunizieren mit unseren Mitmenschen. Wir erkennen durch den Gehörsinn Gefahren, wie zum Beispiel Autos, die sich nähern. Mit dem Ohr nehmen wir einzelne Schallwellen wahr, wandeln sie in nervale Reize um und leiten sie zum Hirn, wo sie zu einem Höreindruck verarbeitet werden.

Während des Spiels „Klang-Farben" werden sicherlich bei den einzelnen Teilnehmern Unterschiede in der Sensibilität der Gehörs auftreten; sie sind damit zu erklären, daß der Hörsinn bei Jugendlichen mit einer höheren Trefferquote besser geschult ist. Daß es solche Unterschiede bei Menschen gibt, zeigt das Phänomen des „absoluten Gehörs"; darunter versteht man die Fähigkeit, Tonhöhen allein durch das Gehör zu erkennen. Von den Teilnehmern ist bei mehrmaliger Wiederholung dieses Spiels sicherlich eine größere Trefferhäufigkeit zu erwarten, da durch die Wiederholungen eine bessere Adaption des Hörvermögens an die akustische Quelle stattfindet. Sprechen Sie im anschließenden Auswertungsgespräch über die Bedeutung des Gehörsinnes für uns Menschen. Sind wir uns eigentlich darüber im klaren, in welchem Maß wir auf unser Gehör im täglichen Leben angewiesen sind? Das Arbeitsblatt (Material 4) regt die Jugendlichen an, über ihre Erfahrungen mit dem Phänomen „Hören" genauer nachzudenken. Es geht hier u.a. um bewußte Hörerlebnisse. Sprechen Sie über den qualitativen Unterschied zwischen „Musik hören" und „Musik machen".

Musikgeschmack

Mit Hilfe des Arbeitsblattes „Meine Melodie" (Material 5) sollen die Jugendlichen in einer kurzen Partnerarbeit ihre Vorlieben und Abneigungen in bezug auf bestimmte Musikrichtungen reflektieren. Das anschließende Plenumsgespräch kann dies unter dem Gesichtspunkt vertiefen, ob man sich über (Musik-) Geschmack eigentlich streiten kann. Stellen Sie heraus, daß auch im Blick auf Musik durchaus Kriterien für Qualität festzulegen sind. Dies gilt sowohl für die Komposition als auch für den etwa vorhandenen Text. Um welche Kriterien es sich dabei im einzelnen handelt bzw. handeln könnte, sollten Sie zumindest ansatzweise mit den Teilnehmern erarbeiten. Zur Erweiterung und Auflockerung können Sie im Anschluß gruppenweise das Arbeitsblatt „Chartbreakers" bearbeiten lassen (Material 6).

Eingeschränktes Hörvermögen

Welche Nachteile haben Menschen mit eingeschränktem Hörempfinden und welche Erfahrungen haben die Teilnehmer selbst schon mit schwerhörigen Menschen gemacht? Sprechen Sie über einen möglichen therapeutischen Einsatz von Musik. Vielleicht können hier die Teilnehmer ihre Erfahrungen etwa mit der entspannenden Wirkung bestimmter Musikstücke einbringen und diskutieren. Wollen Sie darüber hinaus das Gespräch um die Aspekte „Behinderung", „Randgruppen" und „Kooperatives Verhalten gegenüber Ausgegrenzten" erweitern, finden Sie dazu weitere Anregungen in den Informationen und im Materialteil zum Spiel „Torball" (Kap. 2.4).

Wenn Sie erarbeitet haben, wie wichtig ein gut funktionierendes Gehör ist, sollten Sie nochmals intensiver darauf eingehen, auf welche Weise wir Menschen unseren Hörsinn ruinieren können, wenn wir uns im Alltag und im Berufsleben ständig zu starkem Lärm aussetzen (Arbeit an lauten Maschinen, landende Flugzeuge usw.). Hier sind ebenfalls vertiefend die Konsequenzen zu bedenken, die diese permanente Reizüberflutung mit sich bringt. Was können wir tun, um mittelfristig eine Zerstörung des empfindlichen Hörorgans zu verhindern? Sollten uns die vielen Hörgenüsse (Musik etc.) es nicht wert sein, sorgfältig mit unserem Gehör umzugehen? An dieser Stelle ist ein handlungsorientierter Transfer in die Alltagswirklichkeit der Jugendlichen sicher leicht möglich und hilfreich.

Protokollbogen

für Team _____ Name_____

Tragt bitte in die mittlere Spalte die Ziffer ein, die euch euer Spielpartner angibt, nachdem die jeweilige Melodie gespielt wurde. Macht an der entsprechenden Stelle in der rechten Spalte ein Kreuz, wenn sich bei der Auswertung ergibt, daß euer Partner richtig getippt hat. Notiert unten auf dem Bogen die Gesamtzahl der Treffer.

Gespielte Melodie	Vom Partner genannte Nummer	Treffer
Nr. 1		
Nr. 2		
Nr. 3		
Nr. 4		
Nr. 5		

Gesamtzahl der Treffer

Selbstwahrnehmung und Körpererfahrung — © Verlag an der Ruhr, Postfach 10 22 51, 45422 Mülheim an der Ruhr

Ergebnisbogen
Hören

Team-Nr.	Spieler A/B		Treffer der Spieler A/B		Treffer des Teams	Rang des Teams
			A	B		
1						
2						
3						
4						
5						
6						
7						
8						
9						
10						

Der Aufbau des menschlichen Ohres

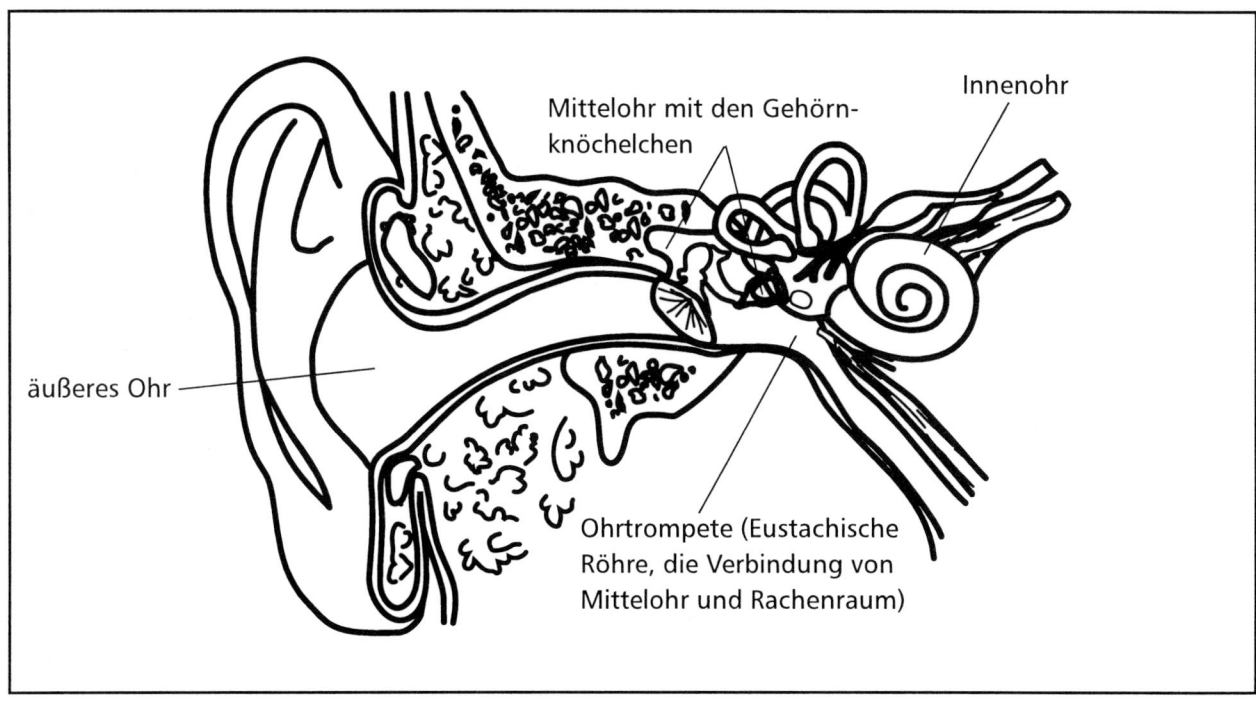

Mittelohr mit den Gehörn-
knöchelchen

Innenohr

äußeres Ohr

Ohrtrompete (Eustachische
Röhre, die Verbindung von
Mittelohr und Rachenraum)

Man unterscheidet Außenohr (Ohrmuschel und Gehörgang), Mittelohr (Paukenhöhle mit Gehörknöchelchen) und Innenohr (Schnecke und Bodengänge des Gleichgewichtsorgans).

Die Ohrmuschel, die bis auf das Ohrläppchen aus Knorpel besteht, hat die Form eines flachen Trichters. Hier werden die auftreffenden Schallwellen gesammelt und an den Gehörgang weitergegeben. Das Trommelfell (ca. 0,5 cm² groß und trichterförmig) befindet sich am inneren Ende des Gehörgangs. Durch die ankommenden Schallwellen wird die Trommelfellmembran in Schwingungen versetzt und von da auf die drei Gehörknöchelchen (Hammer, Amboß, Steigbügel) im Mittelohr übertragen. Dort werden die Schallwellen um das zwei- bis dreifache verstärkt. Der Steigbügel gibt über das ovale Vorhoffenster, wo nochmals eine Verstärkung des Schalldrucks auf das 20- bis 25fache erreicht wird, die Schallwellen an das Innenohr weiter. Das Innenohr besteht aus der Schnecke und den Bogengängen, welche dem Gleichgewichtsempfinden dienen und keinen Einfluß auf den Hörvorgang haben.

Innerhalb der Schnecke befindet sich das Corti-Organ, das eigentlich schallaufnehmende Organ, welches mit ungefähr 16 000 bis 23 000 Sinnes- bzw. Hörzellen ausgestattet ist. Die je nach Frequenz an unterschiedlichen Stellen des Corti-Organs erregten Nervenimpulse werden

über den Hörnerv, über verschiedene Kerngebiete und Nervenbahnen im Gehirn zur akustischen Region der Großhirnrinde geleitet, wo sie einen Höreindruck hervorrufen. Die Schmerzgrenze liegt beim Menschen bei einem Schallpegel von ungefähr 130 dB; dies entspricht den Startgeräuschen eines Düsenjets. Die Hörschwelle, also jener Punkt, von dem an Geräusche bewußt gehört werden, kann mit etwa 20 dB angegeben werden. Ein zu Boden fallendes Blatt beispielsweise erzeugt ein Geräusch dieser Intensität.

Menschen können nicht alles hören, was es zu hören gibt. Es bestehen physiologisch bedingte Hörgrenzen. Beim Menschen liegt der Bereich des überhaupt Hörbaren innerhalb einer Schallfrequenz von 16 bis ungefähr 20 000 Hz. Manche Tiere wie Fledermäuse oder Delphine sind von der Natur so ausgestattet, daß sie auch Töne im Ultraschallbereich hören können. Mit zunehmendem Alter sinkt die Fähigkeit des Menschen, hohe Töne wahrzunehmen beträchtlich. So kann ein 70jähriger oft Geräusche über 5 kHz nicht mehr hören. Man spricht von der Altersschwerhörigkeit. Viele bemerken sie meist erst dann, wenn sie durch Menschen in ihrer vertrauten Umgebung auf ihre veränderten Hörgewohnheiten aufmerksam gemacht werden. Technische Hilfsmittel wie Hörgeräte helfen, die Defizite beim Hören zu kompensieren.

Hören

*Bildet Paare. Macht euch ein paar Gedanken zum Thema „Hören".
Notiert eure Überlegungen kurz in den dafür vorgesehenen Leerzeilen.*

1. Bestimmt habt ihr auch schon einmal ein Rockkonzert besucht. Vielleicht habt ihr dabei ziemlich nahe an den Lautsprechern gesessen. Hattet ihr anschließend Probleme mit dem Hören? Was ist mit eurem Gehör passiert?

   _____

   _____

   _____

   _____

2. Oftmals wird Musik über einen Walkman sehr laut gehört. Warum geschieht das eigentlich? Welche Auswirkungen hat dieses laute Hören von Musik wohl auf das Hörvermögen des betreffenden Menschen?

   _____

   _____

   _____

   _____

3. Ein intaktes menschliches Ohr kann noch das Fallen eines Blattes wahrnehmen. Trotzdem haben manche Menschen Schwierigkeiten, die Sprache eindeutig zu verstehen, selbst wenn nicht geflüstert wird. Wie kommt das? Was kann man gegen diese Entwicklung tun?

   _____

   _____

   _____

   _____

4. Nehmt an, ihr steht am Straßenrand. Ein Polizeiauto mit Martinshorn rast von links heran und an euch vorbei. Beschreibt einmal, wie sich der Ton des Martinshorns in dieser Zeit verändert. Wie kommt diese Veränderung zustande?

   _____

   _____

   _____

   _____

5. Wenn ihr in einem großen Saal einen Vortrag halten wollt, habt ihr meistens ein Mikrofon zur Verfügung, um nicht zu laut sprechen zu müssen. Stellt euch vor, ihr habt kein Mikrofon zur Hand. Wie müßtet ihr sprechen, damit man euch möglichst gut versteht? Warum?

   _____

   _____

   _____

   _____

6. Menschen können nicht alles hören. Ihr Gehör ist auf einen bestimmten Ausschnitt von Schallwellen programmiert. Andere können nicht wahrgenommen werden, obwohl sie existieren. Kennt ihr Beispiele für Töne, die zwar nicht wir, dafür aber andere Lebewesen hören können? Wozu nutzen wir bzw. die anderen Lebewesen diese Töne?

_____

_____

_____

_____

7. Möglicherweise hört ihr Musik auch schon einmal, um euch gezielt zu entspannen. Um welche Musik handelt es sich dabei? Warum wählt ihr gerade diese Musik?

_____

_____

_____

_____

8. Manchmal kommt es vor, daß man einen Menschen schon deshalb nicht besonders mag, weil einem die Stimme dieses Menschen nicht gefällt. Vielleicht kennt ihr auch solche Personen, deren Stimme ihr nicht mögt. Überlegt einmal, welche Qualitäten eine Stimme haben muß, damit sie euch gefällt.

_____

_____

_____

_____

9. Seid jetzt beide für einen Augenblick einmal ganz still. Konzentriert euch auf das, was ihr hört. Fällt euch auf, daß ihr jetzt Dinge hört, die ihr vorher gar nicht wahrgenommen habt? Wie kommt das? In welchen anderen Situationen habt ihr dies schon einmal erlebt?

_____

_____

_____

_____

10. Vielleicht spielt der eine oder andere von euch ein Musikinstrument, vielleicht sogar mehrere. Oder er möchte eines spielen können. Was genau gefällt euch an dem Klang der Instrumente, die ihr spielt oder spielen möchtet? Worin besteht für euch der Unterschied zwischen „Musik hören" und „Musik machen"?

_____

_____

_____

_____

11. Denkt zum Schluß noch einmal darüber nach, in welchen Situationen des alltäglichen Lebens ein gutes Gehör von großer Bedeutung sein kann. Begründet eure Einschätzung.

_____

_____

_____

_____

Selbstwahrnehmung und Körpererfahrung – © Verlag an der Ruhr, Postfach 10 22 51, 45422 Mülheim an der Ruhr

Meine Melodie

Sicher habt ihr schon einmal den Spruch gehört „Über Geschmack läßt sich nicht streiten". Bestimmt habt ihr auch einen speziellen Musikgeschmack; und bestimmt denkt ihr euch so einiges über den Musikgeschmack eurer Eltern oder anderer Jugendlicher. Wir wollen nachher im Plenum über eure Musikvorlieben und eure Meinung zu verschiedenen Musikrichtungen sprechen.
Beantwortet dazu bitte stichwortartig die folgenden Fragen.

Welche Musikrichtungen bevorzugt ihr?	Warum bevorzugt ihr diese Musikrichtungen?
Was haltet ihr von Volksmusik, Klassik und Folklore?	Was haltet ihr von Menschen, die gern Volksmusik hören?
Welche Rolle spielt es für euch, daß ein Freund euren Musikgeschmack teilt?	Welche Musik hört ihr auf Parties? Warum hört ihr dort gerade diese Musik?

Chartbreakers

Unerhört: Lieder, die die Welt nicht braucht

Die Welt wird jeden Tag mit so viel Geräuschmüll vollgepumpt, mit Klängen, Tönen und Geräuschen, nach denen nie jemand gefragt hat, und die auch keiner jemals hören wollte. Ganz gruselig ist es mit der Mehrzahl dessen, was volksläufig unter „Musik" geführt, und tagaus tagein über den Äther versendet wird, um unsere Hör- und Hirnmuskeln zu zermürben. Zweimal die neue CD von Roland Kaiserschmarren mit den Wildecker Herzpupern und Rene Kolloratur gehört, schon leidet man unter akuter Akustophobie und ist mürbegeklopft für einen zehnstündigen Hitparadenmarathon mit Caroline Reibekuchen und Dieter Thomat Heckmeck.

Es reicht ja schon, wenn wir all die unsäglichen Titel in den Hitparadenplazierungen lesen müssen. Aber das lassen wir uns nicht länger bieten! Wir schlagen zurück! Hier ist unsere Liste von Titeln, die die Welt nicht braucht. Und wenn ihr, Herzpuper & Co., nicht ganz schnell aufhört, mit eurer akustischen Umweltverschmutzung unsere natürlichen Lebensgrundlagen wie Geist und Humor zu zerstören, machen wir unsere Drohung wahr: Wir schreiben auch noch unsere Texte und Musik zu den Titeln. Dann werden wir reich und berühmt, wie Die Doofen. Und ihr müßt euch unsere Musik anhören!! Also, letzte Warnung! Ehrlich!

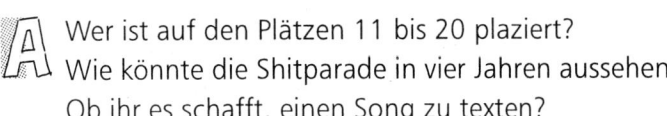

1	[2]	↑	**Die Wildecker Herzpuper ▪ Herzileid**
2	[1]	↓	**Michael Sackschön ▪ Bid et**
3	[–]	↑	**MaTonno ▪ Pizzagirl**
4	[4]	⇢	**Pläat Kopp ▪ Boys Go weg!**
5	[3]	↓	**DJ Popo ▪ Love is a Scheiß**
6	[6]	⇢	**Worlds Amarsch ▪ Wie dumm!**
7	[8]	↑	**Hei? No! ▪ Kackbraun ist der Hasenschiß**
8	[5]	↓	**The Helly Family ▪ First Schleim**
9	[7]	↓	**Brei am Adamsapfel ▪ Have you ever really loved a Wumme?**
10	[17]	↑	**Theken Schreck ▪ Hau deep is your Glas?**

Tip der Woche: Roy B. Leckmich und Ah, nie da! ▪ Schön ist es auf dem Feld zu schrein

A Wer ist auf den Plätzen 11 bis 20 plaziert?
Wie könnte die Shitparade in vier Jahren aussehen?
Ob ihr es schafft, einen Song zu texten?

Natürlich könnt ihr auch was gegen den optischen Unrat tun, der tagtäglich unsere armen Sehnerven zum Glühen bringt: Serien, die die Welt nicht braucht.

Wie wäre es mit der „Schwarzwurzel-Klinik" oder „Gute Kleidung, schlechte Kleidung"?
Euch fällt sicher noch viel mehr ein!

2.6 Trink-Bar

In der Trink-Bar geht es natürlich vor allem um ein bewußtes Wahrnehmen des Geschmackssinnes, um ein (Wieder-) Erkennen von verschiedenen Geschmackseindrücken mit verbundenen Augen und um den Vergleich des eigenen Geschmacksempfindens mit dem anderer Menschen. Zudem sollen die Teilnehmer:

- Auswirkungen von Konkurrenzsituationen unter Zeitdruck beobachten,

- über Fragen des guten und schlechten Geschmacks nachdenken,

- die gesellschaftliche Abhängigkeit von Geschmacksurteilen erkennen,

- den eigenen Geschmack kritisch reflektieren,

- übermäßigen Alkoholkonsum als Problem verstehen,

- über die Wirkung von Alkohol Bescheid wissen.

ab 10 Jahren

bis ca. 20 Personen

a) ca. 30 Minuten für die Übung
b) ca. 45 Minuten für die Auswertung

Für das Spiel brauchen Sie in ausreichendem Umfang fünf verschiedene alkohol- und möglichst auch zuckerfreie Getränke, mindestens fünfzig gleiche Gläser, eine ausreichende Zahl von selbstklebenden Etiketten, Stifte sowie etwa zehn Augenbinden (Schals).

Die Teilnehmer werden in Paare eingeteilt, die ein Team bilden. Die Teams werden durchnumeriert. Jedes Team spielt in Konkurrenz zu jedem anderen Team. Jeweils zwei Teams A und B arbeiten an einem Tisch zusammen. Die Tische sind möglichst weit voneinander entfernt plaziert, um gegenseitige Störungen der Teilnehmer zu vermeiden. Nun erhält jede Tischgruppe fünf identische Gläser. Dann werden den beiden Spielern des Teams A die Augen verbunden. Die Mitspieler des Teams B füllen die Gläser mit den Getränken und markieren diese. Dazu haben Sie in hinreichender Zahl selbstklebende Etiketten mit den Getränkebezeichnungen vorbereitet.

Danach erhalten die „blinden" Mitspieler von den sehenden das erste Glas und erfahren dabei den Namen des Getränks. Diejenigen, denen die Augen verbunden sind, haben dann dreißig Sekunden Zeit, um sich den Geschmack des Getränks einzuprägen. Danach folgen auf dieselbe Weise die anderen vier Getränke. Nach dem fünften Getränk ist die Runde zu Ende. Anschließend gibt es eine fünfminütige Pause; während dieser Zeit dürfen die „blinden" Spieler der Teams A die Augenbinden abnehmen.

Im Anschluß an die Pause werden den Spielern des Teams A erneut die Augen verbunden. Sie haben dann die Aufgabe, die Getränke am Geschmack wiederzuerkennen. Dazu bekommen sie von den Mitgliedern des Teams B in einer gegenüber dem ersten Durchgang geänderten Reihenfolge die Gläser gereicht und haben jeweils dreißig Sekunden Zeit, um den Namen des Getränks zu nennen.

Um die Spielergebnisse (Treffer) genau zu erfassen, wird für jeden Mitspieler des A-Teams ein eigener Protokollbogen (Material 1) geführt, in dem die Spieler des B-Teams sowohl die Reihenfolge festhalten, in der die Getränke gereicht wurden, als auch jede Übereinstimmung sofort notieren.

Nachdem die Ergebnisse protokolliert sind, werden zwischen den Teams A und B die Rollen getauscht, und das Spiel wird auf dieselbe Weise noch einmal durchgeführt. Achten Sie darauf, daß sich die Reihenfolge, in der die Getränke gereicht werden, deutlich von der im ersten Durchgang unterscheidet.

Am Ende des Spiels sammeln Sie die Protokollbögen ein; dann können Sie die Treffer in den Ergebnisbogen (Material 2) eintragen und somit das Siegerteam ermitteln.

- Welche Gefühle hatte ich, während mir die Augen verbunden waren?

- Welche Schwierigkeiten traten im Verlauf der Übung auf?

- Wie gut ist es mir gelungen, mir den Geschmack der verschiedenen Getränke einzuprägen und wiederzuerkennen?

- Wie war die Trefferausbeute, und wie erkläre ich sie mir?

- Wie gut war mein Konzentrationsvermögen?

- Wie kommt es allgemein zu Geschmacksurteilen?

- Was ist ein guter, was ein schlechter Geschmack?

- Welchen Geschmacksvorstellungen folge ich? Wo kommen die her? Wie abhängig bin ich von dem, was andere für guten Geschmack halten?

- Was weiß ich über Alkohol, Promille-Grenze, Wirkung von Alkohol auf die Reaktionsgeschwindigkeit?

- Welche Probleme bringt übermäßiger Alkoholkonsum mit sich?

- Welche Folgerungen kann ich aus den Erfahrungen mit diesem Spiel ziehen, und wo kann ich diese in meinem Alltag nutzen?

Werten Sie zunächst die Protokollbögen aus, und geben Sie anschließend die Ergebnisse der einzelnen Gruppen bekannt. Das Team mit der höchsten Anzahl von wiedererkannten Getränken hat das Spiel gewonnen. Nach der Siegerehrung sollte ein ausführliches Auswertungsgespräch im Plenum stattfinden. Das Gespräch kann phasenweise durch Partner- bzw. Gruppenarbeit ergänzt werden (s. Informationen).

- Um allen Teilnehmern die gleiche Chance zum Wiedererkennen der Getränke zu geben, sollten Sie auf eine genaue Einhaltung der vorgegebenen Spielzeit achten.

- Der Raum sollte groß genug sein, damit die Teams sich gegenseitig in ihrer Arbeit nicht behindern.

- Die Teilnehmer sollten während des Spiels leise sprechen, um Irritationen oder Bevorteilungen anderer Paare zu vermeiden.

- Der Schwierigkeitsgrad steigt, wenn mehr Getränke ähnlicher Geschmacksausprägung (zum Beispiel fünf verschiedene Mineralwässer) für das Spiel benutzt werden. Eine Vereinfachung des Spiels ergibt sich demnach, wenn Sie beispielsweise Säfte, Limonade, Cola etc. kombinieren. Durch entsprechende Variation der verwendeten Getränke ist es möglich, den Schwierigkeitsgrad des Spiels auf die Al-

tersgruppe abzustimmen. Eine interessante Herausforderung ist es sicher auch, wenn Getränke gemischt werden (z. B. Orangensaft und Mineralwasser).

- Das Spiel kann durch die Anzahl der verwendeten Getränke verlängert bzw. gekürzt werden.

- Von der Verwendung alkoholischer und stark zuckerhaltiger Getränke sollten Sie absehen (s. a. Informationen).

- Weitere Spiele, bei denen der visuelle Sinneskanal gezielt ausgeschaltet wird: „Düfte" (Kap. 2.2), „Mit den Händen sehen" (Kap. 2.3) oder „Torball" (Kap. 2.4). In „Düfte" geht es darum, den Geruchssinn der Jugendlichen zu testen. Das Spiel „Mit den Händen sehen" stellt den Tastsinn der Jugendlichen auf die Probe. Bei „Torball", einem sportlich angelegten Experiment, benötigen die Teilnehmer vor allem einen gut ausgebildeten Gehörsinn, um das Spiel als Team erfolgreich zu bestehen.

Friedrich Jahresheft XIII 1995; Kükelhaus/ Lippe 1982; Blickhan/Blickhan 1992; Herder Lexikon Biologie 1977; Downer 1990; Waterman 1990; Schüler-Duden „Die Psychologie" 1981

Der Geschmackssinn

Das Spiel „Trink-Bar" zielt darauf ab, ein Gespür für die eigene Fähigkeit der Geschmackswahrnehmung zu entwickeln. Im Alltag sind wir uns dieses Sinneskanals häufig nicht bewußt, daher ist zu erwarten, daß bei den Teilnehmern Schwierigkeiten auftauchen, die einzelnen Geschmacksrichtungen der Getränke wiederzuerkennen. Gerade diese Schwierigkeiten aber können und sollten die Jugendlichen bei diesem Spiel als Herausforderungen erleben, die es im Rahmen eines Teamworks zu beherrschen gilt.
Der Geschmackssinn bei den Jugendlichen mit einer hohen Trefferquote ist vermutlich durch Vorerfahrungen verschiedener Art besser geschult als bei den Gruppenmitgliedern, die eine niedrige Trefferausbeute haben. Uns sind Menschen mit besonderer Sensibilität dieses Sinneskanals als Gourmets bekannt. Wie jeden

Selbstwahrnehmung und Körpererfahrung – © Verlag an der Ruhr, Postfach 10 22 51, 45422 Mülheim an der Ruhr

Sinneskanal, so kann man auch die Geschmackswahrnehmung schulen. Daher ist schon bei mehrmaliger Wiederholung dieses Spiels bei allen Teilnehmern eine Steigerung der Trefferquote zu erwarten.

Der gute Geschmack

Eine vertiefende Auswertung des Spiels könnte sich u. a. dem Phänomen „Geschmack" in allgemeinerer Weise zuwenden. Was kennzeichnet überhaupt einen guten Geschmack? Wann hat jemand einen schlechten Geschmack? Woran erkennt man das eigentlich? Oder gilt letztlich der Satz: Über Geschmack läßt sich nicht streiten? Sehr schnell werden die Jugendlichen darauf kommen, daß Geschmack durchaus qualitativ zu beurteilen ist, und daß Geschmack in ganz bestimmten Bereichen des Alltags eine Rolle spielt: So kann jemand Geschmack in bezug auf Kleidung oder auch im Blick auf die Einrichtung seiner Wohnung beweisen; man kann einen Tisch geschmackvoll decken oder Weine geschmackvoll aussuchen. Mit Hilfe des Arbeitsblattes „Geschmack" (Material 5) können die Teilnehmer diesen Aspekten des Themas weiter nachgehen.

Eine Besprechung der Arbeitsergebnisse sollte unbedingt auf die gesellschaftliche Bedingtheit von Geschmacksurteilen eingehen: Mode etwa wird „gemacht", und was in diesem Jahr „in" ist, bestimmt in der Regel eine Gruppe von Eingeweihten. Unabhängig von der sozial determinierten Zufälligkeit von Geschmacksvorstellungen gibt es aber weitgehend allgemeingültige Normen, die den „guten Geschmack" vorgeben. Natürlich kann man mit den Jugendlichen besprechen, inwieweit solche Normierungen Gültigkeit beanspruchen können und wie sinnvoll und möglich es ist, sich mit dem eigenen Verhalten gegen diese

Normen zu stellen. Übrigens: Sollte die Gruppe Interesse haben, sich unter dem Gesichtspunkt „Geschmack" stärker mit dem Thema „Musik" zu beschäftigen, so finden Sie Anregungen zu diesem Aspekt in den Informationen und im Materialteil des Spiels „Klang-Farben" (Kap. 2.5).

Alkohol

Bei diesem Spiel liegt es nahe, im Rahmen eines vertiefenden Auswertungsgesprächs auch über Trinkgewohnheiten der Jugendlichen zu sprechen. Hierbei kommt vor allem der mögliche Alkoholkonsum in den Blick. Das Material 6 „Alkohol" fragt Kenntnisse zum Thema ab. Nach der Partnerarbeit können Sie im Plenum Fehleinschätzungen der Jugendlichen korrigieren und einige zusätzliche Sachinformationen beisteuern.

Der „Einstieg" in den Alkoholkonsum (wie auch in den Drogenkonsum allgemein) erfolgt häufig, um in der Gruppe anerkannt zu sein und „dazuzugehören". Was die Jugendlichen alles tun, um „in" zu sein, das können Sie mit dem Material 7 erkunden.

Natürlich sollten Sie sich in diesem Zusammenhang auch einer Bewertung übermäßigen Alkoholkonsums zuwenden. Sprechen Sie mit den Jugendlichen behutsam über deren Alkoholkonsum, vielleicht auch über potentielle Probleme der Eltern im Blick auf einen kontrollierten Genuß alkoholischer Getränke. Vertreten Sie in bezug auf einen potentiellen Alkoholmißbrauch eine möglichst sach- und handlungsorientierte Position. Und nicht zuletzt erscheint es ratsam, auf Hilfen hinzuweisen, die Alkoholikern zur Verfügung stehen bzw. angeboten werden, um von ihrer Krankheit loszukommen. Hier sollten neben Selbsthilfegruppen auch Drogenberatungslehrer genannt werden.

Protokoll

Tragt in die obere Zeile die Namen der Spieler und die Nummer des Teams ein, zu dem sie gehören. Tragt in die linke Spalte des Protokolls die Namen der Getränke in der Reihenfolge ein, in der sie den Spielpartnern gereicht wurden. Und macht in der rechten Spalte des Protokolls in dem jeweiligen Kreis ein Kreuz, wenn der Spieler das Getränk wiedererkannt hat. Notiert schließlich die Gesamtzahl der Treffer.

Team-Nr.	Spieler A/B
Getränk	**erkannt**
Nr. 1	
Nr. 2	
Nr. 3	
Nr. 4	
Nr. 5	

Gesamtzahl der Treffer

 Selbstwahrnehmung und Körpererfahrung – © Verlag an der Ruhr, Postfach 10 22 51, 45422 Mülheim an der Ruhr

Ergebnisbogen

Team-Nr.	Spieler A/B		Treffer der Spieler A/B		Treffer des Teams	Rang des Teams
			A	B		
1						
2						
3						
4						
5						
6						
7						
8						
9						
10						

Wie schmeckt's denn da?

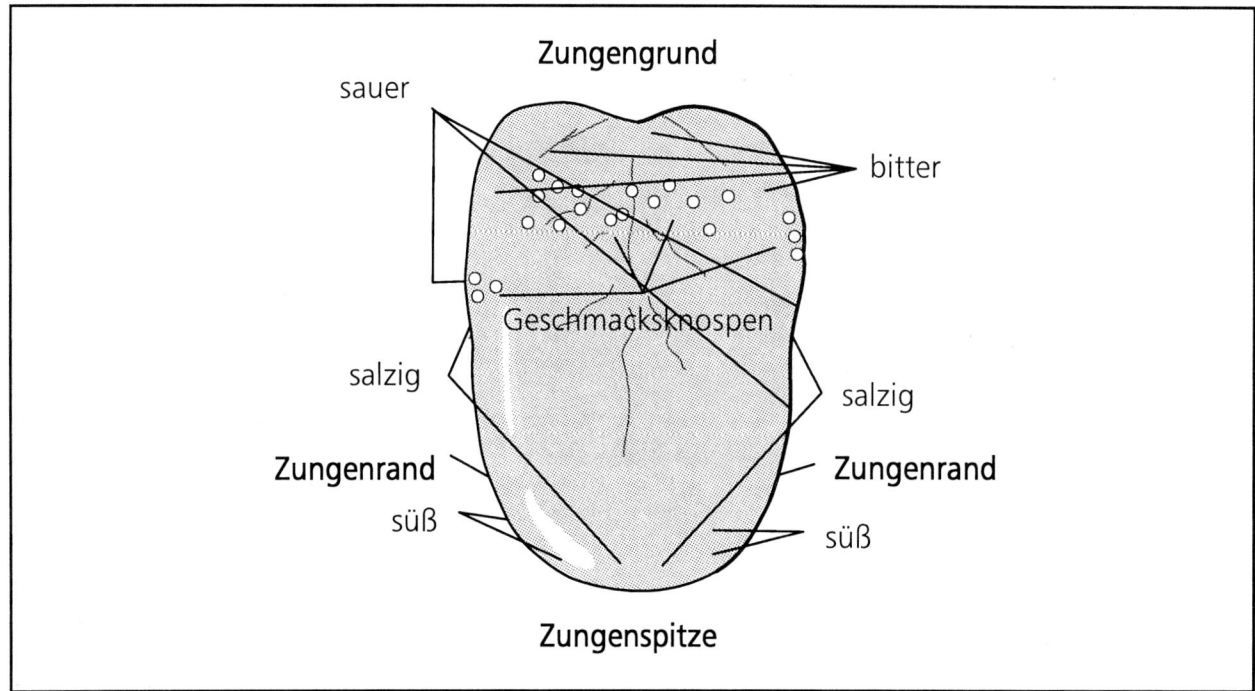

Der Geschmackssinn dient Menschen und Tieren zur Wahrnehmung von Nahrungsstoffen. Dieser chemische Sinn hat in erster Linie die Aufgabe, genießbare von ungenießbarer Nahrung zu unterscheiden und schädliche Substanzen zu erkennen. Die Geschmackssinneszellen (Geschmacksrezeptoren) liegen beim Menschen im Bereich der Mundhöhle. Erwachsene verfügen über etwa 2 000 Geschmacksknospen, deren Anzahl sich mit zunehmendem Alter jedoch verringert. Die Geschmacksknospen befinden sich vorwiegend auf den vorderen und seitlichen Zungenteilen und am Zungengrund und sprechen auf gelöste Substanzen (Geschmacksstoffe) an.

Menschen und Säugetiere verfügen über Geschmacksknospen. In den Knospen befinden sich einerseits die sekundären Geschmacksrezeptoren und zum anderen zahlreiche Stützzellen. Die Geschmacksknospen befinden sich vorwiegend auf der Oberfläche der Zellschicht vieler Zungenpapillen. Die spindelförmigen Sinneszellen haben durch einen feinen Kanal Verbindung mit der Mundhöhle. Am Zungengrund treten Nervenfasern aus, die Geschmacksimpulse zu den betreffenden Gehirnzellen weiterleiten. Jede Sinneszelle besitzt feine Fortsätze; in Richtung Mundhöhle öffnet sich eine kleine Grube (Geschmacksporus), in die die Fortsätze hineinragen. In diesem Geschmacksporus kommen die Geschmacksstoffe mit den Sinneszellen in Kontakt. Obwohl die Geschmacksknospen gleich aufgebaut sind,

unterscheiden sich die Knospen verschiedener Zungenbezirke dadurch, daß sie auf unterschiedliche Reize (Geschmacksqualitäten) reagieren. So schmeckt man mit der Zungenspitze hauptsächlich süß, mit den Zungenrändern im wesentlichen sauer und am Zungengrund bitter. Mit Teilen der Zungenspitze und der Zungenränder nimmt man salzige Geschmacksempfindungen wahr. Vor allem beim Essen treten neben süß, sauer, salzig und bitter scheinbar oft weitere Geschmackswahrnehmungen auf. Sie sind allerdings nicht der Empfindlichkeit der Zunge zu verdanken, sondern kommen in Wahrheit durch die Beteiligung der Nase zustande. Jeder hat schon einmal erlebt, wie sich der Geschmack von Speisen verändert, wenn man einen Schnupfen hat und die Nase verstopft ist.

Darüber hinaus muß man die Bedeutung der Zunge für die Verteilung der Speisen während des Essens erwähnen. Die Zunge unterstützt sowohl das Kauen als auch das Schlucken der Speisen. Nicht zuletzt spielt die Zunge eine erhebliche Rolle beim Sprechen. Durch ihre Beweglichkeit und Verformbarkeit verändert die Zunge während der Lautbildung die Gestalt der Mundhöhle und trägt so zur Artikulation der Sprache bei. So wissen Menschen, die infolge von Tumoren chirurgische Eingriffe oder eine Strahlenbehandlung an der Zunge erfahren haben, auch über eine erhebliche Einschränkung der Sprachfähigkeit zu berichten.

Geruchs- und Geschmackssinn

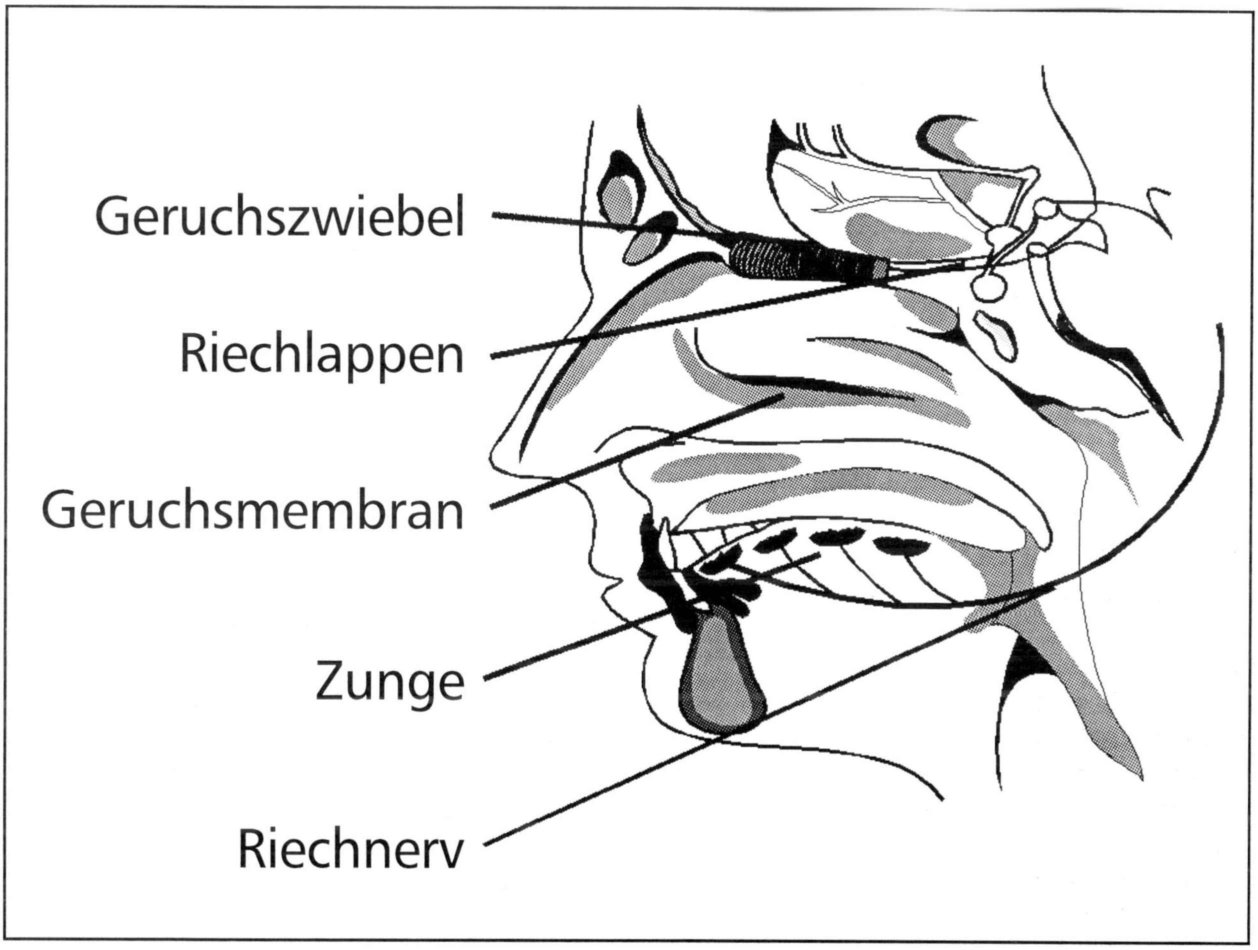

Geruchszwiebel

Riechlappen

Geruchsmembran

Zunge

Riechnerv

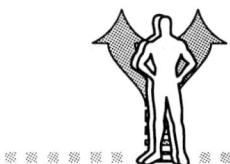

Geschmack

Bestimmt habt ihr schon einmal den Satz gehört „Über Geschmack läßt sich nicht streiten". Wie wollen einmal sehen, ob das eigentlich stimmt. Auf diesem Arbeitsblatt findet ihr einige Fragen zum Thema „Geschmack". Beantwortet sie mit eurem Partner. Wir wollen anschließend gemeinsam im Plenum über eure Ansichten sprechen.

1. Wieviel Geschmack verrät eure Kleidung? Wie kommt ihr zu eurem Urteil?

_____

2. Sicher kennt ihr ganz verschiedene Wohnstile. Woran zeigt sich, ob jemand seine Wohnung geschmackvoll eingerichtet hat?

_____

3. Manchmal sagt man, ein Mensch habe bei der Auswahl der Gänge für ein Festmenü Geschmack bewiesen oder auch bei der Wahl der dazugehörenden Weine. Was bedeutet hier „Geschmack"?

_____

4. Von manchen Dingen sagt man, sie seien Geschmackssache. Worum könnte es sich dabei handeln? Ist „Musik" Geschmackssache? Ist „auf Parties gehen" Geschmackssache?

_____

5. Von anderen Dingen wird behauptet, sie verstießen gegen den „guten Geschmack?" Worum könnte es sich dabei handeln? Seid ihr der Meinung, daß bei den von euch genannten Dingen oder Verhaltensweisen wirklich der „gute Geschmack" verletzt wird? Was ist überhaupt der „gute Geschmack"? Wer prägt ihn eigentlich?

_____

Morgenrot

6. Schaut euch die nebenstehende Zeichnung an. Manche Menschen sagen, wenn sie Kunstwerke dieser Art sehen, es handele sich um eine „Geschmacksverirrung". Was könnten sie damit meinen? Überlegt, ob Kunst und Kunstverständnis Geschmackssache sind. Muß man Kunst „gut" finden, um einen „guten Geschmack" zu beweisen?

Alkohol

Viele Menschen trinken zu vielen Gelegenheiten Alkohol. Manche Menschen trinken offenbar zu viel Alkohol. Sie werden abhängig, ṣüchtig. Mit diesem Arbeitsblatt könnt ihr eure Kenntnisse zum Thema „Alkohol" testen.

1. Was glaubt ihr, in welchen der folgenden Getränke bei gleicher Menge der meiste Alkohol ist? Ordnet die Getränke nach der in ihnen enthaltenen Alkoholmenge.

   a) Malzbier   _____

   b) Pils   _____

   c) Altbier   _____

   d) Wein   _____

   e) Whisky   _____

2. Im Straßenverkehr ist in bezug auf Alkohol immer von einer 0,8 Promille-Grenze die Rede. Was bedeutet sie genau? Was geschieht, wenn man sie überschreitet?

   _____

   _____

3. Wie viele Gläser Pils muß ein Mensch trinken, um die kritische Grenze von 0,8 Promille zu überschreiten?

   _____

4. Ab wieviel Promille würde man messen können, daß sich die Reaktionsgeschwindigkeit eines Menschen verlangsamt?

   _____

5. Nehmt an, zwei Menschen trinken an einem Tag dieselbe Menge Alkohol. Wovon ist es abhängig, wieviel Alkohol sich am nächsten Tag noch in ihrem Blut befindet?

   _____

   _____

Was tut mensch sich an, um in zu sein?

Piercing, Vollglatze, Vollwert, Bodyshaping, Tatoos, Suff ... – die Liste der Möglichkeiten, sich auf extreme Weise einer Gruppe zugehörig zu zeigen, ist lang und wird ständig durch neue, meist noch extremere Varianten erweitert.

A Schreibt in eurer Vierergruppe auf, welche Methoden ihr kennt, um sich einer Gruppe äußerlich und/oder im Verhalten zugehörig zu fühlen. Welche praktiziert ihr selber?

○ Unterhaltet euch dann darüber, wie wichtig es für euch ist, „in" zu sein, sich einer Gruppe zugehörig zu fühlen.

○ Wie weit laßt ihr euch dabei vom Verhalten bzw. Aussehen der anderen beeinflussen? Fühlt ihr euch dabei wohl, oder müßt ihr euch bei der Anpassung an die Gruppe verstellen?

○ Wie weit wärt ihr bereit zu gehen, um dazuzugehören?

○ Welche „Moden" würdet ihr noch mitmachen, wo hört bei euch „der Spaß" auf?

○ Wie ist es mit Drogen, Alkohol, Zigaretten? Sind sie auch ein Mittel, sich einer Gruppe zugehörig zu fühlen?

○ Welche anderen Motive könnte es geben, sich zu betäuben oder aufzuputschen?

Selbstwahrnehmung und Körpererfahrung — © Verlag an der Ruhr, Postfach 10 22 51, 45422 Mülheim an der Ruhr

2.7 Feedback ohne Worte

In diesem Spiel geht es um die Erinnerung spezifischer Gefühle, um nichtsprachliche Ausdrucksformen für Gefühle. Dies geschieht u.a., indem die Teilnehmer

- eigene Gefühle bewußt wahrnehmen und mit Worten benennen,
- die Intensität eigener Gefühle differenzieren lernen,
- die Ausprägung der eigenen Gefühle einem anderen Menschen auf nichtsprachliche Weise vermitteln,
- fähig werden, die Gefühle eines anderen Menschen auf nichtsprachliche Weise zu erleben,
- die sprachliche Struktur von verbalem Feedback kennenlernen,
- sich über die Bedeutung der analogen Kommunikation klar werden,
- grundlegende Kenntnisse über Kommunikation erwerben,
- über Möglichkeiten von nichtsprachlichem Feedback im Alltag nachdenken.

ab 14 Jahren

bis ca. 20 Personen

a) ca. 60 Minuten für die Übung
b) ca. 30 - 45 Minuten für die Auswertung

Stellen Sie vor dem Spiel im Übungsraum eine ausreichende Zahl von Stühlen bereit.
Als Einstieg lassen Sie die Teilnehmer mit Hilfe des Arbeitsblattes „Meine Gefühle" (Material 1) in Einzelarbeit darüber nachdenken, welche Gefühle sie am häufigsten erleben. Zur Differenzierung können Sie auch verschiedene Bereiche wie Schule und Privatleben angeben. In einem kurzen Auswertungsgespräch (ca. 15 Minuten) sollen die Jugendlichen über ihre häufigsten Gefühle und mögliche Erlebnisse im Zusammenhang mit diesen Gefühlen berichten. Wie sinnvoll sind Gefühle, welchen Nutzen haben sie in bestimmten Situationen, wann können sie lästig werden usw.?
Im zweiten Teil des Spiels sollen die Teilnehmer in einer Art Brainstorming überlegen, welche nichtsprachlichen Mittel zum Informationsaustausch sie kennen. Insbesondere sol-

len sie klären, wie sie anderen Menschen auf nichtsprachliche Weise ihre persönlich Gefühle zeigen. Für das Brainstorming kann das Arbeitsblatt „Sprache ohne Worte" (Material 2) eingesetzt werden. Rechnen Sie für diese Phase einschließlich einer kurzen Auswertung mit einer Dauer von ungefähr 20 Minuten.
Teilen Sie dann an jedes Gruppenmitglied das als Material 3 beigefügte Arbeitsblatt „Mein Gefühl – dein Gefühl" aus. Führen Sie die Übung danach etwa so ein, wie im Anschluß beschrieben. Dabei sollten Sie den Text möglichst langsam und gleichmäßig sprechen und auf die Einhaltung der Pausen achten: „Ich möchte, daß ihr euch jetzt zu Paaren zusammenfindet. Die Partner setzen sich auf Stühlen in einem Abstand von ungefähr 1½ Metern einander gegenüber. Das Spiel wird besonders gut gelingen, wenn jeweils zwei von euch, die sich schon recht gut kennen, ein Paar bilden (1-2 Minuten warten).
In jedem Paar heißt der jüngere der beiden Partner ab jetzt A und der ältere B. Stellt jetzt bitte fest, wer jeweils der jüngere und wer der ältere Partner ist (10-20 Sekunden warten). Während des weiteren Verlaufs der Übung solltet ihr nicht miteinander sprechen. Ich weiß, daß dies schwierig ist. Aber für das Gelingen des Spiels ist es unbedingt erforderlich, daß ihr ab jetzt nicht mehr miteinander sprecht. Werdet also bitte ruhig.
Schaut jetzt bitte auf das Arbeitsblatt, das ich euch gerade ausgeteilt habe. Ihr findet dort links eine Liste von Wörtern, die Gefühle ausdrücken. Das erste Wort auf der Liste heißt ‚gelangweilt'. Setzt euch jetzt bequem auf euren Stuhl, schließt für einen Augenblick die Augen und entspannt euch. Atmet ein-, zweimal kräftig ein und aus, und laßt dabei alle Spannung aus eurem Körper entweichen (30 Sekunden warten). Atmet jetzt wieder ganz normal ein und aus.
Horcht jetzt intensiv in euch hinein: Stellt bitte fest, ob und wie gelangweilt ihr im Augenblick seid. Vielleicht macht ihr euch ein Bild oder einen Film davon (20-30 Sekunden warten). Vielleicht hört ihr aber auch eine Stimme, die euch mitteilt, wie gelangweilt ihr seid (20-30 Sekunden warten). Bestimmt aber nehmt ihr es in eurem Körper wahr. Horcht aufmerksam in euren Körper hinein. Wo ge-

nau spürt ihr die Langeweile? Wie intensiv erlebt ihr sie jetzt? Laßt euch Zeit damit, es herauszufinden (20-30 Sekunden warten). Öffnet jetzt bitte wieder die Augen. Auf eurem Arbeitsblatt ist die zweite Spalte mit dem Wort „Ausprägung" bezeichnet. Notiert jetzt in dieser Spalte, wie gelangweilt ihr seid. Benutzt dazu eine Skala mit den Zahlen von 1 bis 10. ‚1' bedeutet ‚Ich bin jetzt überhaupt nicht gelangweilt.'; und ‚10' bedeutet ‚Ich bin im Augenblick absolut gelangweilt.' Wenn ihr also beispielsweise sagen wollt, ‚Ich bin ein wenig gelangweilt.', so müßtet ihr wahrscheinlich eine ‚3' aufschreiben. Notiert also jetzt in dem dafür vorgesehen Feld des Arbeitsblattes die Zahl, die den Grad der Langeweile, die ihr jetzt empfindet, besonders angemessen beschreibt. Zeigt eurem Partner bitte nicht, was ihr gerade notiert (ca. 15 Sekunden warten).

Jetzt werdet ihr eurem Partner auf nichtsprachliche Weise zeigen, wie gelangweilt ihr seid. Ihr habt mehrere Möglichkeiten, euer Gefühl und dessen Ausprägung zum Ausdruck zu bringen: Ihr könnt dem Partner das Gefühl der Langeweile und den Grad der Intensität, in der ihr es im Augenblick erlebt, beispielsweise pantomimisch mit eurem ganzen Körper vorstellen; eine andere Möglichkeit besteht darin, das Gefühl der Langeweile und dessen Ausprägung durch einen speziellen Händedruck oder durch eine bestimmte Art der Umarmung mitzuteilen. Vielleicht fallen euch aber auch noch ganz andere Formen ein, die geeignet sind, eurem Partner euer Gefühl zu vermitteln. Wichtig ist, daß es sich nur um Ausdrucksformen handelt, bei denen ihr nicht sprechen müßt. Überlegt jetzt bitte, welches Ausdrucksmittel ihr wählen wollt, und wartet dann ab (10-15 Sekunden warten).

Zunächst hat der Partner A Gelegenheit, B das Gefühl der Langeweile und dessen Ausprägung so zu zeigen, wie er es im Augenblick empfindet. A hat dafür höchstens 30 Sekunden Zeit. A beginnt bitte jetzt (30 Sekunden warten). B nimmt jetzt bitte das Arbeitsblatt zur Hand und trägt dort in die dritte Spalte ein, welchen Ausprägungsgrad an Langeweile A ihm gerade vermittelt. Benutzt wieder die Skala von „1" bis „10" (ca. 10 Sekunden warten).

Jetzt zeigt B seinem Partner A, wie gelangweilt er im Augenblick ist. Denkt bitte daran, dabei nicht zu sprechen (30 Sekunden warten). Nun trägt der Partner A mit einer Zahl zwischen 1 und 10 in die dritte Spalte des Arbeitsblattes ein, welchen Ausprägungsgrad an Langeweile B ihm gerade vermittelt hat (ca. 10 Sekunden warten)."

Der Vorgang wird anschließend mit den restlichen Begriffen, die auf dem Arbeitsblatt stehen, entsprechend wiederholt.

- Welche Gefühle erlebe ich am häufigsten, und wie intensiv nehme ich sie wahr?
- Wo in meinem Körper erlebe ich sie?
- Welchen Vorteil/Nachteil habe ich durch diese Gefühle?
- Welche nichtsprachlichen Mittel halte ich für besonders geeignet, meine Gefühle einem anderen Menschen zu vermitteln? Warum sind diese Mittel so geeignet dafür?
- Wie gut/schlecht war ich in der Lage, die für das Spiel genutzten Gefühle auch tatsächlich zu empfinden?
- Welche inneren Bilder, Stimmen oder Geräusche habe ich erlebt, während ich mir die Gefühle vorgestellt habe?
- Wie intensiv konnte ich Gefühle spüren?
- Wie gut war ich in der Lage, die Gefühle mit einer Zahl von 1 bis 10 im Blick auf ihre Ausprägung genau zu beschreiben?
- Wie gut fühlte ich mich in der Lage, den Ausprägungsgrad der jeweiligen Gefühle meinem Partner zu vermitteln?
- Welche Schwierigkeiten traten bei der Vermittlung der Gefühle auf?
- Wie bin ich/ist mein Partner mit diesen Problemen umgegangen?
- Welche Art der Vermittlung hat mir besonders gefallen und welche nicht? Warum?
- Wie sicher fühlte ich mich, den Ausprägungsgrad der Gefühle meines Partners durch dessen Vermittlung zu verstehen? Wodurch wurde ich sicher/unsicher?
- Welche Schwierigkeiten gab es dabei für mich, die Art der Vermittlung der Gefühle

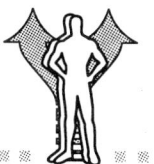

durch meinen Partner angemessen zu verstehen? Wie erkläre ich mir diese Schwierigkeiten?

⬤ Welche Kenntnisse habe ich über grundlegende Fragen von Kommunikation?

⬤ Welche Erkenntnisse kann ich für mich aus den Erfahrungen mit diesem Spiel ziehen?

⬤ Wie kann ich diese Erkenntnisse in meinem alltäglichen Leben nutzen?

 Kurze Auswertungsphasen im Plenum sind nach dem ersten und zweiten Teil des Spiels vorgesehen (s. Durchführung).
Nach Ende der Übung werten die Jugendlichen anhand des Arbeitsblattes (Material 3) aus, wie gut sie die Übermittlung der jeweiligen Gefühle durch den Partner verstanden haben. Anschließend können die Paare mit Hilfe des Auswertungsbogens (Material 4) ein kurzes Gespräch über ihre Erfahrungen führen (Dauer: ca. 15 Minuten), bevor Sie ein vertiefendes Auswertungsgespräch im Plenum beginnen.

 • Bei jüngeren Teilnehmern sollen Sie die Liste der Begriffe auf dem Arbeitsblatt „Meine Gefühle" (Material 1) verkleinern.

• Durch Ergänzung der Liste von Gefühlen (Material 1) können Sie das Spiel verlängern und/oder abwechslungsreicher gestalten.

• Sie können das Spiel vereinfachen, indem Sie den Gruppenmitgliedern nur eine Möglichkeit anbieten, wie sie ihr Gefühl dem jeweiligen Partner vermitteln sollen. Auch durch Weglassen der beiden ersten Teile des Spiels (Brainstorming zu Gefühlen; Möglichkeiten nichtsprachlichen Informationsaustauschs) läßt sich Zeit einsparen. Diese beiden ersten Teile des Spiels lassen sich auch in die Auswertungsphase integrieren.

• Eine spannende Variante: Die Teilnehmer wählen drei beliebige Gefühle aus der Liste, teilen diese ihrem Partner aber nicht mit. Der Partner muß dann sowohl das Gefühl als auch dessen Ausprägungsgrad erkennen.

• Um Irritationen, insbesondere Störungen durch unkoordiniertes Vorgehen bei den Teilnehmern zu vermeiden, sollten Sie auf sehr präzise Anweisungen achten.

• Manche Teilnehmer haben Schwierigkeiten damit, anderen durch Berührung Gefühle zu vermitteln. Lassen Sie diesen Teilnehmern die Gelegenheit, ihre Gefühle auf andere nichtsprachliche Weise zum Ausdruck zu bringen.

• Als Einstieg in das Spiel bietet sich auch eine Entspannungsübung an. Hier können Sie zum Beispiel auf die Bausteine „Muskelentspannung" (Kapitel 3.3) oder „Atem-Strom" (Kap. 3.8) zurückgreifen.

 Kliebisch 1991; Kliebisch/Wach 1994; Kliebisch 1995c; 1995d; Gudjons 1990; Vopel 1984b; 1984c; 1984d; Watzlawick/Beavin/Jackson 1990

Gefühle vermitteln Feedback

Die Durchführung der Übung verlangt von den Teilnehmern viel: Sie sollen vor allem bestimmte Gefühle in sich wahrnehmen, sie sollen diese in ihrem Ausprägungsgrad bestimmen, und sie sollen diesen nonverbal einem Partner vermitteln. Schon die Wahrnehmung eigener Gefühle und deren Beschreibung ist für viele Menschen in einer Welt, in der Gefühle oftmals nicht viel zählen und für schlechte Ratgeber gehalten werden, ein großes Problem. Ein nichtspachliches Feedback, also die nonverbale Vermittlung von Gefühlen – zumal auf körperspachlichem Wege und durch Berührungen eines anderen Menschen – stellt so für viele eine zusätzliche Schwierigkeit dar.
Solche Umgangsformen erleben wir in unserer weitgehend vernunftorientierten Wirklichkeit vielfach als befremdend. Konventionen hindern uns oft daran, anderen Menschen nahe zu kommen. Vielfach wird im alltäglichen Umgang eine öffentliche Distanz zwischen Gesprächspartnern eingehalten, die – abgesehen vom ritualisierten Händedruck – Berührungen von vornherein weitgehend ausschließt. Fast ausschließlich im intimen Miteinander zweier Menschen werden weitergehende Berührungen zugelassen. Manche Menschen haben geradezu Berührungsphobien entwickelt.

Feedbackreaktionen werden daher in unserem Kulturkreis im allgemeinen auf sprachlichem Wege gegeben und sollten dann bestimmten Gesetzmäßigkeiten genügen. So sollte der Feedback-Geber in Ich-Sätzen sprechen, sein aktuelles Gefühl beschreiben und dieses in einen Zusammenhang bringen mit dem Verhalten des Feedback-Empfängers. Feedback-Aussagen sollten niemals werten oder analysieren; Feedback ist Ausdruck der aktuellen Befindlichkeit des Feedback-Gebers in Abhängigkeit von seinem jeweiligen Partner. Material 5 zeigt einige Beispiele für angemessenes sprachliches Feedback und kann an dieser Stelle unterstützend eingesetzt werden.

Richtig Feedback geben

In einem vertiefenden Auswertungsgespräch können Sie mit den Teilnehmern ausführlicher die Bedeutung von Feedback-Meldungen besprechen. Dabei sollten sie erkennen, daß das rechtzeitige und kontinuierliche Geben von Feedback beziehungsfördernd wirkt: Die Partner wissen regelmäßig mehr darüber Bescheid, wie sich der andere fühlt und welche Bedeutung das eigene Verhalten für die Befindlichkeit des anderen hat. Tauchen im Zusammenhang mit Feedback-Aussagen Irritationen in einer Beziehung auf, so lassen sich diese in aller Regel rasch beheben. Korrekturen des Verhaltens können sich auf konkrete Anlässe beziehen und verlieren so den oftmals bedauerlichen Charakter von Generalabrechnungen.

Sinnvoll ist es in diesem Kontext, mit den Teilnehmern intensiver zu behandeln, welche Schwierigkeiten beim Geben und Empfangen von Feedback für die beteiligten Personen auftreten können. So können etwa Unehrlichkeit, Unbeholfenheit, Angst und Peinlichkeit Gefühle sein, die in Verbindung mit Feedback-Äußerungen ausgelöst werden. Thematisieren Sie im Rahmen des Auswertungsgesprächs besonders, wie man sich unter Umständen vor solchen Gefühlen schützen und wie man mit ihnen konstruktiv umgehen kann. Reden Sie mit den Jugendlichen auch darüber, welche Bedeutung das Feedback für ihren ganz persönlichen Alltag in der Schule und im Elternhaus haben kann.

Bei der Behandlung dieser Fragen darf der Aspekt nonverbaler Kommunikation beim Geben und Empfangen von Feedback nicht außer acht gelassen werden. Haben Sie die beiden ersten Teile des Spiels noch nicht durchgeführt, bietet es sich an, diese in den Auswertungsprozeß einzubeziehen. So können die Teilnehmer darüber nachdenken, welche Gefühle sie in bestimmten Bereichen ihres Lebens am häufigsten erleben, und welche nichtsprachlichen Mittel ihnen zur Vermittlung ihrer Gefühle zur Verfügung stehen. Welche würden sie besonders gern anwenden? Gibt es Mittel, die sie auf keinen Fall benutzen würden? Welche Konventionen sprechen dagegen, bestimmte nichtsprachliche Ausdrucksformen zu verwenden? In welchem Maße sollte man sich von solchen Konventionen bestimmen lassen?

An dieser Stelle können Sie auch allgemeine Kommunikationstheorien in die Auswertung einbeziehen, zum Beispiel die Unterschiede zwischen analoger und digitaler Information oder die Kommunikationsaxiome nach Paul Watzlawick u. a. (Material 6). Was sind die Grundbedingungen von Kommunikation, welche Bedeutung hat nichtsprachliche Kommunikation? Hier ist wichtig, daß die nonverbalen Anteile vermutlich 80 bis 90% der Gesamtkommunikation ausmachen und so in ihrer Aussagewirkung kaum überschätzt werden können. Zum anderen sind gerade die analogen Elemente der Kommunikation für die Definition der Beziehung der Kommunikationspartner ausschlaggebend.

Insgesamt müßte den Jugendlichen bei einer Behandlung des Kommunikationsproblems deutlich werden, in welchem entscheidenden Ausmaß nichtsprachliche Anteile unsere Kommunikation prägen. Auch der Umstand, daß ein Mensch bei einer Inkongruenz sprachlicher und nichtsprachlicher Informationen seitens seines Gesprächspartners primär dessen nonverbalen Informationen glaubt, unterstreicht die Wichtigkeit der analogen Kommunikation. Daher ist eine Kenntnis analoger Kommunikationsmuster und die Fähigkeit, diese im Einzelfall weitgehend richtig zu deuten, in jedem Falle für die Verbesserung von Kommunikationsprozessen sehr hilfreich.

Selbstwahrnehmung und Körpererfahrung — © Verlag an der Ruhr, Postfach 10 22 51, 45422 Mülheim an der Ruhr

Meine Gefühle

Notiere in die dafür vorgesehenen Felder, welche Gefühle du in den genannten Berei-chen deines Lebens am häufigsten erlebst. Vielleicht schaffst du es, eine Rangfolge der Gefühle herzustellen. Schreibe auch auf, wie und wo genau du diese Gefühle in deinem Körper spürst.

Welche Gefühle hast du in der Schule am häufigsten?	Wie und wo genau spürst du diese Gefühle?
1.	
2.	
3.	
4.	
5.	
6.	
7.	
8.	

Welche Gefühle hast du zu Hause am häufigsten?	Wie und wo genau spürst du diese Gefühle?
1.	
2.	
3.	
4.	
5.	
6.	
7.	
8.	

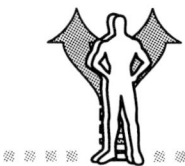

Sprache ohne Worte

Nimm an, du wärest stumm. Die Sprache steht dir als Mittel, Informationen an andere Menschen zu übermitteln, nicht zur Verfügung. Wie könntest du anderen Menschen trotzdem zeigen, wie du dich fühlst? Schreibe in den linken Kasten alle Mittel, die dir dazu einfallen. Und notiere im rechten Kasten die Gefühle, die du einem anderen Menschen mit den jeweiligen Mitteln bewußt machen könntest.

Nichtsprachliche Mittel	Gefühle

Selbstwahrnehmung und Körpererfahrung – © Verlag an der Ruhr, Postfach 10 22 51, 45422 Mülheim an der Ruhr

Arbeitsblatt
Mein Gefühl – dein Gefühl

Gefühl	Ausprägung „1" gar nicht, „10" absolut	Wahrnehmung „1" gar nicht, „10" absolut
Langeweile		
Traurigkeit		
Glück		
Zufriedenheit		
Spaß		
Unbehagen		
Ratlosigkeit		

Arbeitsblatt für Gruppenauswertung

Besprecht in eurer Gruppe die folgenden Fragen. Notiert eure Antworten stichwortartig in den dafür vorgesehenen Leerzeilen.

1. Wie habt ihr in eurem Körper die entsprechenden Gefühle ausfindig gemacht? Was in eurem Körper hat euch das jeweilige Gefühl angezeigt?

_____

_____

_____

_____

2. Welches der Gefühle war besonders leicht/besonders schwierig zu erkennen? Warum?

_____

_____

_____

_____

3. Was habt ihr euch im einzelnen im Blick auf die Vermittlung der Gefühle an euren Partner überlegt? Welche Probleme sind dabei aufgetaucht?

_____

_____

_____

_____

4. Wie habt ihr versucht, die Übermittlung der Gefühle aufzunehmen? Woran habt ihr die Intensität der Gefühle gespürt?

_____

_____

_____

_____

Selbstwahrnehmung und Körpererfahrung — © Verlag an der Ruhr, Postfach 10 22 51, 45422 Mülheim an der Ruhr

Sprachliche Formen
von Feedback

1. Ich bin traurig darüber, daß du nicht gekommen bist.

2. Ich bin unsicher, ob du das wirklich ernst gemeint hast.

3. Wenn du so leise sprichst, bekomme ich ein schlechtes Gefühl.

4. Ich bin froh darüber, daß du mir das gesagt hast.

5. Ich bin sehr enttäuscht darüber, daß du gestern nicht gekommen bist.

6. Ich habe Angst, wenn du einen so gefährlichen Sport betreibst.

7. Ich mache mir Sorgen, wenn du dich verspätest.

8. Ich bekomme ein schlechtes Gewissen, wenn du dich zurückhältst.

9. Ich mag dich, wenn du so ehrlich bist wie jetzt.

10. Ich bin sehr unruhig, nachdem du so offen zu mir warst.

11. Ich bin ziemlich wütend, weil du dich nicht beherrschen kannst.

12. Ich bin glücklich, weil du deine Prüfung bestanden hast.

Die 5 Kommunikationsaxiome

nach Watzlawick u. a. (1990)

1   **Man kann nicht nicht miteinander kommunizieren.**
Kommunikation ist ein Verhalten, das kein Gegenteil hat.

2   **Jede Kommunikation hat einen Inhalts- und einen Beziehungsaspekt.**
Der Beziehungsaspekt bestimmt den Inhaltsaspekt.
In einer guten Beziehung läßt sich jeder Inhalt besprechen.

3   **Jede Kommunikation erhält aufgrund der unterschiedlichen Sicht der Partner eine Struktur, die als Interpunktion einer Ereignisfolge erscheint.**
Jeder Kommunikationspartner bestimmt den Anfang eines gemeinsamen Kommunikationsprozesses an einer spezifischen Stelle.

4   **Kommunikation kann auf digitaler und analoger Ebene erfolgen.**
*Digitale Kommunikation umfaßt die verbale Sprache,
analoge Kommunikation alle non- und paraverbalen Informationen.*

5   **Kommunikation ist entweder symmetrisch oder komplementär.**
Symmetrische Kommunikation beruht auf Gleichheit, komplementäre Kommunikation auf Ungleichheit der Gesprächspartner.

2.8 Maße

 In diesem Spiel geht es vordergründig um die kinästhetische Wahrnehmung von Gewichten und das Erkennen von Gewichtsdifferenzen ohne Zuhilfenahme technischer Geräte. Darüber hinaus geht es um

- visuelle Wahrnehmung und das Einprägen von Strecken (Längen) und deren anschließende Visualisierung und Wiedererkennung,
- Entwicklung eines Zeitgefühls für die Bewältigung von vorgegebenen Streckendistanzen,
- Kooperation unter Zeitdruck und Beobachtung des eigenen Verhaltens,
- Begreifen, daß Handlungen von Menschen fehlinterpretiert werden können,
- Vorurteile und Vorannahmen,
- Erkennen, daß unser Verhalten von den Interpretationen der äußeren Ereignisse, nicht aber von den Ereignissen selbst bestimmt wird,
- Grundphänomene der Evolution,
- das Organ „Gehirn",
- das Gehirn als Überlebensorgan,
- Welterkenntnis als Sekundärbeschäftigung des Menschen,
- die Bedeutung der Technik für den Menschen.

 ab 10 Jahren

 bis ca. 20 Personen

 a) ca. 30 Minuten für die Übung
b) ca. 45 Minuten für die Auswertung

 Für das Spiel werden 4 Moderatoren benötigt, denen je ein Aufgabenblatt „Maße und Gewichte" (Material 1) ausgehändigt wird. Die Teilnehmer werden in 4 Gruppen (A, B, C, D) à 5 Personen aufgeteilt, und jeder Gruppe wird ein Moderator zugewiesen. Moderatoren können Erwachsene oder Jugendliche sein. Danach liest der jeweilige Gruppen-Moderator die erste Spielbeschreibung für die Gruppenarbeit vor. Im Anschluß an die Spieldurchgänge werden die Ergebnisse in dem dafür vorgesehenen Auswertungsbogen (Material 2) notiert.

- Wie leicht/schwer ist es mir gefallen, die Gewichte abzuwiegen?
- Wie leicht/schwer ist es mir gefallen, die Strecken wiederzuerkennen?
- Welche Schwierigkeiten genau sind während der Übung aufgetaucht?
- Wie exakt konnte ich die mir gestellten Aufgaben bewältigen?
- Wie erkläre ich mir meine Schwierigkeiten während der Übung?
- Wie genau bin ich bei der Bewältigung der Aufgaben vorgegangen? Wie sinnvoll ist diese Vorgehensweise?
- Wie gut waren meine Ergebnisse im Vergleich mit denen anderer Teilnehmer? Wie erkläre ich mir dies?
- Wie gut konnte ich mich konzentrieren?
- Welches Gefühl hatte ich, als meine Augen verbunden waren?
- Welche Rolle spielt das Gehirn des Menschen beim Erkennen der Wirklichkeit?
- Wie genau spiegelt das Gehirn die Wirklichkeit wider?
- Zu welchen Fehleinschätzungen kann es in bezug auf das Verhalten anderer Menschen kommen?
- Wie sind diese Fehlurteile zu erklären?
- Welche Rolle spielt die Technik im Leben des Menschen? Wie weit ist der Mensch von der Technik abhängig?
- Welche Folgerungen für den Alltag kann ich aus den Erfahrungen mit diesem Spiel ziehen, und wo kann ich in meinem Alltag diese Erfahrungen nutzen?

 Geben Sie anhand der Auswertungsbögen die Ergebnisse der einzelnen Gruppen bekannt. Die Gruppe, deren Abweichungen von den tatsächlichen Maßen am geringsten sind, ist Sieger. Nach der Siegerehrung findet ein ausführliches Auswertungsgespräch im Plenum statt. Das Auswertungsgespräch kann phasenweise durch Partner- oder Kleingruppenarbeit ergänzt werden (s. Informationen).

- Dieses Spiel eignet sich ausgezeichnet dazu, im Freien ausgetragen zu werden; dafür sollten Sie aber im vorhinein ein geeig-

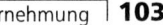

netes Terrain suchen. Im Bedarfsfall können Sie „Maße" aber auch in geschlossenen Räumen durchführen. In diesem Falle müssen Sie im Vorfeld einen passenden Parcours überlegen.

- Als Hilfsmittel werden für jede Gruppe Waage, Maßband, Stoppuhr, drei gleiche Trinkgläser mit Eichstrich, eine Flasche Wasser, ein Blatt Papier DIN A 4, ein Bleistift, einen Zehn-Mark-Schein, ein Fünf-Mark-Stück und eine geeinete Anzahl von Pfennigstücken benötigt.

- Alternativ kann dieses Spiel mit nur zwei Moderatoren gespielt werden; dann kann allerdings gleichzeitig nur in zwei der vier Gruppen gearbeitet werden, oder man führt das Spiel von vornherein in nur zwei Gruppen durch.

- Durch mehrere Übungsdurchgänge kann das Spiel erweitert werden.

- Für die Mitglieder des Siegerteams sollten Sie ein kleines Geschenk bereithalten.

- Weitere Spiele, bei denen gezielt ein Sinneskanal trainiert wird: „Düfte" (Kap. 2.2; Geruchssinn), „Mit den Händen sehen" (Kap. 2.3; Tastsinn), „Torball" (Kap. 2.4; Gehörsinn) oder „Trink-Bar" (Kap. 2.6; Geschmackssinn).

- Für den Aspekt „Interpretation der Wirklichkeit" können Sie auf das Spiel „Gefühle tauschen" aus dem Kapitel Körpererfahrung (3.5) zurückgreifen.

 Wahrnehmung und Bewußtsein 1994; Wahrnehmung 1994; Grom 1976; Vopel 1986b; 1989b; Blickhan/Blickhan 1992; Eccles 1975; Eccles/Zeier 1980; Ditfurth 1976; Kliebisch 1995 a u. b; Kliebisch/Weyer 1995; Roth 1995; Varela 1993; Maturana/ Varela 1987

Das Bild der Welt

Erfahrungsgemäß werden die Abweichungen zwischen den jeweils geschätzten und den tatsächlichen Meßwerten bei den einzelnen Gruppenmitgliedern unterschiedlich groß ausgeprägt sein. Das Abschneiden der Spielteilnehmer in den einzelnen Disziplinen hängt sicherlich von den entsprechenden visuellen

und kinästhetischen Vorerfahrungen ab. Das Spannende des Spiels liegt zweifellos in der Konkurrenzsituation zwischen den Teams, aber auch darin, daß die Mannschaftsmitglieder bei bestimmten Aufgaben einander nicht helfen dürfen. Beim Schätzen auftretende Schwierigkeiten und Schwächen können und sollten unter diesen Bedingungen als Herausforderung angenommen und vom jeweiligen Team gemeinsam bewältigt bzw. vertreten werden.

Bei interessierten Gruppen kann im Rahmen der Auswertung des Spiels die Entwicklung und der Aufbau des menschlichen Gehirns vom Zustandekommen und seine Rolle bei Abweichungen bei Entfernungsmessungen thematisiert werden. Da die Evolution unser Gehirn nicht für das Erkennen der Welt, wohl aber zur Sicherung des Überlebens der Spezies Mensch geschaffen hat, bildet es die Realität in manchen Situationen nicht wirklichkeitsgetreu ab. Vielmehr interpretiert das Gehirn unsere Welt in unserem Sinne, also zu unserem Schutz, und konstruiert auf diesem Wege jene Welt, wie sie der Mensch erlebt. Diese Welt ist nicht die Welt, wie sie wirklich ist. Sie ist ein wahrheitsgetreues Abbild der Welt an sich nur insoweit, wie sie unserem Überleben dient. Mit dieser Einschränkung allerdings liefert das Gehirn sehr wohl objektive Daten über die Außenwelt. In diesem Zusammenhang können Sie eine Diskussion über die Grenzen unserer Wahrnehmungsfähigkeit und die daraus für den Menschen resultierenden Einschränkungen hinsichtlich einer objektiven Welterkenntnis anregen.

Die optischen Täuschungen (s. „Blicke schärfen") sind ein sehr anschauliches Beispiel für die Diskrepanz zwischen dem, was wirklich ist, und dem, was unserer Gehirn aus der Realität macht.

Interpretation der Welt

Auch im Blick auf Verhalten und Eigenschaften unterliegen wir Menschen oftmals Fehleinschätzungen. „Kleider machen Leute" heißt eine bekannte Erzählung; wir wissen alle, in welchem Maße das äußere Erscheinungsbild und Auftreten eines Menschen täuschen können. Dennoch fallen wir immer wieder darauf

herein; vielleicht, weil wir glauben, daß der erste Eindruck immer der richtige sei. Vorurteile gegenüber Menschen und ihrem Handeln entstehen aber nicht nur durch Äußerlichkeiten. Die Tatsache, daß wir menschliches Handeln, sobald es auftritt, interpretieren, ist ebenfalls eine Ursache für bisweilen grundlegende Fehleinschätzungen. Wenn jemand im Schwimmbad einen Menschen zitternd auf einem 10m-Turm stehen sieht, so wird das Urteil über die Befindlichkeit des potentiellen Turmspringers in Abhängigkeit von den Vorannahmen des Betrachters durchaus unterschiedlich ausfallen können: Nimmt man einen souveränen Sportler an, der schon oft vom 10m-Turm gesprungen ist, so wird dessen Zittern wahrscheinlich auf die kühlen Temperaturen im Schwimmbad zurückgeführt. Nimmt man dagegen an, der Mensch auf dem 10m-Turm stehe dort zum ersten Mal, so wird man sein Zittern wohl eher als Angst deuten. Das Arbeitsblatt „Perspektiven" (Material 3) enthält einige Beispiele dieser Art.

Die Jugendlichen können mit Hilfe von Material 3 lernen, daß ein und dieselbe Wahrnehmung zu unterschiedlichen Interpretationen des Ereignisses führen kann. Wenn man zudem bedenkt, daß es schließlich die Interpretationen des Ereignisses oder Handelns, nicht aber das Ereignis oder das Handeln selbst sind, die ein Verhalten beim Betrachter auslösen, wird man sich der Tragweite dieser Überlegungen schnell bewußt. Zur Illustration kann hier die Folie „Interpretation" (Material 4) eingesetzt werden. Als Spielleiter können Sie an dieser Stelle mit den Jugendlichen überlegen, wie man in konkreten Alltagssituationen Fehlinterpretationen von Handlungen anderer Menschen verhindern oder ihnen zumindest vorbeugen kann.

Unter Berücksichtigung der Erfahrungen, die vorher im Spiel konkret gemacht wurden, kann man im Plenum auch diskutieren, welch große Bedeutung das Augenlicht für uns Menschen hat. Interessant ist in diesem Zusammenhang die Frage, welchen Nutzen es haben kann, sich möglichst gut orientieren zu können, wenn der visuelle Sinneskanal ausgeschaltet ist. Sollte über diese Fragestellung nicht ohne weiteres ein Gespräch in Gang gebracht werden können, so bietet sich die Möglichkeit an, auf die kompensatorischen Fähigkeiten hinzuweisen, die Blinde in diesem Kontext entwickelt haben. Weitere Anregungen zu diesem Themenkomplex bieten die Informationen und Materialien zum Spiel „Torball" (Kap. 2.4).

Mensch und Technik

Im Hinblick auf das Spiel „Maße", bei dem u.a. die Fähigkeit getestet wird, Gewichte ohne technische Hilfsmittel abzuschätzen, könnte weiterhin eine Reflexion über unsere Abhängigkeit von hochtechnisierten Meßgeräten und von der Technik allgemein spannend sein. Mit Hilfe von Material 5 „Technik" könnten die Jugendlichen überlegen, wo im alltäglichen Leben Technik eingesetzt wird. Gleichzeitig werden sie angeregt zu beurteilen, welchen Zweck diese Technik verfolgt und ob sie für den Menschen von Nutzen ist. Überdies wird die Frage aufgeworfen, welche Folgen die Abhängigkeit des Menschen von der Technik mittel- und langfristig haben kann. Auch in diesem Zusammenhang ist ein Transfer auf die Alltagswirklichkeit der Teilnehmer wünschenswert: Wo werden die Gruppenmitglieder ganz konkret durch Technik in ihrem Verhalten bestimmt? Wie erleben sie diese Situationen? In welcher Weise erweitert oder beschränkt Technik die Handlungsmöglichkeiten der Jugendlichen? In welchem Maße möchten sie sich von Technik distanzieren und emanzipieren? Welche Möglichkeiten haben sie dazu? Wie könnte eine konkrete Umsetzung aussehen?

Maße und Gewichte
Teilnehmerblatt

In dem folgenden Spiel sollt ihr mehrere Aufgaben lösen; wenn ihr die einzelnen Aufgaben beendet habt, notiert ihr eure Ergebnisse in dem dafür vorgesehenen Auswertungsbogen. Das erste Spiel, „Waage", ist zum Aufwärmen für die gesamte Gruppe bestimmt.

Spiel A: „Waage"

Versucht, ohne Waage oder andere technische Hilfsmittel, nur durch Nutzung eurer Handinnenflächen, ein Fünfmarkstück gegen Einpfennigstücke aufzuwiegen. Wie viele Pfennigstücke wiegen (möglichst exakt) so viel wie ein Fünfmarkstück? Ihr habt für die Bewältigung dieser Aufgabe 15 Minuten Zeit und dürft euch in eurer Gruppe beraten.

Spiel B: „Messen und Schätzen"

Ihr seid in eurer Gruppe zu fünft. Jeder von euch soll nun – einer nach dem anderen – eine der folgenden fünf Aufgaben erledigen. Während sich einer von euch mit einer Aufgabe beschäftigt, schauen die anderen nur zu. Sie dürfen in der Zeit keine Tips oder Hilfen geben. Bestimmt jetzt zunächst, in welcher Reihenfolge ihr an den Aufgaben arbeiten wollt.

1. Aufgabe: _____   2. Aufgabe: _____

3. Aufgabe: _____   4. Aufgabe: _____

5. Aufgabe: _____

Selbstwahrnehmung und Körpererfahrung – © Verlag an der Ruhr, Postfach 10 22 51, 45422 Mülheim an der Ruhr

Maße und Gewichte
Moderatorenblatt

Aufgabe 1: „Baum"

Du siehst dort vorne einen Baum. Schau ihn dir genau an, versuche, dir dieses Bild genau einzuprägen. Deine Aufgabe wird es sein, mit verbundenen Augen diesem Zielpunkt so nahe wie nur eben möglich zu kommen.

Aufgabe 2: „Strecke"

Du hast die Aufgabe abzuschätzen, wieviel Zeit du benötigen wirst, in normaler Geschwindigkeit gehend die Strecke bis zum Baum zurückzulegen. Nenne bitte vorher die Zeit, die du zu benötigen glaubst. Und dann werden wir auf mein Startzeichen hin gemeinsam losgehen.

Aufgabe 3: „Quadrat"

Du bekommst von mir 4 Bierdeckel ausgehändigt, mit denen du, nachdem ich dir die Augen verbunden habe, auf dem Boden die Eckpunkte eines Quadrates legen sollst. Der Abstand der Eckpunkte soll möglichst exakt 3,5 Meter betragen.

Aufgabe 4: „Gläser"

Ich gebe dir nun drei identische Gläser und eine Flasche, die mit Wasser gefüllt ist. Du hast die Aufgabe, mit verbundenen Augen die Gläser bis zum Eichstrich (0,2 l) zu füllen. Nachdem ich dir die Augen verbunden habe, hast du 3 Minuten Zeit.

Aufgabe 5: „Geld"

Dir werden nun die Augen verbunden, und anschließend gebe ich dir einen Stift und ein Blatt Papier. Stelle dir jetzt vor deinem inneren Auge einen Zehnmarkschein vor. Versuche nun, mit dem Stift möglichst genau die Umrisse des Zehnmarkscheines auf das Papier zu bringen. Für diese Aufgabe stehen dir 3 Minuten Zeit zur Verfügung.

Auswertungsbogen

Team-Nr.:

Gruppen-Mitglieder:

_____ / _____ / _____

_____ / _____

Spiel	Punkte bei Abweichungen	Erreichte Punktzahl
Waage	pro Gramm 1 Punkt	
Baum	pro 10 Zentimeter 1 Punkt	
Strecke	pro 1 Sekunde 1 Punkt	
Quadrat	pro 1 Zentimeter 1 Punkt	
Gläser	pro 1 Millimeter 1 Punkt	
Geld	pro 1 Zentimeter 1 Punkt	

Gesamtpunktzahl für das Team

Rangplatz des Teams

Selbstwahrnehmung und Körpererfahrung — © Verlag an der Ruhr, Postfach 10 22 51, 45422 Mülheim an der Ruhr

Perspektiven

*Bestimmt habt ihr schon Situationen erlebt, in denen ihr mit eurer Sicht der Dinge
nicht richtig gelegen habt. Ihr wißt sicher, daß man so manches Handeln aus
verschiedenen Perspektiven betrachten kann. Und je nachdem, welche man wählt,
ergeben sich ganz unterschiedliche Schlußfolgerungen.
Auf diesem Arbeitsblatt findet ihr einige mehrdeutige Situationsbeschreibungen.
Überlegt jeweils mindestens zwei Sichtweisen, unter denen man sie deuten kann.*

1. Ein Mann steht im Schwimmbad auf einem 10m-Turm. Er zittert. Warum?
   A) _____
   B) _____

2. Ein Mensch kommt aus einer Bank. Er hat eine Pudelmütze über das Gesicht gezogen.
   Was hat der Mann in der Bank gemacht?
   A) _____
   B) _____

3. Peter bekommt seine Mathematikarbeit mit der Note „ungenügend" zurück.
   Was sagt das über Peter?
   A) _____
   B) _____

4. Ein Mann liegt im Sommer nachts auf einer Parkbank. Wie denkt ihr über den Mann?
   A) _____
   B) _____

5. Claudia kommt fast jedes Mal unpünktlich zu den Verabredungen mit ihrem Freund.
   Was sagt das über Claudia?
   A) _____
   B) _____

6. Sascha war an seinem letzten Geburtstag völlig betrunken. Wie beurteilt ihr Saschas Verhalten?
   A) _____
   B) _____

7. Lehrer X brüllt den Schüler Y an, weil der keine Hausaufgaben gemacht hat.
   Wie beurteilt ihr das Verhalten des Lehrers?
   A) _____
   B) _____

Interpretation

Das äußere Ereignis:
das Verhalten oder die
Eigenschaften eines Menschen

Unsere Deutung des Ereignisses
oder der Eigenschaften;
unsere individuelle Sicht der Dinge

Unsere Handlungen aufgrund
unserer individuellen Sicht des Ereignisses
oder der Eigenschaften

Technik

Menschen nutzen im alltäglichen Leben an sehr vielen Stellen technische Hilfsmittel, um bestimmte Werte zu messen. Notiert in den Feldern 1 bis 3 jeweils einen Bereich, in dem Technik eine Rolle spielt. Überlegt dann, welchen Sinn und Nutzen die Technik in diesen Bereichen für den Menschen hat. In Feld 4 könnt ihr notieren, was ihr ganz allgemein von der Technik im menschlichen Leben haltet.

1. Bereich . . . .
Sinn/Nutzen

2. Bereich . . . .
Sinn/Nutzen

3. Bereich . . . .
Sinn/Nutzen

4. Mensch und Technik . . . .
Nutzen und Abhängigkeit

In „Kalibrieren" geht es darum, sich in emotional unterschiedlich gefärbte Situationen zu versetzen und fähig zu werden, die Situationen auf möglichst vielen Sinneskanälen (sehen, hören, fühlen) wiederzuerleben. Darüber hinaus sollen die Teilnehmer

- einen anderen Menschen genau beobachten lernen,

- Problem-, Ziel- und Ressourcenphysiologie wiedererkennen,

- Menschen anhand ihrer Physiologien auch nonverbal besser verstehen lernen,

- Menschen nach ihrem Gesichtsausdruck beurteilen,

- über Vorurteile bei solchen Beurteilungen nachdenken.

  ab 14 Jahren

  bis ca. 12 Personen

  a) ca. 20 - 30 Minuten für die Übung
b) ca. 45 Minuten für die Auswertung

  Das Plenum wird in Paare aufgeteilt. Die Partner A und B setzen sich jeweils einander gegenüber, so daß sie sich gut anschauen können. Während der Übung sollte nicht gesprochen werden. Dann führen Sie die Übung mit folgendem Text ein; der Text sollte dabei möglichst langsam und gleichmäßig gesprochen werden, und Sie sollten auf die Einhaltung der Pausen achten:

„Sprecht ab jetzt bitte nicht mehr. Ich weiß, daß dies recht schwierig sein kann. Doch für das Gelingen des Spiels ist es sehr wichtig, daß ihr euch nicht gegenseitig stört. Deshalb solltet ihr nun nicht mehr sprechen. In jedem Paar heißt der größere Partner von euch ab jetzt A, der kleinere B. Der Partner A schließt bitte die Augen. B beobachtet ihn ab jetzt sehr genau; vor allem achtet B darauf, welche Veränderungen sich im Verlauf der Übung in As Gesicht zeigen.

Ich möchte, daß A jetzt an ein angenehmes Ereignis denkt, das er/sie erlebt hat. Dieses Ereignis soll für A mit möglichst guten Gefühlen verbunden sein. Diese guten, angenehmen Gefühle sollte A möglichst intensiv erleben können. Es kann sich um ein Erlebnis beim Sport, zu Hause, beim Hobby oder auch in der Schule handeln. Bitte sucht ein solches Ereignis aus eurer Erinnerung aus und denkt dann daran (15 Sekunden warten).

A bleibt bitte jetzt in dieser Erinnerung. Ich wende mich nun an den Partner B jedes Paares. B beobachtet A bitte sehr genau und merkt sich vor allem den Gesichtsausdruck von A. Schaut jetzt einmal genau hin und merkt euch, was ihr seht. Ich werde A gleich einige Fragen zu dem Ereignis stellen, an das er denkt. A soll diese Fragen still für sich und jeweils möglichst schnell beantworten. B beobachtet dabei weiterhin besonders genau das Gesicht von A." Lesen Sie nun die Fragen Material 1 vor.

„A soll noch einen Augenblick in dieser Erinnerung bleiben. B merkt sich jetzt genau den Gesichtsausdruck von A, der zu dieser Erinnerung gehört. Schaut genau hin, und merkt euch, wie A jetzt aussieht. Ihr sollt euch später an diesen speziellen Gesichtsausdruck erinnern (20-30 Sekunden warten).

Ich möchte, daß A jetzt aus der Erinnerung wieder hierher zurückkommt. Blende dazu das Ereignis vor deinem inneren Auge einfach aus. Öffne dann die Augen, beuge und strecke deine Arme ein-, zweimal kräftig, und atme tief ein. Du bist wieder hier in diesem Raum."

A und B tauschen die Rollen, und der Vorgang wird wiederholt. Danach finden für jeden Partner zwei weitere Durchgänge statt. Dabei wird einmal eine zwar unangenehme, aber nicht extrem belastende Erinnerung und zum anderen eine Vorstellung über ein zukünftiges Ziel oder Ereignis (z. B. Schulabschluß) gewählt. Geben Sie entsprechende Anweisungen.

In der nächsten Phase des Spiels geht es darum, die von einem Partner erinnerten Situationen allein durch Beobachten der Physiologie wiederzuerkennen. Diesen Prozeß können Sie mit folgendem Text einleiten, nachdem Sie den Auswertungsbogen (Material 2) an alle Gruppenmitglieder verteilt haben.

„Wir wollen jetzt sehen, ob ihr euch den zu den einzelnen Erinnerungen eures Partners gehörenden Gesichtsausdruck gut gemerkt habt. Jeder bekommt dazu von mir zunächst einen geschlossenen Umschlag, in dem sich ein Aufgabenzettel befindet. Auf dem Zettel steht eine beliebige Reihenfolge der drei Begriffe

„Angenehm", „Unangenehm" und „Ziel" (Material 3). Diese Reihenfolge verratet ihr nicht. Die Begriffe beziehen sich auf die Ereignisse, an die ihr vorhin gedacht habt, und sind mit 1, 2 und 3 numeriert. Gleich werdet ihr euch noch einmal an diese Ereignisse erinnern bzw. sie euch vorstellen, und zwar genau in der Reihenfolge, die auf eurem Zettel steht. Euer Partner wird von dieser Reihenfolge nichts wissen; er wird euren Gesichtsausdruck beobachten und daran abzulesen versuchen, an welches der drei Ereignisse ihr gerade denkt.

A öffnet nun den Umschlag und schaut sich die Reihenfolge an, in der A die Ereignisse noch einmal erinnern soll. A schließt anschließend bitte die Augen und erinnert sich an das Ereignis mit der Nummer 1 (ca. 15 Sekunden warten). B beobachtet A dabei möglichst genau, und A beantwortet sich im Geiste noch einmal die folgenden Fragen.

Lesen Sie nun noch einmal die Fragen von Material 1 vor.

„A bleibt jetzt weiter in dieser Erinnerung. A denkt ganz intensiv an das Ereignis. Der Partner B wird inzwischen bemerkt haben, daß sich der Gesichtsausdruck von A auf typische Weise verändert hat. B notiert jetzt auf dem ausgegebenen Arbeitsblatt, an welches der drei Ereignisse A gerade denkt. Schaut noch einmal genau auf As Gesicht, bevor ihr eure Antwort aufschreibt.

Ich möchte, daß A jetzt wieder hierher zurückkommt: Blende das Ereignis vor deinem inneren Auge einfach aus. Öffne die Augen, beuge und strecke deine Arme ein-, zweimal kräftig, atme tief ein. Du bist wieder hier in diesem Raum."

A und B tauschen die Rollen; B versetzt sich mit Hilfe der entsprechenden Anweisungen des Spielleiters in die Situation, die auf seinem/ihrem Aufgabenzettel an erster Stelle genannt wird. Das Verfahren wird dann noch zweimal mit den beiden verbleibenden Erinnerungssequenzen wiederholt.

- Wie gut konnte ich mich an bestimmte Ereignisse aus meinem Leben erinnern?

- Wie präzise konnte ich die Ereignisse vor meinem inneren Auge sehen?

- Welche anderen Wahrnehmungsebenen haben mir bei der Erinnerung Informationen geliefert?

- Wie intensiv konnte ich das zu der Erinnerung gehörende Gefühl wahrnehmen? Wo genau im Körper habe ich das Gefühl gespürt?

- Wie gut konnte ich mich als Beobachter konzentrieren?

- Wie gut/schlecht konnte ich als Beobachter die verschiedenen Gesichtsausdrücke bemerken, und woran genau habe ich die Unterschiede wahrgenommen?

- Wie sicher war ich mir beim Wiedererkennen der Gesichtsausdrücke meines Partners, und worin lagen die typischen Veränderungen in seinem Gesichtsausdruck?

- Welche anderen Veränderungen im Körperausdruck sind mir bei meinem Partner während des Spiels aufgefallen?

- Welchen Zusammenhang zwischen diesen weiteren Veränderungen und den jeweils erinnerten Situationen gibt es?

- Welche Erkenntnisse kann ich für mich aus den Erfahrungen mit diesem Spiel ableiten?

- Wo und wie kann ich diese Erkenntnisse in meinem konkreten Alltag nutzen?

Die Partner stellen zunächst fest, wie gut sie die Physiologien wiedererkannt haben. Dann kann in den Zweiergruppen eine kurze Auswertung von etwa 15 Minuten Länge durchgeführt werden; dazu können Sie das als Material 4 abgedruckte Arbeitsblatt benutzen. Anschließend findet im Plenum ein vertiefendes Auswertungsgespräch statt.

- Die Jugendlichen sollten im Übungsraum nicht durch unnötigen Lärm gestört werden.

- Für das Gelingen der Übung ist es besonders wichtig, daß die Jugendlichen die Erinnerungen assoziiert erleben. Achten Sie bei der entsprechenden Instruktion besonders auf exakte Umsetzung. Ggf. weisen Sie die Teilnehmer vor dem Spiel besonders

auf den Unterschied von assoziiertem und dissoziiertem Erleben hin (s. Informationen).

- Bei Bedarf kann man jeden Übungsdurchgang mit einer Entspannungsübung beginnen. Die Bausteine „Muskelentspannung" (3.3) und „Atem-Strom" (3.8) aus dem Kapitel Körpererfahrung könnten in diesem Falle benutzt werden.

- Bei geübten Gruppen können Sie die Anzahl der Fragen, die der Konkretisierung der Erinnerung dienen, problemlos verringern.

- Bei ungeübteren Teilnehmern kann es sinnvoll sein, während des Spiels mit nur zwei unterscheidbaren Erfahrungen – angenehm/unangenehm – zu arbeiten und mehrere Situationen derselben Qualität zu nutzen.

- Die Jugendlichen sollten nur solche unangenehmen Situationen erinnern, die sie derzeit emotional nicht besonders belasten.

- Wichtig ist es, auf das Sprechverbot zu achten, um die nötige Ruhe zu schaffen, die für eine gute Erinnerungsleistung nötig ist. Um die Konzentrationsleistung gerade bei jüngeren Schülern nicht zu überfordern, dürfen Sie zwischen den einzelnen Durchgängen der Übung sprechen.

- Attraktiv kann es auch sein, wenn man die Phase des Wiedererkennens der Physiologien durch eine größere Pause von der Phase des Kalibrierens trennt. Man kann auf diese Weise noch besser testen, was die Teilnehmer im einzelnen an ihrem jeweiligen Partner wahrgenommen haben.

 Blickhan/Blickhan 1992, Mohl 1993; Stahl 1993a; Kliebisch/Weyer 1995; Kliebisch/Weyer 1996; Kliebisch 1996

Assoziierter und dissoziierter Zustand

Die Übung geht davon aus, daß Menschen, wenn sie sich an bestimmte Situationen erinnern, einen dafür typischen körpersprachlichen Ausdruck zeigen. Die Gruppenmitglieder sollen zum einen lernen, sich in quali-

tativ vorgegebene Situation so hineinzuversetzen, daß sie sie noch einmal in der Weise erleben können, als ob sie dabei sind. Dieser assoziierte Zustand ermöglicht eine sehr hohe emotionale Beteiligung. Die Gefühle, die mit der erinnerten Situation verknüpft sind, können in einem **assoziierten Zustand** besonders intensiv erlebt werden.

In **dissoziiertem Zustand** gewinnt man demgegenüber Abstand von dem repräsentierten Ereignis. Man betrachtet das Ereignis als Zuschauer, gleichsam von außen. Man sieht sich in einem Film von der vergangenen Situation selbst als Hauptdarsteller. Diese Wahrnehmungsposition schwächt die Gefühle ab, die ursprünglich mit dem Ereignis in Zusammenhang stehen. Von den Teilnehmern wird im Verlauf des Spiels neben der Erinnerung bestimmter Ereignisse aus ihrem Leben erwartet, daß sie den dabei jeweils auftretenden charakteristischen Ausdruck eines Partners, dessen Physiologie, beobachten, damit sie sie später wiedererkennen können.

Um es den Jugendlichen zu erleichtern, sich in verschiedene Situationen zu versetzen, werden ihnen einige Fragen vorgestellt, die sie in den verschiedenen Sinneskanälen auf die Erinnerung konzentrieren. So ist davon auszugehen, daß die mit den assoziierten Erinnerungen korrespondierenden Physiologien möglichst markant in Erscheinung treten. Thies Stahl (1993a) unterscheidet hier unter anderem eine Ressourcen-, eine Problem- und eine Zielphysiologie (Material 5).

Physiologie und Befindlichkeit

Zur Physiologie gehört allerdings – anders als durch das Spiel nahegelegt – nicht nur der Gesichtsausdruck eines Menschen. Vielmehr umfaßt die Physiologie den gesamten körpersprachlichen Ausdruck, den ein Mensch in einem bestimmten Zustand zeigt. Allerdings besteht kaum Zweifel daran, daß gerade durch den Gesichtsausdruck in besonders eindrücklicher Weise die Befindlichkeit eines Menschen abzulesen ist. Man darf im übrigen annehmen, daß eine spezifische Physiologie im Zusammenhang mit allen Erinnerungen derselben Qualität in derselben Weise auftritt. Daher kann aus der Physiologie eines Men-

Selbstwahrnehmung und Körpererfahrung – © Verlag an der Ruhr, Postfach 10 22 51, 45422 Mülheim an der Ruhr

2.9 Kalibrieren

schen von außen dessen innerer Zustand erschlossen werden.

Professionelle Kommunikatoren wie Verkäufer, Berater und Psychologen lernen im Rahmen ihrer Ausbildung häufig gezielt, sich auf die körpersprachlichen Äußerungen ihrer Gesprächspartner und Klienten zu eichen, zu kalibrieren. Dies hilft ihnen dabei, Prozesse, die bei dem jeweiligen Partner intern ablaufen, auch dann angemessen einschätzen und beurteilen zu können, wenn dieser gar nicht dazu in der Lage oder bereit ist, über diese Abläufe Auskunft zu geben. Menschen, die sich gut kennen, sind in vielen Fällen ebenfalls sehr präzise aufeinander eingestellt. Sie sind mitunter fähig, auch minimale körpersprachliche Veränderungen des Partners genau wahrzunehmen und darauf angemessen zu reagieren. Sie sind kalibriert. Allerdings hat sich diese Übereinstimmung im Laufe des Zusammenlebens eher zufällig, intuitiv eingestellt und ist nicht bewußt herbeigeführt worden.

Die Fähigkeit, sich auf die Physiologie eines anderen Menschen zu eichen, kann durch Übung geschult werden. Sind zwei Menschen optimal aufeinander geeicht, hat dies erhebliche Vorteile im Blick auf die Möglichkeit des gegenseitigen Verstehens vor allem auch ohne Worte. Im Rahmen des Auswertungsgesprächs kann vor diesem Hintergrund über den hohen Anteil nonverbaler Signale gesprochen werden, die jeden Kommunikationsprozeß begleiten. Sie können darauf hinweisen, daß mindestens 80 % dessen, was Menschen voneinander erfahren, nicht verbal übermittelt wird und daß im Falle einer Inkongruenz zwischen verbaler und nonverbaler Aus-

sage in der Regel die nichtsprachliche eher für wahr gehalten wird als die sprachliche.

In diesem Zusammenhang kann man auch die Relevanz der körpersprachlichen Informationen gerade für die Beziehungsebene jeder Kommunikation thematisieren. Für die Jugendlichen kann es bei dieser Gelegenheit interessant sein zu überlegen, ob und inwieweit individuell ausgeprägte Sympathien und Antipathien, die sie beispielsweise bestimmten Lehrpersonen entgegenbringen, sich mehr auf die weitgehend unbewußt aufgenommenen und verarbeiteten nonverbalen Zeichen als auf die verbalen Aussagen der betreffenden Person zurückführen lassen. Unter diesem Gesichtspunkt wäre auch zu bedenken, was man im einzelnen tun kann, um zu angemessenen Beurteilungen von Personen zu kommen.

Ein weiterer Aspekt könnte im Rahmen des Auswertungsgespräch zum Gegenstand werden: das Problem der Vorurteile. Wenn wir Gesichter von Menschen wahrnehmen, haben wir oft bereits klare Vorstellungen darüber, welchen Beruf diese Menschen ausüben und welche Eigenschaften und Fähigkeiten sie besitzen könnten. Wollen Sie im Verlauf der Besprechung dieses Thema einbeziehen, können Sie als Motivation das Arbeitsblatt „Gesichter" (Material 6) einsetzen. Mit Hilfe dieses Arbeitsblattes werden die Jugendlichen angeregt, in Partnerarbeit über Eigenschaften und Fähigkeiten der betreffenden Personen nachzudenken. Danach kann man mit den Teilnehmern überlegen, wie etwaige Übereinstimmungen in den Einschätzungen zustande kommen und welche Bedeutung diese (Vor-) Urteile für den alltäglichen Umgang mit Menschen haben.

◎ Siehst du ein Bild, mehrere Bilder oder einen Film vor deinem inneren Auge? (5-10 Sekunden warten)

◎ Erlebst du das Ereignis so, als ob du jetzt noch einmal dabei bist? Du siehst alles mit deinen Augen und hörst alles mit deinen Ohren? (5-10 Sekunden warten) Wenn dies nicht so ist, wenn du das Ereignis mehr als Zuschauer von außen erlebst, springe einfach in die Erinnerung hinein, so daß du alles von innen erleben kannst. (10 Sekunden warten)

◎ Sind die Bilder eher hell oder eher dunkel? (5-10 Sekunden warten)

◎ Sind die Bilder bunt oder schwarzweiß? (5-10 Sekunden warten)

◎ Ist der bildliche Eindruck scharf oder eher unscharf? (5-10 Sekunden warten)

◎ Siehst du alles zwei- oder dreidimensional? (5-10 Sekunden warten)

◎ Aus welcher Richtung schaust du auf das Ereignis? Von oben? Von unten? (5-10 Sekunden warten)

◎ Kannst du jetzt auch etwas hören? Geräusche? Stimmen? Klänge? (5-10 Sekunden warten)

◎ Aus welcher Richtung kommen die Geräusche? (5-10 Sekunden warten)

◎ Ist es auch manchmal ganz still? (5-10 Sekunden warten)

◎ Sind die Geräusche laut oder eher leise? (5-10 Sekunden warten)

◎ Hörst du die Geräusche in Mono oder in Stereo? (5-10 Sekunden warten)

◎ Welches Gefühl spürst du jetzt in deinem Körper? Beobachte dieses Gefühl genau. Gib diesem Gefühl einen Namen. (5-10 Sekunden warten)

◎ Wo genau in deinem Körper spürst du dieses Gefühl? (5-10 Sekunden warten)

◎ Ist das Gefühl immer anwesend? (5-10 Sekunden warten)

◎ Ist dieses Gefühl intensiv? (5-10 Sekunden warten)

◎ Wandert das Gefühl durch den Körper? In welcher Weise und wohin wandert das Gefühl? (5-10 Sekunden warten)

Auswertungsbogen
für

_____

Ereignis-nummer	Gesichtsausdruck angenehm / unangenehm / Ziel	Erinnertes Ereignis angenehm / unangenehm / Ziel
1		
2		
3		

Anzahl der Übereinstimmungen

Rangplatz

1 Angenehm
2 Unangenehm
3 Ziel

1 Unangenehm
2 Angenehm
3 Ziel

1 Ziel
2 Angenehm
3 Unangenehm

1 Angenehm
2 Ziel
3 Unangenehm

1 Unangenehm
2 Ziel
3 Angenehm

Arbeitsblatt
für
Gruppenauswertung

Besprecht in eurer Gruppe die folgenden Fragen. Notiert eure Antworten stichwortartig in den dafür vorgesehenen Leerzeilen.

1. Woran genau habt ihr die Veränderungen im Gesichtsausdruck eures Partners erkannt?

_____

_____

_____

_____

_____

2. Welche anderen Veränderungen im Körperausdruck habt ihr neben den Veränderungen des Gesichts wahrgenommen? Beschreibt eure Beobachtungen möglichst genau.

_____

_____

_____

_____

_____

3. Wie können euch eure Beobachtungen im alltäglichen Umgang mit verschiedenen Menschen nutzen?

_____

_____

_____

_____

_____

Physiologien

Problemphysiologie

Zielphysiologie

Ressourcenphysiologie

Die **Ressourcenphysiologie** zeigt ein Mensch, wenn er sich an seine Fähigkeiten erinnert. Dies ist im allgemeinen dann der Fall, wenn ein Mensch eine positive Erfahrung abruft. Die **Problemphysiologie** ist mit der Erinnerung an Situationen verknüpft, die für die betreffende Person eher unangenehm und mit Schwierigkeiten besetzt sind. Die **Zielphysiologie** zeigt ein Mensch, wenn er sich sinnlich-konkret vorstellt, wie es ist, wenn er an einem von ihm gewählten und erreichten Zielpunkt angekommen ist. Die Ressourcenphysiologie zeigt üblicherweise große Ähnlichkeiten mit der Zielphysiologie, während sich diese beiden deutlich von der Problemphysiologie unterscheiden.

Gesichter

Auf dieser Seite seht ihr drei Bilder von verschiedenen Menschen. Was könnt ihr aus den Gesichtern der Personen ablesen? Wie alt sind sie? Welchen Beruf üben sie eurer Meinung nach aus? Welche Fähigkeiten und Eigenschaften haben diese Menschen? Notiert eure Eindrücke in den dafür vorgesehenen Kästen.

„Haben wir als Kinder nicht das an Körperkontakt erhalten, was wir gebraucht hätten, so kann es schwer für uns sein, körperliche Nähe zu ertragen. [...] Bei vielen Menschen halten sich die Angst vor Körperkontakt und die Sehnsucht danach die Waage. Dieser zerrissene Zustand ist sehr unangenehm. [...] Kontakt zum eigenen Körper und zu anderen Menschen bedeutet Leben, die Trennung von mir und den anderen Tod. Auf der einen Seite ist Bewegung, auf der anderen Stillstand. Hier ist Wärme, Vibrieren und Pulsieren, dort Kälte und Starre. Hier ist Aufregung, Abenteuer und die Freiheit zur Veränderung und zum Wachsen, dort ist Enge und Langeweile."

(Franz / Mittermair 1985, 17f.)

3.0 Einführung

Der menschliche Körper

Der Aufbau des menschlichen Körpers, seine Anatomie, ist heute dank moderner, elektronenmikroskopischer Untersuchungsmethoden weitgehend bis in die feinsten Verästelungen entschlüsselt. Die Entwicklung bis zu diesem Punkt hat gerade einmal 500 Jahre gedauert. Erst seit etwa 1500 wurden Leichen seziert und damit zu anatomischen Studien genutzt. Leonardo da Vinci war der erste, der detaillierte anatomische Studien veröffentlichte. Bis zur Renaissance blühte eine Erfahrungsmedizin, die sich einerseits auf zum Teil naive Empirie und zum anderen auf theoretische Konstrukte wie etwa die Lehre von den vier Körperflüssigkeiten stützte. Erst im 17. Jahrhundert entstand durch den englischen Arzt William Harvey ein genaueres Verständnis des menschlichen Blutkreislaufs; aber auch bis heute sind bestimmte physiologische Abläufe beispielsweise im menschlichen Gehirn nicht bis ins letzte Detail enträtselt.

Wenn wir über unseren Körper sprechen und ihn erleben, interessiert uns allerdings in der Regel nicht dessen anatomische Struktur. Daß das menschliche Skelett aus ungefähr 209 einzelnen Knochen besteht, daß der Mensch über weit mehr als 600 Muskeln verfügt und das Gehirn beim Mann etwa 1400 und bei der Frau etwa 1300 Gramm wiegt, sind im allgemeinen nicht die wesentlichen Gesichtspunkte, unter denen wir unseren Körper wahrnehmen und zum Thema machen, ebensowenig wie die Tatsache, daß ungefähr 500 Millionen Lungenbläschen eine Gesamtoberfläche von etwa 200 Quadratmetern ausmachen und daß die menschliche Großhirnrinde ungefähr 14 Milliarden Nervenzellen beherbergt.

Befindlichkeitsstörungen, Krankheiten aller Art, Schmerzen und Gewichtsprobleme sind häufig erst die Ursache dafür, daß sich Menschen überhaupt mit ihrem Körper auseinandersetzen. Der Körper wird also erst dann zum Gegenstand aktiver Beschäftigung, wenn er nicht funktioniert bzw. wenn man meint, die eigene Figur entspreche nicht einem fiktiven Körperideal, das gegenwärtig als zeitgemäß betrachtet wird. Körpererfahrung ist aus dieser Perspektive vielfach Defizit-Erfahrung.

Der schnelle Griff zu Tabletten und der rasch gemixte Diätdrink sollen die Probleme möglichst unkompliziert beseitigen helfen. Da dies aber bisweilen nicht so einfach gelingt, wie man glauben möchte, wird mitunter aus der eigentlich nutzbringenden Einnahme von Medikamenten ein Tablettenmißbrauch und aus einer kurzfristig vertretbaren Reduzierung von Kalorien ein Stolpern von einer Diät in die nächste. Da der Körper auf Sparflamme schaltet, sobald ihm verwertbarer Brennstoff entzogen wird, führen Dauerdiäten letztlich zu einem unkontrollierbaren Aufschaukeln des Körpergewichts. Die folgende Resignation ist um so größer, je mehr das Körpervolumen am Ende vom ursprünglich idealtypischen abweicht.

Der Körper ist für viele Menschen also eher ein unangenehmes Beiwerk zur Vernunft, das eher belastet als Freude macht. Er muß in erster Linie funktionieren; tut er es nicht, wird er zum Problem. So verhält es sich auch oft mit den Gefühlen: Sie werden von Menschen mitunter als etwas Bedrohliches, Unbekanntes, Unwägbares empfunden. Die damit verknüpfte Unsicherheit führt nicht selten zur Ablehnung von Gefühlen – was erst recht psychische Schwierigkeiten nach sich zieht. Erst wenn Gefühle als positiver Selbstzweck erlebt werden, können sie in ihrer Bedeutung angemessen eingeschätzt werden.

Ganzheitliche Körpererfahrung

Den eigenen Körper als etwas Selbständiges zu erleben, das einen Eigenwert hat, zu einem gehört und Spaß machen kann, fällt aus einer kritischen Körperdistanz naturgemäß schwer und ist vielfach auf die intime Erfahrung von Sexualität zwischen zwei Menschen beschränkt. Gelebte Sexualität stellt ohne Frage eine Bereicherung der Beziehung zwischen zwei Menschen dar; wird das Körpererleben jedoch auf Sexualität reduziert, bleibt es unvollkommen. Die Ganzheitlichkeit des Menschen verlangt nicht nur eine Integration, sondern auch die Einheit von Fühlen und Denken. Fühlen und Empfinden, insbesondere Körperempfinden, kann und darf daher nicht auf bestimmte Bereiche des Intimlebens beschränkt werden. Körpererfahrung kann sehr viel mehr sein.

Körpererfahrung kann sich in sehr vielfältiger Weise ausdrücken, und sie stellt für jeden, der sie macht, ein hohes Gut dar. Sie kann das Erlebnis sein, sich selbst in verschiedenen Haltungen, Bewegungen und in unterschiedlichen Befindlichkeiten wahrzunehmen, zu spüren, wie es ist, angespannt zu sein, und zu fühlen, wie es ist, wenn die Spannung den Körper verläßt und sich eine wohltuende Entlastung der Muskeln einstellt; sie kann bedeuten, physiologische Prozesse – wie etwa die Atmung oder den Herzschlag – bewußt zu erleben und durch dieses intensive In-sich-hinein-Hören dem eigenen Zentrum ein Stück näher zu kommen.

Körpererfahrung kann aber auch heißen, sich von einem anderen Menschen berühren zu lassen, Streicheleinheiten zu erhalten, wie dies etwa im Rahmen von Massage-Übungen ausdrücklich beabsichtigt ist. Das Bedürfnis nach Zärtlichkeit ist angeboren, die Fähigkeit, Zärtlichkeit zu schenken, auch. Wird dieses Bedürfnis nicht artikuliert und in die Praxis umgesetzt, kann dies viele Ursachen haben. In jedem Falle aber bedeutet dieser Mangel eine Verarmung der Lebenswirklichkeit der betreffenden Menschen.

Die Haut

Die Haut fungiert beim Erleben von Berührungen als Kontaktorgan; sie ist das größte Organ des Menschen und bildet bei einem Erwachsenen eine Fläche von ca. 1,6 Quadratmetern. Neben ihrer Aufgabe als Atmungsorgan dient die Haut dazu, den Wärmehaushalt des Körpers zu regulieren und Infektionen abzuwehren; sie schützt den Körper vor Umwelteinflüssen aller Art und stellt ein wichtiges Sinnesorgan dar. An der Hautoberfläche enden zahlreiche Nerven, über die wir alle von außen einströmenden mechanischen, chemischen und thermischen Reize aufnehmen. Druck, Schmerz und Temperaturveränderungen werden so über die Haut erfahrbar.

Kontinuierlicher Hautkontakt hat einen beachtlichen Einfluß auf die psychische und physische Entwicklung eines Lebewesens. In tierpsychologischen Studien konnte beispielsweise gezeigt werden, daß Affenbabys Affen-„Mütter" aus Maschendraht bevorzugen, wenn diese mit Frotteestoff überzogen waren. Die Affenbabys krabbeln häufiger zu den Stoff-„Müttern" und nehmen in deren Gegenwart auch eher Nahrung auf. Eine ähnliche Beobachtung konnte man auch bei Menschenbabys machen: In der Frühgeborenenabteilung der Universitäts-Frauenklinik in Cambridge fand man durch Zufall heraus, daß Säuglinge sich wohler fühlen, besser essen und schneller wachsen, wenn man sie den ganzen Tag über auf sterilisierte Lammfelldecken legt, die den Hautkontakt simulieren.

Nähe und Berührungsängste

Alle Menschen haben ein ständiges Bedürfnis nach Nähe und Geborgenheit; ob sie fähig sind, dieses Bedürfnis auch zu leben, oder es eher verdrängen, hängt sehr von ihren Erfahrungen ab. Durch Berührungen, durch Hautkontakt zu einem anderen Menschen wird – wie die Tiefenpsychologen lehren – bereits in früher Kindheit durch die Gegenseitigkeitsbeziehungen zwischen Mutter und Kind das Urvertrauen geschaffen, welches einen Menschen sein ganzes Leben hindurch begleitet. Wird einem heranwachsenden Menschen das Erleben einer solchen vertrauensvollen, körpernahen Beziehung vorenthalten, wird er als Erwachsener eher körperfeindlich eingestellt sein oder mitunter eine Berührungsphobie entwickeln.

Die in diesem Abschnitt vorgestellten Übungen zur Körpererfahrung sind so angelegt, daß sie die Mitspieler im allgemeinen nicht mit zu großer Nähe überfordern. Allerdings sollten Sie sie als Spielleiter dennoch mit besonderer Vorsicht einsetzen. Die Fähigkeit, körperliche Nähe zu sich selbst und anderen Menschen positiv zu erleben, dürfte nicht bei jedem Gruppenmitglied gleich stark ausgeprägt sein. Wenn einzelne Teilnehmer bei einzelnen Übungen ein grundlegendes Unbehagen verspüren und sich verweigern, sollten Sie hier ganz besonders sensibel vorgehen.

So kann es sich in einem solchen Falle auch für die gesamte Gruppe anbieten, die Fragen aus dem Fragebogen, der sich auf das Thema Körpererfahrung bezieht, zur Klärung der Situation zu nutzen. Auf diesem „diagnostischen" Wege könnten die Berührungsängste einzelner Mitspieler zum Gegenstand eines Gesprächs gemacht und dadurch vielleicht ausgeräumt werden. Manchmal gelingt den betreffenden Teilnehmern auf diese Weise bei einem nochmaligen Versuch ein offenerer Zugang zu den aus ihrer Sicht problematischen Spielen.

Sinnvoll erscheint es auch, falls genügend Zeit vorhanden ist, Übungen aus diesem Kapitel mit Spielen aus dem Abschnitt Selbstwahrnehmung zu kombinieren. Denn ein Mangel an Körpererfahrung, unter Umständen verknüpft mit einer intuitiven Ablehnung von Berührungsexperimenten, bringt nicht zuletzt auch ein Defizit an Wahrnehmungsfähigkeit überhaupt zum Vorschein. Eine Beschäftigung mit sich selbst, die nicht sofort eine vergleichsweise intime Nähe zu einem anderen Menschen oder zu unwillkürlichen Prozessen des eigenen Selbst impliziert, kann daher helfen, den persönlichen Erfahrungsschatz zu erweitern und so langsam den Weg zu einer körperlichen und damit letztlich auch ganzheitlichen Wahrnehmung zu bahnen.

Generelle Hinweise zur Durchführung von Körperübungen

Um den optimalen Ablauf der Körperübungen zu gewährleisten, geben wir Ihnen an dieser Stelle ein paar praktische Tips. Eventuell müssen Sie den einen oder anderen Punkt auf Ihre konkrete Situation hin modifizieren. Sie sollten aber versuchen, diese Hinweise so weit wie möglich umzusetzen.

◎ Sorgen Sie vor Beginn der Übungen dafür, daß Tische und Bänke an die Wände gerückt sind, oder entfernen Sie diese ganz aus dem Übungsraum.

◎ Der Raum sollte ausreichend Platz bieten, so daß die Teilnehmer ihre Nachbarn während der Übungen nicht stören.

◎ Unterlagen, z.B. in Form von Decken oder Schaumstoffmatratzen, sind unverzichtbar, um eine gesundheitliche Gefährdung der Teilnehmer auszuschließen und für ein entspanntes Liegen zu sorgen.

◎ Halten Sie für jeden Spielteilnehmer eine Schaumstoffmatratze und eventuell ein Kissen zur Unterstützung des Kopfes bereit.

◎ Sorgen Sie für eine angenehme Raumtemperatur.

◎ Die Übungen sollten in bequemer, möglichst weiter Kleidung durchgeführt werden.

◎ Das Einspielen von geeigneter Musik verstärkt den Entspannungseffekt.

◎ Weisen Sie die Jugendlichen darauf hin, während der Übung nicht zu reden und sich nicht gegenseitig zu stören. Erklären Sie ihnen, daß viele die folgenden Situationen vielleicht als recht ungewöhnlich oder gar komisch empfinden werden. Sagen Sie ihnen, daß sie ruhig lachen dürfen. Und daß alle anderen dafür Verständnis haben. Die anderen sollten sich davon in ihrer Konzentration nicht stören lassen.
Falls die Teilnehmer Ängste, Abwehr, Ablehnung oder Verlegenheitsreaktionen zeigen, sollten sie diese Reaktionen im Auswertungsgespräch thematisieren und mit der Gruppe vertiefen.

◎ Geben Sie die Anweisungen durchgängig von einem Platz im Raum aus. So vermeiden Sie eine Desorientierung der Teilnehmer.

◎ Um etwaigen Schwindelanfällen, bedingt durch die Reduzierung der Puls- und Atemfrequenz sowie den Abfall des Blutdrucks vorzubeugen, sollten Sie darauf achten, daß die Mitspieler nach Beendigung der Übungen nicht zu schnell aufstehen.

◎ Aufgrund der hohen Ansprüche an das Konzentrationsvermögen der Teilnehmer können Übungen vereinzelt als sehr anstrengend empfunden werden. Oft können Sie durch Weglassen von Elementen die Übungen verkürzen und so der Altersstufe der Jugendlichen anpassen.

◎ Entsprechend können Sie durch Hinzufügen von Elementen die Übungen, speziell bei geübteren Gruppen, verlängern.

Diese Übung vermittelt den Teilnehmern die theoretischen und praktischen Grundkenntnisse der Reflexzonenmassage. Sie sollen durch bewußtes Wahrnehmen von Berührungen an den Füßen deren Wirkung auf den gesamten Organismus spüren. Darüber hinaus geht es darum

- sich auf einen anderen Menschen einzulassen,

- den Partner zu berühren und sich in ihn einzufühlen,

- Entspannung zu erreichen und Vertrauen herzustellen,

- Interesse zu wecken, sich mehr mit Fußreflexzonenmassage zu beschäftigen,

- über Fragen der Fußhygiene nachzudenken,

- sprichwörtliche Redensarten zum Thema „Füße" kennenzulernen,

- über eine Haltung von Demut und Liebe im (Schul-)Alltag nachzudenken.

 ab 14 Jahren

 bis ca. 20 Personen

 a) ca. 45 Minuten für die Übung
b) ca. 60 Minuten für die Auswertung

 Die Gruppen werden in Paare aufgeteilt. Für jedes Paar stehen eine Schaumstoffmatte und ein bis zwei Kissen zur Verfügung. Partner A zieht Schuhe und Strümpfe aus und legt sich in Rückenlage auf die Matte. Die Beine sollen dabei zwar gestreckt, aber locker sein. Damit sich die Füße ca. 20 bis 30 cm vom Boden abheben lassen, empfiehlt es sich, die Kissen unter den Unterschenkeln zu plazieren. Partner A sollte nun die Augen schließen und möglichst während der gesamten Übung geschlossen halten. Die Partner sollten während der Massage nicht miteinander reden, es sei denn, sie wollen sich kurze Rückmeldungen über den Verlauf der Massage geben und dies nicht auf nonverbale Weise tun. Partner B kniet sich dann am Fußende von A nieder und umfaßt mit beiden Händen einen seiner Füße. Sie können die Übung dann mit folgendem Text einführen:

„Wahrscheinlich ist die Situation für euch jetzt recht ungewöhnlich. Vielleicht habt ihr auch das Gefühl, loslachen zu müssen, weil ihr euch jetzt komisch fühlt. Wenn dem so ist, solltet ihr ruhig lachen. Alle werden Verständnis dafür haben. (Kurze Pause einlegen) Und jetzt geht's los.

Macht euch zuerst mit dem rechten Fuß eures Partners vertraut, indem ihr ihn sanft ertastet, streichelt und einfühlsam knetet. Benutzt dabei beide Hände. Die Linke umfaßt den Knöchel und dient der Stabilisierung, damit der behandelte Fuß in den Gelenken locker bleiben kann und der massierenden rechten Hand in der Bewegung entgegenkommt. Fangt jetzt an. (30 Sekunden warten)

Diese Art der Fußmassage erfolgt hauptsächlich über den Daumen. Beginnt eure Massage an der Unterseite der Zehen. Führt nun mit der Kuppe des rechten Daumens rhythmische Längsbewegungen von den Grundgliedern zu den Nagelgliedern der Zehen aus. Ihr könnt dabei Geschwindigkeit und Intensität der Massagebewegungen verändern, indem ihr den Druck auf einige Stellen an den Zehen mehrere Sekunden aufrechterhaltet, bevor ihr weitermassiert. Versucht es jetzt. (Dauer: 2 Minuten)

Setzt nun die Massage auf dieselbe Weise fort. Benutzt also wieder euren rechten Daumen und bewegt ihn nun von den Zehen abwärts in Richtung Ferse. Dabei könnt ihr auch kurzzeitig die Hauptbewegungsrichtung verlassen und quer von der Fußaußenseite zur Fußinnenseite massieren. Ihr solltet darauf achten, daß ihr bei der Massage immer abwechselnd Druck auf die Stellen ausübt, die ihr gerade massiert, und daß ihr dann den Druck wieder zurücknehmt.

Geht dabei behutsam vor, um bei eurem Partner Schmerzen zu vermeiden. Damit ihr das richtige Gefühl dafür bekommt, welches Maß an Druck und welcher Bewegungsrhythmus für euren Partner besonders angenehm ist, solltet ihr euch hin und wieder mit ihm über sein Befinden austauschen. Vielleicht könnt ihr dies auch, ohne dabei zu sprechen. Wenn ihr jedoch miteinander sprecht, tut dies bitte leise. (Dauer: 3 Minuten)

Wir beenden jetzt diesen Teil der Massage: Streicht nun die Fußsohle mit einer Hand von

3.1 Fußmassage

den Zehen zur Ferse und an der Außenseite gleichzeitig mit der anderen Hand von der Ferse ganz leicht und ohne Druck in Richtung Zehen. (Dauer: 30 Sekunden)

Im zweiten Teil werdet ihr jetzt die Fußoberseite eures Partners massieren. Ihr könnt dabei ebenso vorgehen wie auf der Fußunterseite: Beginnt also an den Zehen, und tastet euch dann langsam bis zur Ferse vor. (Dauer: 3 Minuten) Beendet die Massage dann mit Streichungen auf der Fußober- und Fußunterseite. Bewegt eure Hände dabei immer mit leichtem Druck von den Zehen in Richtung Ferse; verliert beim Zurückgleiten in die Ausgangsposition nicht den Körperkontakt. (Dauer: 2 Minuten)."

Danach wird der rechte Fuß auf dieselbe Weise massiert und im Anschluß daran tauschen die Partner die Rollen.

- Wie gut konnte ich mich auf die Massage einlassen?
- Wie gut konnte ich mich als Masseur/als Behandelter während der Massage entspannen?
- Welche Schwierigkeiten hatte ich, die Massage angemessen auszuführen?
- Wie gut haben wir miteinander harmoniert?
- Wie gut konnte ich mich als Masseur auf den Partner einstellen?
- Wodurch habe ich als Masseur unabhängig von der Sprache gemerkt, wie sich mein Partner während der Massage gefühlt hat?
- Wie hat mein Partner auf meine Massage reagiert?
- Auf welche Weise konnte ich meinem Partner zeigen, ob bestimmte Berührungen mir gefallen bzw. mißfallen haben?
- Was sollte man beim Kauf von Schuhen beachten?
- Was weiß ich über notwendige Maßnahmen zur Fußhygiene?
- Welche Bedeutung hat die Fußwaschung durch einen anderen Menschen? Welche Haltung wird dadurch zum Ausdruck gebracht?

- Wie läßt sich eine solche Haltung im Alltag umsetzen?
- Was kann ich aus den Erfahrungen mit dieser Übung für meinen Alltag lernen?

Das Auswertungsgespräch findet im Plenum statt. Das Gespräch kann phasenweise durch Partner- oder Kleingruppenarbeit ergänzt werden (s. Informationen).

- Um Mißverständnissen bei der Durchführung der Übung vorzubeugen, macht es Sinn, die Teilnehmer vor der Massage mit der Anatomie des Fußes vertraut zu machen (s. Informationen).
- Alternativ zur Fußmassage – oder in Kombination – kann auch eine Handmassage durchgeführt werden.
- Eine weitere Massageübung finden sie im Kapitel Körpererfahrung unter „Massage erleben" (Kap. 3.2).
- Sind die Teilnehmer zu Beginn reserviert gegenüber der Fußmassage, können Sie zur Einstimmung auch ein Gespräch über den Sinn von Massagen und das Problem der dabei notwendig auftretenden Berührungen führen. Anregungen dazu finden Sie im Materialteil (M 1; M 2) zu „Massage erleben" (Kap. 3.2).
- Reagieren die Teilnehmer auch weiterhin reserviert bis ablehnend auf Berührungen, sollte dies unbedingt respektiert werden. Ein Geben und Nehmen von Berührungen muß auf jeden Fall freiwillig sein. Nur auf diese Weise kann eine Massage als wohltuend erlebt werden.
- Sie können die Fußmassage auch mit Entspannungsübungen kombinieren. Greifen sie dabei z. B. auf die Spiele „Muskelentspannung" (Kap. 3.3) oder „Atem-Strom" (Kap. 3.8) zurück. Die Entspannungsübung sollte in diesem Falle vor der Massage durchgeführt werden, um diese noch intensiver genießen zu können.
- Die Massage sollte in bequemer, möglichst weiter Kleidung durchgeführt werden.
- Zur Anregung oder auch zur Beruhigung können die Füße nach der Massage mit entsprechenden Ölen eingerieben werden.

- Saubere Hände sind eine Grundvoraussetzung für die Durchführung der Massage, sonst können Schmutz, Bakterien etc. in die Hautporen eindringen und zu Entzündungen führen.

- Um unangenehmen Fußgeruch zu vermeiden, sollte jeder Teilnehmer darauf achten, daß die Füße vor der Massage einer gründlichen Reinigung unterzogen werden. Die Waschungen können die Teilnehmer ggf. auch wechselseitig durchführen.

- Um Verletzungen der Haut zu unterbinden, sollten die Daumennägel kurz geschnitten sein.

- Die Fußreflexzonenmassage darf auf keinen Fall angewendet werden bei:

    - schweren Infektionen und Erkrankungen mit hohem Fieber,

    - entzündlichen Prozessen im Venen- und Lymphsystem,

    - Erkrankungen, bei denen eine Operation angezeigt ist,

    - Risikoschwangerschaften,

    - schweren Depressionszuständen,

    - Erkrankungen und Verletzungsfolgen am Fuß, die eine Behandlung unmöglich machen (starke Krampfadern, großflächiger Fußpilz),

    - bei Trägern von Herzschrittmachern.

- Insbesondere bei jüngeren Teilnehmern und bei übermäßiger Länge der Übung muß man mit einem Nachlassen des Interesses und/oder der Ernsthaftigkeit im Umgang mit dem Partner rechnen. Sie sollten gegenüber den Jugendlichen während der Übung unbedingt darauf hinweisen und sie so wiederholt zur rücksichtsvollen und behutsamen Durchführung der Massage anregen.

- Haben die Teilnehmer hinreichend Vorerfahrungen, so kann bei Einhaltung von Grundprinzipien in bezug auf die Massagegriffe der Kreativität der Jugendlichen größerer Spielraum gewährt werden. Auf diese Weise macht die Übung den Beteiligten erfahrungsgemäß noch mehr Spaß.

 Wagner 1988 u. 1992; Schwarz/Schweppe 1993; Dychtwald 1981; Kaltenbrunner 1994; Harrold 1992; Lidell u. a. 1985; Vopel 1984a

Berührungen

Bei diesem Spiel werden die Jugendlichen mit einer ungewöhnlichen Situation konfrontiert. Sie sollen sich liebevoll und fürsorglich mit den Füßen eines anderen Menschen beschäftigen. Berührungen schaffen Nähe, sind aber vielen Menschen auch peinlich. Gerade das Berühren der Füße eines anderen Menschen gehört in unserem Kulturkreis – abgesehen von intimen oder therapeutischen Beziehungen – nicht zum üblichen Handeln; demgegenüber sind Berührungen, wie sie etwa bei Umarmungen zustande kommen, zumindest unter bestimmten Voraussetzungen sozial allgemein akzeptiert. Das Gelingen der Übung hängt also nicht zuletzt davon ab, in welchem Maße sich die Teilnehmer über die Kategorie eines angeblich „normalen Verhaltens" hinwegzusetzen vermögen. Zum Problembereich „Berührung bei Massage" finden Sie weitere Anregungen und Informationen im Kapitel 3.2 „Massage erleben".

Der menschliche Fußapparat

Zum menschlichen Fußapparat gehören 28 Knochen, 114 Bänder sowie 20 Muskeln. Die Füße sind analog zu den Händen in drei Sektoren aufgeteilt, die Fußwurzel-, Mittelfuß- und Zehenknochen. Der Fuß eines Durchschnittsmenschen hat im Laufe eines Lebens etwa zehn Millionen Bodenberührungen, deshalb sollten Sie jede Möglichkeit nutzen, dem Fuß etwas Gutes zukommen zu lassen. Eine Massage verbessert die Durchblutung und bietet eine angenehme Art der Entspannung. Dabei ist es nicht erforderlich, die einzelnen Reflexzonen zu kennen. Die Teilnehmer können sich bei der Massage einfach auf ihr Einfühlungsvermögen verlassen. Denn wenn sie sich regelmäßig gegenseitig massieren, werden sie sehr schnell bemerken, welche Massagetechniken in welchen Zonen für sie am angenehmsten sind.

Selbstwahrnehmung und Körpererfahrung – © Verlag an der Ruhr, Postfach 10 22 51, 45422 Mülheim an der Ruhr

3.1 Fußmassage

Die Reflexzonenmassage

Reflexzonenmassage an Händen und Füßen hat eine jahrtausendelange Geschichte und ist bei vielen Völkern als Gesundheitsvorsorge bekannt. Man geht dabei davon aus, daß die Füße Spiegelbild des Menschen sind (Material 1). Viele Indianerstämme nutzen seit langem Heilverfahren, bei denen von einer Fernwirkung behandelter Körperstellen ausgegangen wird. Eine Behandlung durch Massage am Fuß (Material 2) beispielsweise wirkt auf andere Organe wie etwa auf Kopf, Herz oder Lunge. Das Konzept der Reflexzonen ist mithin ein uraltes Kulturgut.

Durch das Studium der indianischen Volksmedizin verfeinerte der amerikanische Arzt Dr. Fitzgerald (1872-1942) die Kenntnisse und Methoden der Reflexzonenmassage. Er beobachtete seine Patienten sehr genau und stellte dabei fest, daß die Massage spezifischer Zonen oder Punkte am Körper die Funktion bestimmter Organe verbessern und sogar Schmerzen beseitigen konnte. Fitzgerald systematisierte die Ergebnisse seiner Beobachtungen. Danach gliedert sich der Körper in zehn Zonen. Auf jeder Körperhälfte befinden sich vom Scheitel bis zur Sohle jeweils fünf Zonen. Diese Systematik, die Fitzgerald in der „Zonentherapie" (1917) entfaltete, stellt den Ursprung der heute mit großem therapeutischen Erfolg praktizierten Reflexzonenmassage dar. Die Zahl der Befürworter der Zonentherapie wuchs in Amerika schnell. Nachdem sich diese Methode in Amerika und England etabliert hatte, wurde sie auch im deutschsprachigen Raum populär. Heute findet die Reflexzonen-Therapie bei sehr vielen Ärzten unterschiedlicher Fachrichtungen, bei Physiotherapeuten und bei Heilpraktikern Anwendung. Viele Krankenkassen übernehmen heute die Kosten für ärztlich verordnete Reflexzonenmassagen. Im Auswertungsgespräch kann noch einmal zur Sprache kommen, welchen Nutzen es im Alltag haben kann, die Technik sowie die Auswirkungen der Fußreflexzonenmassage zu kennen. In einem weiteren Schritt könnten Sie die Überlegungen der Teilnehmer auf die Notwendigkeit lenken, die Füße gesund zu erhalten. Zu enges oder zu wenig Halt gebendes Schuhwerk, bei Jugendlichen ein weitverbreiteter Modeartikel, führt auf Dauer zu Degenerationen der Fußknochen: Senk- und Spreizfüße, aber auch Nagelschädigungen können die Folge sein. Bei dieser Gelegenheit kann man auch dem Thema „Fußhygiene" einige Aufmerksamkeit schenken. Gründliches Reinigen und sorgfältiges Abtrocknen der Füße sowie regelmäßiges Wechseln der Strümpfe geben Bakterien keinen Nährboden und verhindern so das Entstehen von unangenehmen Fußpilzen.

Zur Auflockerung des Auswertungsgesprächs können Sie den Jugendlichen das Arbeitsblatt „Sprichwörter" (Material 3) aushändigen. Darauf finden sie eine Reihe von geflügelten Worten, die alle etwas mit den Füßen zu tun haben. Das Papier regt in Partner- oder Kleingruppenarbeit dazu an, über die Bedeutung der einzelnen sprichwörtlichen Redensarten nachzudenken. Sprechen Sie gemeinsam darüber, ob und wann einzelne dieser Sprichwörter auch für die Jugendlichen Bedeutung erlangt haben.

Fußsohlen und Fußrücken

(aus: Kaltenbrunner 1994, 82f.)

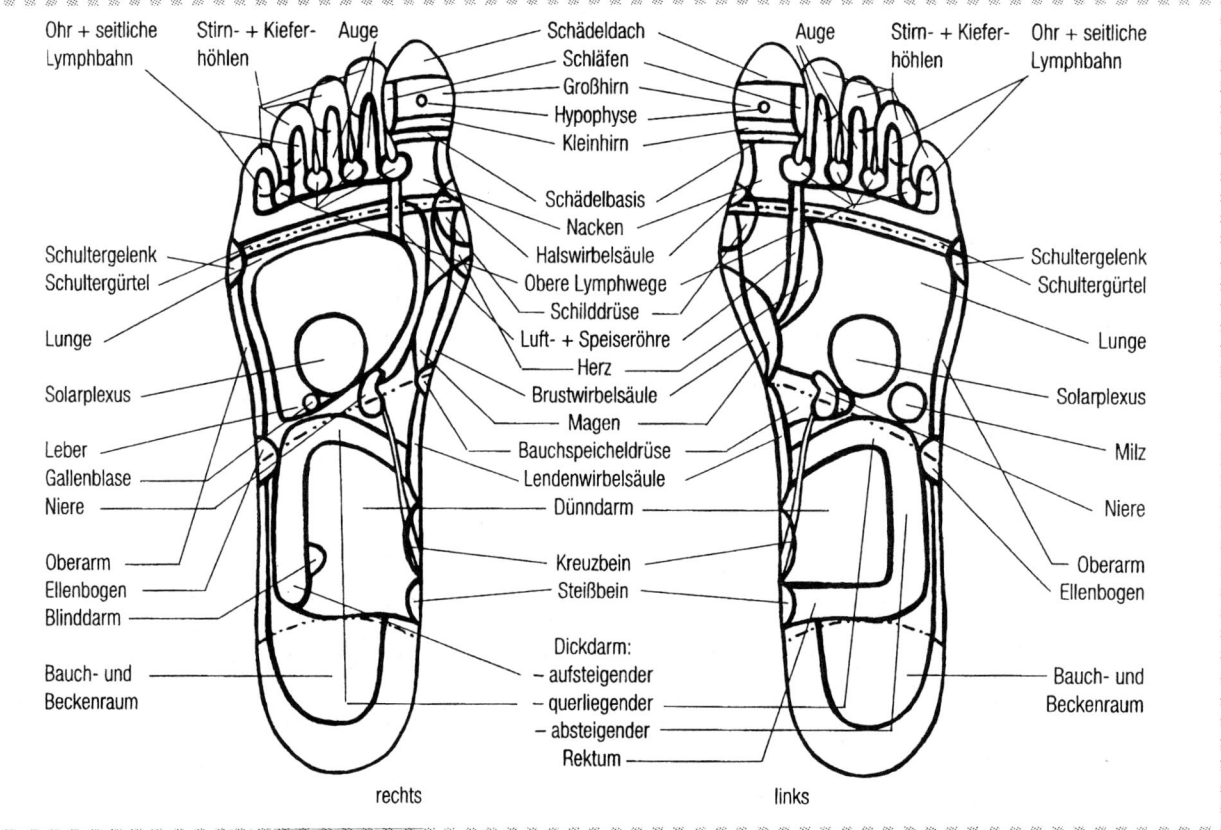

Ohr + seitliche Lymphbahn · Stirn- + Kieferhöhlen · Auge · Schädeldach · Schläfen · Großhirn · Hypophyse · Kleinhirn · Schädelbasis · Nacken · Halswirbelsäule · Obere Lymphwege · Schilddrüse · Luft- + Speiseröhre · Herz · Brustwirbelsäule · Magen · Bauchspeicheldrüse · Lendenwirbelsäule · Dünndarm · Kreuzbein · Steißbein · Dickdarm: – aufsteigender – querliegender – absteigender · Rektum

Schultergelenk · Schultergürtel · Lunge · Solarplexus · Leber · Gallenblase · Niere · Oberarm · Ellenbogen · Blinddarm · Bauch- und Beckenraum

Auge · Stirn- + Kieferhöhlen · Ohr + seitliche Lymphbahn · Schultergelenk · Schultergürtel · Lunge · Solarplexus · Milz · Niere · Oberarm · Ellenbogen · Bauch- und Beckenraum

rechts links

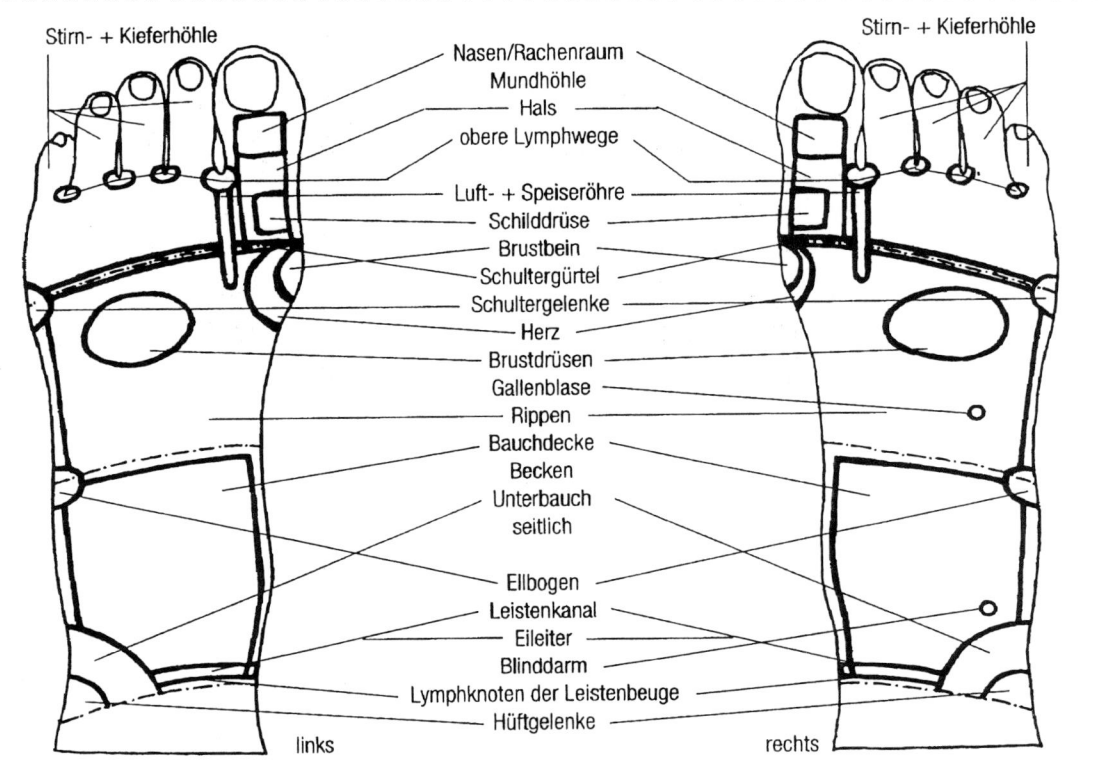

Stirn- + Kieferhöhle · Nasen/Rachenraum · Mundhöhle · Hals · obere Lymphwege · Luft- + Speiseröhre · Schilddrüse · Brustbein · Schultergürtel · Schultergelenke · Herz · Brustdrüsen · Gallenblase · Rippen · Bauchdecke · Becken · Unterbauch · seitlich · Ellbogen · Leistenkanal · Eileiter · Blinddarm · Lymphknoten der Leistenbeuge · Hüftgelenke

Stirn- + Kieferhöhle

links rechts

Bewegungsrichtungen bei der Massage

(aus: Wagner 1992, 53)

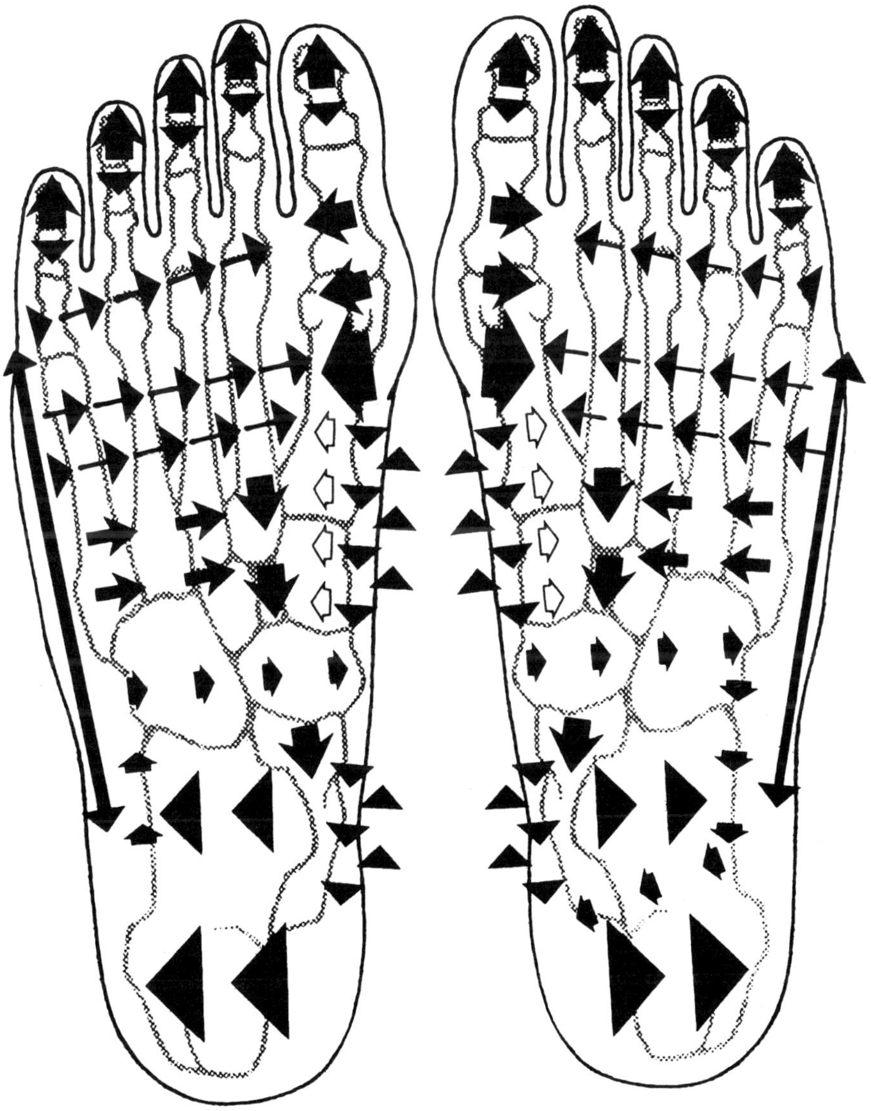

Sprichwörter

Sicher habt ihr auch schon einmal Redensarten verwendet, die etwas mit den Füßen zu tun haben. Hier sind einige davon abgedruckt. Überlegt, was sie bedeuten. Notiert eure Gedanken in den dafür vorgesehenen Leerzeilen.

1. Ich habe festen Boden unter den Füßen.

   _____

   _____

2. Das hat wirklich Hand und Fuß.

   _____

   _____

3. Er lebt auf großem Fuß.

   _____

   _____

4. Er hat ihm den Boden unter den Füßen weggezogen.

   _____

   _____

5. Sie hat wirklich den Boden unter den Füßen verloren.

   _____

   _____

6. Sie haben die Sache mit Händen und Füßen verteidigt.

   _____

   _____

7. Dafür hast du dir wirklich die Fußsohlen heiß gelaufen.

   _____

   _____

8. An dieser Stelle steht eine Fußnote.

   _____

   _____

9. Die Sache hat man dir wohl vor die Füße gelegt.

   _____

   _____

Fällt euch noch eine weitere Redensart ein?

   _____

Selbstwahrnehmung und Körpererfahrung — © Verlag an der Ruhr, Postfach 10 22 51, 45422 Mülheim an der Ruhr

3.2 Massage erleben

 In diesem Spiel geht es zuvorderst um eine Sensibilisierung des Tastsinns und die Verbesserung der Körperwahrnehmung. Zudem sollen die Teilnehmer auch

- über die Bedeutung von Massagen nachdenken,
- Gefühle auf verbale und nonverbale Weise ausdrücken,
- Berührungen bewußt wahrnehmen,
- einem anderen Menschen Vertrauen schenken und sich auf dessen Berührungen einlassen,
- Anspannung und Entspannung (nach der Massage) wahrnehmen,
- Massagetechniken erlernen,
- andere Menschen berühren und so mit ihnen in Kontakt treten,
- das Vertrauen des Partners gewinnen und ihm eine wohltuende Entspannung ermöglichen,
- über die Bedeutung und die Probleme von Berührungen im Alltag nachdenken,
- über die Möglichkeiten von Berührungen und Massagen im eigenen Alltag nachdenken.

 ab 14 Jahren

 bis ca. 20 Personen

 a) ca. 60 Minuten für die Übung
(einschl. Einführungsgespräch)
b) ca. 30-45 Minuten für die Auswertung

 Klären Sie mit den Teilnehmern zunächst einmal den Sinn der Übung. Zuvorderst liegt er im Geben und Empfangen von Berührungen. Nutzen Sie dieses einführende Gespräch dazu, den Teilnehmern Vertrauen zu schenken, sich auf diesen Kontext einzulassen. Halten Sie die Teilnehmer dazu an, sich im Verlauf der Übung besonders rücksichtsvoll zu verhalten. Wenn sich im Plenum Teilnehmer befinden, die positive Erfahrungen mit Massagen haben, sollen sie diese den anderen Teilnehmern schildern. Ansonsten können Sie mit Hilfe von Material 1 „Massage" Assoziationen zum Thema anregen: Was fällt mir ein, wenn ich an „Massage" denke? Welche Gründe kann es für eine Massage geben? Welchen Sinn kann sie für mich haben? Um möglichen Vorurteilen gegenüber Massagen vorzubeugen, haben Sie während der Besprechung des Arbeitsblattes die Möglichkeit, nicht zuletzt den (therapeutischen) Nutzen von Massagen anzusprechen und herauszuarbeiten.

Erfahrungsgemäß treten im Teilnehmerkreis vereinzelt Berührungsängste (sowohl aktiv, als auch passiv) auf. Gerade bei jüngeren Teilnehmern ist dadurch die Ernsthaftigkeit der Durchführung stark gefährdet. Ängste dieser Art, aber auch Verlegenheitsreaktionen wie Lachen oder lautes Sprechen sollten unbedingt respektiert werden, sollten jedoch zugleich von Ihnen in einer vertiefenden Diskussion aufgegriffen werden (s. Informationen). Nach dem Einführungsgespräch können Sie die Massage mit folgendem Text anleiten: „Bildet bitte zunächst Paare. Am besten ist es, wenn ihr euch bereits kennt. Wichtig ist , daß ihr euch vorstellen könnt, den Partner zu berühren. (60 Sekunden warten)

Entscheidet nun, wer von euch als erster massiert werden will. (15 Sekunden warten) Wer als erster massiert wird, ist ab jetzt Partner A; der andere ist Partner B. Jeder der beiden Partner wird jetzt eine zweiteilige Massage erfahren. Im ersten Teil wird der Nacken massiert, im zweiten das Gesicht.

A legt sich jetzt bitte mit dem Bauch auf den Boden bzw. auf die mitgebrachte Schaumstoffmatte, die Beine leicht gegrätscht. Legt die Hände übereinander, so daß ihr eure Stirn auf die Hände legen könnt. Achtet darauf, daß euer Hals in etwa parallel zur Unterlage bleibt. Partner B kniet sich auf die linke Seite von A, etwa in Höhe der Schultern. Die Position muß so gewählt sein, daß B den Nacken von A problemlos mit beiden Händen greifen kann. B ölt seine Hände leicht ein. (ca. 60 Sekunden warten)

Von nun an solltet ihr keine Gespräche mehr miteinander führen, außer wenn ihr euch etwas Wichtiges über den Verlauf der Massage mitzuteilen habt. A kann zum Beispiel deutlich machen, ob ihm bestimmte Massagegriffe besonders gefallen. Er kann so um Wiederholung oder Intensivierung bitten. B kann auch fragen, ob A die Massage gefällt. Ihr könnt euch solche Informationen auch ohne Worte

geben. Bestimmt fallen euch verschiedene Formen ein, in denen man ohne Worte mitteilen kann, wie man sich gerade fühlt.

Vielleicht muß der eine oder andere von euch während der Massage laut lachen. Ihr solltet versuchen, die anderen nicht allzu sehr zu stören, wenn ihr doch einmal lachen müßt.

A genießt nun einfach die Wirkung, die die Handgriffe von B auf ihn ausüben werden. B legt nun Zeige- und Mittelfinger beider Hände links und rechts auf die Mitte der Schultern. Führt mit den Fingern mit leichtem Druck kreisende Bewegungen aus und gleitet dabei langsam an der Halsmuskulatur nach oben, bis ihr die Knochen am Hinterhaupt spürt. Laßt dann die Hände langsam und ohne Druck zurückgleiten, ohne den Hautkontakt zu verlieren. Wiederholt den Vorgang ungefähr fünfmal. Laßt euch Zeit dabei. (ca. 60 Sekunden warten)

Umgreift jetzt die seitliche Halsmuskulatur mit mehreren Fingern beider Hände, und massiert sie kräftig durch. Beginnt dabei oben an den Hinterhauptknochen und führt die Bewegung dann nach unten zum Halsansatz aus. Gleitet dann langsam und ohne Druck in die Ausgangsstellung zurück und wiederholt den Vorgang dann noch etwa fünfmal. (ca. 60 Sekunden warten)

Umgreift jetzt den Hals eures Partners so mit beiden Händen, daß außer den beiden Daumen alle Finger von euch wegweisen. Knetet dann die Halsmuskulatur langsam mit rhythmischen Bewegungen. Die Hände behalten dabei ständig Hautkontakt. (ca. 30 Sekunden warten)

Legt jetzt die beiden Daumen nebeneinander etwa auf die Mitte des Halsansatzes; die restlichen Finger jeder Hand umfassen sanft den Hals auf der jeweiligen Seite. Führt dann mit beiden Daumen gleichzeitig mit sanftem Druck kreisende Bewegungen aus; bewegt die Daumen dabei langsam in Richtung Ohren. Sobald ihr die Hinterhauptknochen spürt, gleitet langsam zurück in die Ausgangsstellung, ohne dabei den Hautkontakt zu verlieren. Wiederholt den Vorgang danach noch ungefähr fünfmal. Wenn es euer Partner mag, könnt ihr den Druck auf die Muskulatur auch ein wenig erhöhen. (ca. 60 Sekunden warten)

Ihr habt jetzt Gelegenheit, noch eigene Massagegriffe auszuprobieren. Seid aber bitte vorsichtig und behutsam. Beobachtet, ob euer Partner sich bei dem, was ihr tut, wohl fühlt. Geht langsam vor. Setzt den Druck auf die Muskulatur behutsam ein. Arbeitet immer von oben nach unten, also immer in Richtung Schultern. Achtet bei allem, was ihr tut, besonders genau auf die Reaktionen eures Partners. Er soll sich bei dem, was ihr macht, wohl fühlen. Fragt ihn ggf., wie eure Massage bei ihm ankommt. (ca. 60 Sekunden warten)

Wir wollen jetzt diesen Teil der Massage beenden. Zunächst streicht B abwechselnd mit der linken und dann mit der rechten Handfläche mehrmals langsam und mit wenig Druck über den Nacken seines Partners. Er beginnt dabei stets am Hinterhaupt und führt die Bewegung dann in Richtung Halsansatz aus. (ca. 30 Sekunden warten)

Nun steht B auf, kniet sich links neben A und legt die linke Hand auf den soeben massierten Nackenbereich und die rechte auf die Gegend der Lendenwirbel. Auch B schließt nun die Augen. Genießt die Erfahrung für einen Augenblick. Seid dabei bitte ganz still, hört in euch hinein, und spürt, wie es sich anfühlt, so miteinander umzugehen. (ca. 60 Sekunden warten)

Nun folgt der zweite Teil der Massage: Das Gesicht. A legt sich dazu mit dem Rücken auf den Boden bzw. auf die mitgebrachte Schaumstoffmatte. Die Beine sollten leicht gegrätscht sein, die Zehen fallen nach außen. Die Arme von Partner A liegen leicht angewinkelt neben dem Oberkörper. Wenn möglich, unterstützt den Kopf von A mit einer Nackenrolle oder einem Kissen. A schließt jetzt die Augen. B setzt sich an das Kopfende von A oder kniet sich dorthin, so daß er den gesamten Gesichtsbereich von A mit den Händen leicht erreichen kann. (15 Sekunden warten)

B legt zunächst die Daumenkuppen links und rechts auf die Augenbrauen, und zwar ganz nahe an der Nasenwurzel. Streicht dann mit den Daumen langsam und mit gleichmäßigem Druck über die Augenbrauen und zieht einen Bogen bis zu den Ohrläppchen. Setzt die Hände ab, und wiederholt diese Bewegung ungefähr fünfmal. Laßt euch Zeit dabei. (20 Sekunden warten)

3.2 Massage erleben

Legt die Daumenkuppen jetzt wieder in die Position links und rechts neben den Augenbrauen. Führt die Daumen von dort in kreisenden Bewegungen langsam und mit gleichmäßigem Druck zum Haaransatz. Streicht dann von dort ohne Druck mit den Handflächen zurück zum Halsansatz und bringt die Daumen wieder in die Ausgangshaltung. Wiederholt diese Bewegung ungefähr fünfmal. (20 Sekunden warten)

Verschiebt nun die Ausgangsposition der Daumen nach und nach um etwa einen Zentimeter nach links und rechts in Richtung Ohren. Führt die Daumen dann wieder in langsamen, kreisenden Bewegungen und unter gleichmäßigem Druck zum Haaransatz. Streicht dann von dort ohne Druck mit den Handflächen zurück zum Halsansatz, und bringt die Daumen in die nächste Ausgangshaltung. Wiederholt diese Bewegung jeweils ungefähr fünfmal. (70 Sekunden warten)

Legt nun die Hände auf die Stirn, so daß die Fingernägel zu den Augen weisen und die Zeigefinger sich oberhalb der Nasenwurzel berühren. Streicht dann langsam und mit Gefühl die Stirn eures Partners. Zieht die Hände dazu seitlich in Richtung der Ohren. Haltet dabei soviel Hautkontakt wie möglich. Wiederholt diese Bewegung jeweils ungefähr fünfmal. (20 Sekunden warten)

Bringt jetzt die Finger der linken Hand locker auf die linke Wange und die der rechten Hand auf die rechte. Führt nun leichte knetende Bewegungen aus; knetet die Wangenmuskulatur eures Partners vollständig durch. Verändert dabei die Lage der Finger und die Intensität der Berührung. Achtet stets auf die Reaktionen eures Partners. Die Massage soll ihm gefallen; er soll sich dabei wohl fühlen. Wenn ihr nicht sicher seid, ob eure Vorgehensweise bei eurem Partner gut ankommt, fragt einfach nach. (ca. 60 Sekunden warten)

Jetzt werdet ihr ganz sanft die Nasenflügel massieren. Nehmt dazu die Nase an der Wurzel zwischen Daumen, Zeige- und Mittelfinger der rechten Hand. Führt dann langsam, aber rhythmisch kreisend knetende Bewegungen aus, indem ihr gleichzeitig die Finger in Richtung Nasenspitze bewegt. Gleitet dann mit Hautkontakt wieder in die Ausgangsstellung und wiederholt den Vorgang noch mindestens fünfmal. (ca. 60 Sekunden warten) Zum Schluß streicht ihr mehrmals mit Zeige- und Mittelfinger der rechten Hand über den Nasenrücken, und zwar von der Nasenwurzel in Richtung Nasenspitze. (ca. 15 Sekunden warten)

Als nächstes sollt ihr das Kinn eures Partners massieren. Dazu beginnt ihr an der Kinnspitze. Faßt die Kinnspitze mit beiden Daumen, Zeigefingern und Mittelfingern an, und führt leichte Knetbewegungen aus. Tastet euch dabei langsam am Kinn entlang, bis ihr an den Ohrläppchen ankommt. Streicht dann die behandelte Partie sanft, indem ihr mit den Händen in die Ausgangsposition zurückgleitet. Achtet auf die Reaktionen eures Partners. Wiederholt den Vorgang mindestens fünfmal. (ca. 60 Sekunden warten)

Ihr habt jetzt Gelegenheit, noch eigene Massagegriffe auszuprobieren. Seid aber bitte vorsichtig und behutsam. Beobachtet, ob euer Partner sich bei dem, was ihr tut, wohl fühlt. Geht langsam vor. Setzt den Druck auf die Muskulatur behutsam ein. Arbeitet immer von der Stirn in Richtung Kinn, und von innen nach außen. Achtet bei allem, was ihr macht, besonders genau auf die Reaktionen eures Partners. Er soll sich bei dem, was ihr tut, wohl fühlen. Fragt ihn ggf., wie eure Massage bei ihm ankommt. (ca. 60 Sekunden warten)

Wir wollen jetzt die Massage beenden. Dazu steht B auf, kniet sich hinter A und legt die Handflächen so auf As Gesicht, daß die Augen bedeckt sind und die Daumen neben den Nasenflügeln zu liegen kommen. Achtet darauf, daß ihr ruhig kniet und eure Hände ruhig auf As Gesicht liegen. Auch B schließt jetzt die Augen. Genießt die Erfahrung für einen Augenblick. Seid dabei bitte ganz still, hört in euch hinein, und spürt, wie es sich anfühlt, so miteinander umzugehen. (ca. 60 Sekunden warten)

B nimmt jetzt seine Hände von As Gesicht; A öffnet die Augen, atmet tief ein und streckt sich. Dann steht A langsam auf und wechselt mit B die Rolle. Und die Massage geht noch einmal los ...″

3.2 Massage erleben

Wie hat es mir gefallen, einen anderen Menschen zu massieren?

Welche Gefühle habe ich empfunden, während ich massiert wurde?

Konnte ich mich während der Massage entspannen?

Auf welche Weise habe ich die Entspannung in meinem Körper gespürt?

Wie fühle ich mich nach der Massage? Wie habe ich mich davor gefühlt? Wie läßt sich der Unterschied genau beschreiben?

Wie gut konnte ich mich auf die Massage einlassen?

Welche Schwierigkeiten traten bei der Durchführung der Massage auf, und wie erkläre ich sie mir?

Welche Maßnahmen habe ich/haben wir ergriffen, um mit diesen Schwierigkeiten umzugehen?

Wie gut konnte ich die angegebenen Massagetechniken anwenden?

Wie hat mein Partner auf meine Massage reagiert?

Welches (eventuell nonverbale) Feedback habe ich während der Massage bekommen?

Auf welche Weise konnte ich meinem Partner zeigen, ob bestimmte Berührungen mir gefallen bzw. mißfallen haben?

Wie gut ist es mir als Masseur gelungen, mich auf meinen Partner einzustellen?

Woran habe ich gemerkt, daß ich mich gut bzw. weniger gut auf meinen Partner habe einstellen können?

Welche Bedeutung haben für mich Berührungen im Alltag?

Welche Probleme können für mich oder für jemand anders bei Berührungen im Alltag auftreten?

Wo, wann und gegenüber wem möchte ich in Zukunft auch im Alltag Berührungen zulassen können und auch selbst jemanden berühren?

Welchen Nutzen bietet mir eine Massage? Wie kann ich sie in den Alltag integrieren?

Nach der Durchführung der Massage sollten die Teilnehmer für eine Weile Gelegenheit haben, sich zu entspannen. Danach sollten Sie mit dem Auswertungsgespräch im Plenum beginnen. Lassen Sie sie zunächst die unmittelbaren Erfahrungen mitteilen. Führen Sie dann die Auswertungsphase unter Nutzung der Überlegungen im Informationsteil weiter.

- Stellt sich im Eröffnungsgespräch heraus, daß Teilnehmer reserviert bis ablehnend auf Berührungen reagieren, sollte dies unbedingt respektiert werden. Ein Geben und Nehmen von Berührungen sollte auf jeden Fall freiwillig sein. Nur auf diese Weise kann eine Massage als wohltuend erlebt werden.

- Das Zudecken der nicht behandelten Körperpartien durch eine warme Decke wird allgemein als angenehm empfunden.

- Wird die Massage auf den Schulterbereich ausgedehnt, sollte diese Hautpartie möglichst unbekleidet sein.

- Für die Massage der Nackenmuskulatur empfiehlt es sich, ein Massageöl zu benutzen. Alternativ kann man eine Hautcreme verwenden. Für die Gesichtsmassage ist es dann nicht mehr notwendig, die Hände einzuölen. Das restliche Öl an den Händen sollte dafür ausreichen.

- Bei Teilnehmern, die Probleme mit der Gesichtshaut (z.B. Akne) haben, sollte auf Massageöl im Gesicht verzichtet werden. Außerdem sollte sich die Gesichtsmassage in solchen Fällen nur auf die unbefallenen Hautpartien beschränken.

- Die Fingernägel der Teilnehmer sollten nicht zu lang sein, um Verletzungen der Haut des Partners zu vermeiden.

- Saubere Hände sind eine Grundvoraussetzung für die Durchführung der Massage, sonst können Schmutz, Bakterien etc. in die Hautporen eindringen und zu Entzündungen führen.

- Eine weitere Massageübung finden sie im Kapitel Körpererfahrung unter „Fußmassage" (Kap. 3.1).

- Massage ist zu unterlassen bei: allen fieberhaften Erkrankungen, allen Entzündungen innerer Organe (Lungenentzündung, Blinddarmentzündung etc.), Blutungen und Blutungsbereitschaft, Hauterkrankungen (Ekzeme, Furunkulose etc.), akuten Venenentzündungen (Thrombosegefahr), Krampfadern, offenen Wunden und frischen Verletzungen. Darüber hinaus bei: Tumorleiden, bestimmten Nervenleiden; Embolien, Thrombose, Metallplatten- oder Schraubversorgung von Frakturen etc. Im Zweifelsfalle sollten die Teilnehmer ihren Arzt zu Rate ziehen, bevor sie die Massage durchführen.

- Teilnehmern mit Vorerfahrungen kann bei Einhaltung von Grundprinzipien in bezug auf die Massagegriffe größerer Spielraum gewährt werden. Die Übung macht den Beteiligten erfahrungsgemäß noch mehr Spaß.

 Rumpler/Schutt 1986; Lidell u. a. 1985; Harrold 1992; Kaltenbrunner 1991; Ravald 1982; Vopel 1984a; Harrold 1992

Die Wirkung von Massage

Schon seit Jahrtausenden wendet man Massage zur Behandlung von Krankheiten und Verletzungen an. Wir kennen die Effekte der Massage aus unserem Alltag, wenn wir ganz instinktiv schmerzende Stellen an unserem Körper reiben und erst einmal selber „behandeln". Der Begriff Massage leitet sich aus dem griechischen Wort „massain" ab und bedeutet übersetzt soviel wie Kneten. Schon im Altertum wußte man die Wirkungen der Massage zu schätzen, und sie war weit verbreitet. Mit dem Ende des Mittelalters verlor die Massage an Bedeutung, vermutlich aufgrund des körperfeindlichen Einflusses der kirchlich religiösen Weltanschauung oder bedingt durch Seuchen. Vor etwas mehr als hundert Jahren wurde die Massage erst wieder neu entdeckt und hat heute einen großen Stellenwert in der Prophylaxe, Therapie und Rehabilitation. Durch den bei der Massage auf die Haut ausgeübten Druck werden Rezeptoren gereizt, die eine lokale Gefäßerweiterung bewirken. Dies führt zu einer Steigerung der Durchblutung im Haut- und Muskelbereich, wodurch der Abtransport angestauter Schlacken und Giftstofe aus Venen und Lymphgefäßen gesteigert wird. Verhärtungen sowie Verspannungen im Muskelgewebe können somit abgebaut werden. Massage bewirkt eine Abnahme der Atemfrequenz, auch die Pulsfrequenz nimmt ab, und ähnlich wie bei Entspannungsübungen fällt der Blutdruck ab, wodurch die entspannende Wirkung noch gesteigert wird.

Durch eine wohltuende Massage des Nackenbereichs kann man Verspannungen und Verhärtungen des Muskelapparates lösen, die durch einseitige Dauerbelastungen, durch eine stundenlang fixierte Sitzhaltung und durch einseitige Kopfhaltung hervorgerufen werden. Die Schmerzen bei diesem in der Medizin als HWS-Syndrom bezeichneten Krankheitsbild können bis in den Oberarm ausstrahlen und zur Nackensteifigkeit und zu Kopfschmerzen führen.

Massage kann auch die Psyche des Menschen positiv beeinflussen. Vor allem durch Streichungen auf der Oberhaut lassen sich ähnlich wie beim Streicheln Berührungsreize setzen, die einen ausgleichenden Effekt auf die psychische Stabilität des Massierten ausüben. Eine Massage stellt also eine ausgezeichnete Möglichkeit dar, sich einem anderen Menschen ganzheitlich zuzuwenden: Durch intensive und doch zugleich sensible Behandlung bestimmter Körperregionen wird nicht nur Schmerz abgebaut und das körperliche Wohlbefinden gesteigert, sondern gleichzeitig auch die seelische Ausgeglichenheit verbessert. Das gelingt freilich nur, wenn zwischen dem behandelten und dem massierenden Menschen ein Verhältnis gegenseitigen Vertrauens besteht.

Trotz dieser positiven Aspekte entwickeln manche Menschen regelrechte Berührungsphobien. Ängste dieser Art sollten Sie zum Gegenstand des Auswertungsgesprächs machen. Mit Hilfe von Material 2 „Berührungen" können Sie die Teilnehmer bitten zu überlegen, wo und zu welchem Zweck sich Menschen im Alltag berühren und welche Probleme es dabei für die Beteiligten und für Dritte geben kann. Zugleich regt das Arbeitsblatt dazu an herauszufinden, inwiefern sich Berührungen

während einer Massage von den Berührungen im Alltag unterscheiden.

Darauf aufbauend können Sie dann im Plenum grundsätzlicher über das Phänomen „Berührung" reden. Was hindert mich daran, mich auf Berührungen einzulassen? Wie fühle ich mich, wenn mich ein anderer Mensch berührt? usw. Sprechen Sie auch kurz über den Aspekt der kulturellen Bewertung von Berührungen. So werden bestimmte Berührungen – etwa der Kuß im Rahmen des Begrüßungsrituals zwischen gleichgeschlechtlichen Partnern – in der einen Kultur abgelehnt, während sie in anderen akzeptiert sind.

Im weiteren Verlauf sollten Sie mit den Jugendlichen die Bedeutung von Berührungen und deren Auswirkungen auf unseren Organismus thematisieren. Weisen Sie ruhig ausführlicher auf wissenschaftliche Untersuchungen hin, die darauf hindeuten, daß wir Menschen auf Berührungen geradezu angewiesen sind. Ein dauerndes und zugleich erhebliches Defizit an „Streicheleinheiten" kann mitunter zu schwerwiegenden psychischen Schäden

führen. So wird der Mangel an Berührungen von uns häufig mit dem Gefühl des Alleinseins verknüpft und kann beispielsweise bis hin zu Angstzuständen führen.

Während des Auswertungsgesprächs sollte unbedingt ein Transfer auf die Lebenswirklichkeit der Jugendlichen versucht werden. Wo können die Teilnehmer im Alltag in Zukunft ohne Probleme Berührungen zulassen? Ob und wie können die Jugendlichen Massagen in ihren Alltag einbeziehen? Weisen Sie auf die prophylaktische Bedeutung der Massagebehandlung hin. Während dieses Gesprächsabschnittes sollten Sie bei den Teilnehmern noch bestehende Vorurteile und Mißverständnisse in bezug auf die Bedeutung von Massagen gelten lassen. Es kann hier nicht darum gehen, die Jugendlichen zu überfordern. Ein vorsichtiges und behutsames Vorgehen Ihrerseits wird für die Sache langfristig von größerem Nutzen sein.

Selbstwahrnehmung und Körpererfahrung – © Verlag an der Ruhr, Postfach 10 22 51, 45422 Mülheim an der Ruhr

Massage – was ist das?

*Ihr wißt sicher, daß manche Menschen Massagen bekommen.
Wahrscheinlich habt ihr schon einmal beobachtet, daß man Sportler vor, während
oder nach Wettkämpfen massiert. Vielleicht habt ihr aber auch schon eigene Erfahrungen mit Massagen gemacht. Macht euch zu zweit ein paar Gedanken zu dem Stichwort
„Massage". Benutzt dazu als Anregungen die Fragen in den unten abgedruckten Kästen.
Überlegt euch Antworten und schreibt sie stichwortartig auf.*

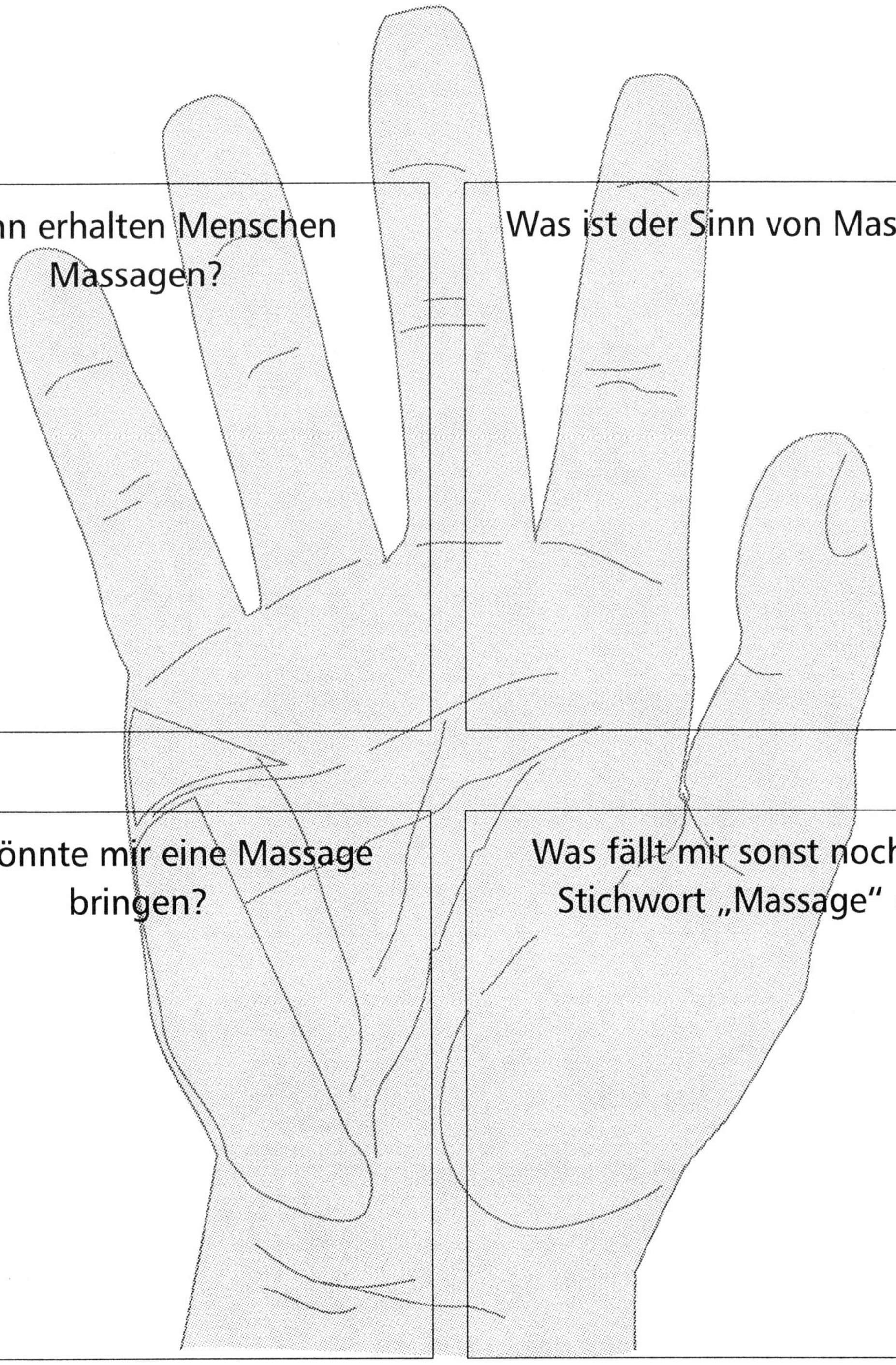

Wann erhalten Menschen
Massagen?

Was ist der Sinn von Massagen?

Was könnte mir eine Massage
bringen?

Was fällt mir sonst noch zum
Stichwort „Massage" ein?

Berührungen

Bei einer Massage berühren sich Menschen sehr direkt. Ihr wißt, daß sich Menschen im Alltag auch auf andere Weise berühren, als dies bei der Massage geschieht. Stellt mit Hilfe des Arbeitsblattes einige Überlegungen zum Thema „Berührungen" an.

1. Wo und zu welchem Zweck berühren sich Menschen im Alltag?
   Nennt verschiedene Situationen.

_____

_____

_____

_____

2. Welche Probleme könnten diese Berührungen für die Beteiligten mit sich bringen?

_____

_____

_____

_____

3. Wie unterscheiden sich die Berührungen im Alltag von denen bei einer Massage?

_____

_____

_____

_____

3.3 Muskelentspannung

 Auch in dieser Übung geht es um die gezielte Wahrnehmung des eigenen Körpers. Die Teilnehmer können in ihrem Verlauf

- den Unterschied zwischen entspannten und angespannten Muskeln erleben,
- die Bedeutung von muskulärer Entspannung für die psychische Ausgeglichenheit erkennen,
- den eigenen Lebensstil kritisch untersuchen,
- prüfen, wo und wann unnötig Streß entsteht,
- die Einheit von Körper und Geist erleben,
- die vorbeugende Wirkung von Entspannungstechniken erfahren,
- überlegen, wo und wann Entspannungstechniken im Alltag genutzt werden können, und lernen, diese selbständig durchzuführen.

 ab 10 Jahren

 bis ca. 25 Personen (je nach Raumgröße)

 a) ca. 15 Minuten für die Übung
b) ca. 30 Minuten für die Auswertung

 Der folgende Text sollte möglichst langsam und gleichmäßig gesprochen werden. Achten Sie auf die Einhaltung der Pausen.

„Legt euch jetzt bitte mit dem Rücken auf den Boden. Achtet darauf, daß ihr genügend Platz zu euren Nachbarn behaltet, damit ihr euch während der Übung nicht gegenseitig stört. Eure Beine liegen nebeneinander und sind leicht gegrätscht, die Füße fallen nach außen. Die Arme legt ihr neben den Körper, sie sind leicht angewinkelt und die Handinnenflächen weisen zum Boden. Schließt nun eure Augen. Haltet die Augen bitte während der gesamten Übungszeit geschlossen, beruhigt euch, werdet leise, und sprecht ab jetzt bitte nicht mehr.

Ich möchte, daß ihr euch jetzt ganz auf euer rechtes Bein konzentriert; nehmt es bewußt wahr. (10-15 Sekunden warten) Streckt jetzt die Zehen zum Boden, spannt gleichzeitig die Ober- und Unterschenkelmuskulatur kräftig an und streckt das Bein dabei. Haltet diese Span-

nung für einen Augenblick aufrecht und beobachtet genau, wie sie sich anfühlt. (5-8 Sekunden warten) Entspannt das Bein jetzt wieder. Erlebt ganz bewußt, wie die Spannung aus dem Bein entweicht und wie es sich anfühlt. Ihr werdet es als sehr angenehm empfinden." (10-15 Sekunden warten)

Wiederholen Sie diesen Teil der Übung nun mit dem linken Bein. Gehen Sie dann zum nächsten Abschnitt der Übung über: „Wir werden im nächsten Schritt mit dem linken und rechten Bein gleichzeitig üben. Streckt also die Zehen beider Füße zum Boden und spannt gleichzeitig die Muskeln beider Beine an. Nehmt die Spannung in beiden Beinen bewußt wahr. (5-8 Sekunden warten) Entspannt die Beine jetzt wieder. Erlebt ganz bewußt, wie die Spannung aus den Beinen entweicht und wie es sich anfühlt, wenn die Muskeln sich entspannen: Bestimmt spürt jetzt der eine oder andere bereits, wie seine Beine warm und schwer werden. Die Beine werden nun richtig warm und schwer. (10-15 Sekunden warten)

Genießt für einen Augenblick die Entspannung in euren Beinen. Macht euch bewußt, daß sich eure Beinmuskeln jetzt entspannen und ihr euch dabei wohl fühlt. Ihr spürt, wie ihr ruhiger werdet, vollkommen ruhig, gelöst und entspannt. Ihr werdet ruhig, vollkommen ruhig, gelöst und entspannt. (Wiederholen Sie diesen Satz dreimal, warten Sie dann 1 bis 3 Minuten. Wiederholen Sie die Textpassage unter Umständen während dieser Zeit noch ein- oder zweimal.)

Ich möchte, daß ihr euch jetzt ganz auf euren rechten Arm konzentriert; nehmt ihn ganz bewußt wahr. (10-15 Sekunden warten) Ballt nun die rechte Hand zu einer Faust, spannt gleichzeitig die Ober- und Unterarmmuskulatur an, streckt den Arm ganz durch und drückt ihn, so fest ihr könnt, gegen den Boden. Haltet diese Spannung für einen Augenblick aufrecht; beobachtet genau, wie es sich anfühlt, wenn die Muskulatur eures rechten Armes angespannt ist. (5-8 Sekunden warten) Entspannt den Arm jetzt wieder. Erlebt ganz bewußt, wie die Spannung aus dem Arm entweicht und wie es sich anfühlt, wenn sich die Muskeln intensiv entspannen. Sicher werdet ihr dieses Gefühl schon kennen, und ihr wer-

det es als angenehm empfinden." (10-15 Sekunden warten)

Wiederholen Sie diesen Teil der Übung nun auch für den linken Arm. Gehen Sie nun zum nächsten Abschnitt über:

„Im nächsten Schritt üben wir mit beiden Händen und Armen. Also: Macht jetzt mit beiden Händen Fäuste und spannt die Muskeln beider Arme an. Nehmt die Spannung in beiden Armen bewußt wahr. (5-8 Sekunden warten) Entspannt die Arme jetzt wieder. Erlebt ganz bewußt, wie die Spannung aus den Armen entweicht und wie es sich anfühlt. Bestimmt wird sich bei dem einen oder anderen unter euch jetzt bereits ein wohliges Gefühl von Schwere und Wärme in den Armen bemerkbar machen. (10-15 Sekunden warten)

Genießt für einen Augenblick die Entspannung in euren Armen. Macht euch bewußt, daß sich eure Armmuskeln jetzt ganz intensiv entspannen und daß ihr euch dabei wohl fühlt. Ihr spürt, wie ihr ruhiger werdet, vollkommen ruhig, gelöst und entspannt. Ihr werdet ruhig, vollkommen ruhig, gelöst und entspannt. (Wiederholen Sie diesen Satz dreimal, warten Sie dann 1 bis 3 Minuten. Wiederholen Sie die Textpassage unter Umständen während dieser Zeit noch ein- oder zweimal.)

Ihr werdet jetzt nacheinander die Muskeln der Beine und Arme anspannen und diese Spannung aufrechterhalten. Also: Drückt die Zehen beider Füße gegen den Boden; spannt die Ober- und Unterschenkelmuskulatur an und drückt beide Knie durch. Macht mit beiden Händen Fäuste, streckt eure Arme ganz durch und spannt die Ober- und Unterarmmuskeln kräftig an. Nehmt die Spannung in den Beinen und in den Armen ganz bewußt wahr. (8 -10 Sekunden warten) Entspannt die Arme und Beine jetzt wieder. Erlebt ganz bewußt, wie die Spannung aus den Armen und Beinen entweicht und wie es sich anfühlt, wenn sich die Muskeln entspannen. Viele von euch werden jetzt ein sehr angenehmes Gefühl im Körper erleben. Es ist ein Gefühl von Wärme und Schwere, das sich langsam im ganzen Körper ausbreitet.

Bleibt jetzt noch eine Weile so liegen. Genießt für einen Augenblick die Entspannung in euren Armen und in euren Beinen. Macht euch bewußt, daß sich eure Arm- und Beinmuskeln

jetzt ganz intensiv entspannen und ihr euch dabei wohl fühlt. Ihr nehmt ganz deutlich wahr, daß sich euer ganzer Körper entspannt und wie ihr ruhiger werdet, vollkommen ruhig, gelöst und entspannt. Ihr werdet ruhig, vollkommen ruhig, gelöst und entspannt. (Wiederholen Sie auch diesen Satz dreimal. Warten Sie dann 1 bis 3 Minuten. Wiederholen Sie die Textpassage unter Umständen während dieser Zeit noch ein- oder zweimal.).

Wir werden die Übung jetzt gemeinsam beenden. Dazu zähle ich von fünf auf null rückwärts. Mit jeder Zahl, die ich nenne, wird eure Entspannung tiefer und tiefer werden. Wenn ich bei null angekommen bin, seid ihr wieder hellwach und in diesem Raum. Fünf ... vier ... drei ... zwei ... eins ... null. Beugt und streckt eure Arme jetzt ein-, zweimal kräftig, atmet tief ein und öffnet eure Augen. Danach könnt ihr ganz langsam aufstehen. Laßt euch dabei Zeit."

- Wie leicht/schwer ist es mir gefallen, meine Gedanken während der Übung abzuschalten und mich ganz auf die Anweisungen zu konzentrieren?
- Welche Gedanken sind mir während der Übung durch den Kopf gegangen?
- Wie leicht/schwer ist es mir gefallen, während der Übung nicht zu sprechen?
- Wie hat es sich angefühlt, als meine Arme und Beine angespannt waren?
- An welchen Stellen meines Körpers erlebe ich sonst Anspannung?
- Wodurch kommt die Anspannung in meinem Leben zustande?
- Was habe ich bereits unternommen, um mit dieser Anspannung fertig zu werden?
- Wie hat es sich angefühlt, als meine Arme und Beine entspannt waren?
- Woher kenne ich dieses Gefühl von Entspannung sonst in meinem Leben?
- Wie entspanne ich mich sonst, wenn ich unter Druck stehe?
- Welche Entspannungstechniken kenne ich?
- Welche Erfahrungen habe ich mit diesen Techniken?

3.3 Muskelentspannung

- Wie fühle ich mich nach der Übung im Vergleich zu der Zeit davor?

- Wo in meinem Körper hat sich etwas verändert?

- Welche allgemeinen Erkenntnisse kann ich aus den Erfahrungen mit dieser Übung ableiten?

- Wo und wann kann ich diese Erkenntnisse in meinem alltäglichen Leben in der Schule, zu Hause, beim Hobby anwenden?

Bei größeren Teilnehmerzahlen empfiehlt sich zunächst eine kurze Auswertungsphase in Kleingruppen zu drei bis fünf Personen; dabei kann das als Material 1 beigefügte Arbeitsblatt herangezogen werden. Anschließend findet ein vertiefendes Auswertungsgespräch im Plenum statt.

- Bei geübteren Gruppen können vor dem Zurücknehmen in einzelnen Durchgängen jeweils noch Gesäß-, Bauch- und Gesichtsmuskulatur angespannt und wieder entspannt werden.

- Durch die Entspannung können ähnlich wie beim Autogenen Training oder bei der Atemgymnastik (s. auch Spiel 3.8) verschiedene, aber in der Regel harmlose physiologische Irritationen wie etwa unwillkürliche Bewegungen, Magen- und Darmgeräusche, Kribbeln in den Extremitäten oder deutliches Kreislaufempfinden mit starkem Herzklopfen auftreten. Die Jugendlichen sollten im Rahmen des Auswertungsgesprächs darüber aufgeklärt werden, daß es sich um Reaktionen des Organismus auf die ungewohnte Entspannungserfahrung handelt. In Einzelfällen kann es auch einmal ratsam sein, Gruppenmitgliedern einen Arztbesuch zu empfehlen, um bei der Übung aufgetretene Symptome abklären zu lassen.

- Manche Jugendliche lehnen Entspannungsübungen grundsätzlich ab. Neurotische Reaktionen in diesem Bereich sollten Sie akzeptieren und unbedingt auf Überzeugungsarbeit gegen den aufgebauten Widerstand verzichten. Dieser nämlich kann in unbewußten Ängsten o.ä. grün-

den und bedarf womöglich psychotherapeutischer Behandlung.

- Für ungeübte Teilnehmer kann die Übungszeit bereits zu lang sein. Kündigen Sie ggf. vor der Übung an, daß jeder zu jeder Zeit aus der Übung „aussteigen" kann, indem er kräftig einatmet und die Augen öffnet. Der Betreffende sollte dann aber auf dem Boden liegenbleiben, um die Konzentration der anderen Gruppenmitglieder nicht zu stören.

- Wollen Sie mit den Jugendlichen noch andere Entspannungstechniken einüben, können Sie auf die Bausteine „Fußmassage" (Kap. 3.1.), „Massage erleben" (Kap. 3.2), und „Atem-Strom" (Kap. 3.8) zurückgreifen.

Jacobson 1938; Brenner 1982; Eberlein 1985; Kliebisch 1995b; Kliebisch/Basten/Eichmann 1991; Florin 1978; Kruse, P./Pavlekovic/Haak, K. 1992

Methoden der Muskelentspannung

Die Übung konfrontiert die Gruppenmitglieder mit Elementen der Progressiven Muskelentspannung. Für Teilnehmer, die noch keine Erfahrungen mit gezielten Entspannungstechniken haben, erfordert die Übung die Bereitschaft, sich auf eine neue (Körper-)Erfahrung einzulassen. Daß nicht gesprochen werden darf und überdies der dominante Sinneskanal, das Sehen, ausgeschaltet wird, erhöht die Schwierigkeiten, der zunächst noch unbekannten Erfahrungsmöglichkeit offen zu begegnen. Gleichzeitig bietet das Spiel einen besonders einfachen Zugang zur Körperentspannung, da fast alle Menschen den durch Muskelentspannung erzeugten Effekt auch unmittelbar durch ein Wärme- und Schweregefühl in den bearbeiteten Extremitäten wahrnehmen und genießen können.

Nachweislich ist die Wirkung der Tiefenmuskelentspannung qualitativ mit der des Autogenen Trainings vergleichbar (Material 2). Die Tiefenmuskelentspannung ist im allgemeinen leichter erlernbar als das Autogene Training und von relativ Ungeübten vor allem auch in

Streßsituationen häufig mit größerem Erfolg einsetzbar. Dieser Vorteil gegenüber dem Autogenen Training beruht darauf, daß die bei innerer Unruhe auftretenden Gedanken nicht notwendigerweise abgeschaltet werden müssen, um den gewünschten Entspannungseffekt zu erzielen.

Da der Mensch als eine Einheit von Denken und Fühlen, von Körper und Geist zu verstehen ist, wird durch die Entspannung der äußeren Muskulatur, die sich in einem Schweregefühl, bzw. in einem Leichtigkeitsgefühl äußert, zugleich auch ein positiver Einfluß auf das Nerven- und Kreislaufsystem ausgeübt. Im Verlauf der Übung sinkt u. a. der Blutdruck, und die Pulsfrequenz nimmt ab. Unter dem Eindruck der Tiefenentspannung entkrampfen sich auch die Muskeln, die die Blutgefäße umschließen. Dadurch erweitern sich die Blutgefäße, und der Querschnitt, den das Blut durchfließt, wird größer. Mehr Blut wird zu den Organen transportiert, der Mensch erlebt ein angenehmes, wohliges Wärmegefühl, was oft mit Entspannung assoziiert wird.

Entspannung der Psyche

Mit der körperlichen Entspannung geht eine Beruhigung des Geistes einher. Störende Gedanken können nach einiger Zeit der Übung beiseitegelegt werden; Gelassenheit und Ausgeglichenheit machen der Unruhe und Hektik des Alltags Platz. Abstand von den Belastungen der Psyche wird leichter möglich. Tiefenmuskelentspannung steigert nachhaltig das Wohlbefinden. Verschiedene Streßsymptome können durch den gezielten Einsatz der Entspannungsübungen auf diese Weise gebessert oder sogar völlig beseitigt werden.

Für eine weiterführende Besprechung des Themenbereichs bietet es sich an, mit den Spielteilnehmern über ihre ganz persönlichen Streß- und Belastungserfahrungen zu sprechen. Als Einstieg in diese Phase der Auswertung kann als Hilfe das „Streß-Profil" (Material 3) eingesetzt werden. Mit diesem Arbeitsblatt können sich die Teilnehmer persönliche Streß-Erfahrungen in Erinnerung rufen und darüber nachdenken, wie sie mit ihnen umgegangen sind. Welche Methoden haben sich die Jugendlichen während ihres Lebens angeeignet, um mit diesen Belastungen konstruktiv umzugehen? Vielleicht kann es sich für den einen oder anderen Teilnehmer als sehr nützlich erweisen, eine Entspannungstechnik wie die Tiefenmuskelentspannung zu erlernen.

Weisen Sie bei dieser Gelegenheit auf die prophylaktische Bedeutung der Entspannungsübungen, aber ebenso auf deren Relevanz in akuten Belastungssituationen hin. Unter Nutzung der Arbeitsblätter „Trance-Induktion" (Material 4) und „Entspanne dich!" (Material 5) können Sie auch kurz auf andere Methoden zur Entspannung eingehen. Hier bietet sich auch zusätzlich die Übung „Atem-Strom" (3.8) an.

Weisen Sie darauf hin, daß langfristige Wirkungen dieser Verfahren erst nach einigem Üben zu erwarten sind und im allgemeinen auch nur dann bestehen bleiben, wenn die betreffende Person die Übungen auch kontinuierlich in ihren Tagesablauf integriert. Vor diesem Hintergrund kann man mit den Jugendlichen darüber nachdenken, wo, wann und in welcher Weise sie Gelegenheit haben, Entspannungsübungen in ihren Alltag einzubeziehen.

Das Arbeitsblatt „Ganz entspannt im Hier und Jetzt" (Material 6) soll die Teilnehmer dazu anregen, über die gesellschaftliche und soziale Bedingtheit von „Entspannung" nachzudenken. Kann ein „Außenseiter" wie der 23jährige Boris mit der Weisheit des Lamas Gendün Rinpoche etwas anfangen, vielleicht sein Leben verändern und verbessern?

Arbeitsblatt für Gruppenauswertung

Besprecht in eurer Gruppe die folgenden Fragen.
Notiert eure Antworten stichwortartig in den dafür vorgesehenen Leerzeilen.
Versucht, möglichst genaue, treffende Beschreibungen zu finden.

1. Wie fühlt es sich an, wenn die Bein- bzw. die Armmuskulatur angespannt ist?

   _____
   _____
   _____

2. Wie fühlt es sich an, wenn die Anspannung aus den Muskeln entweicht?

   _____
   _____
   _____

3. Wie habt ihr euch nach der Übung im Vergleich zu vorher gefühlt? Welche Teile eurer Persönlichkeit sind durch die Übung beeinflußt worden?

   _____
   _____
   _____

4. Wann und wo habt ihr in eurem Leben bereits solche Erfahrungen von Entspanntsein gemacht? Wie habt ihr das empfunden?

   _____
   _____
   _____

5. In welchen Situationen seid ihr in eurem Alltag wirklich angespannt? Woran merkt ihr das, und wie macht sie sich in eurem Geist bemerkbar?

   _____
   _____
   _____

6. Wo in eurem Alltag könnte die Entspannung, wie in dieser Übung, für euch nützlich sein und warum?

   _____
   _____
   _____

7. Was ist euch im Blick auf die Übung und ihre Wirkungen sonst noch wichtig?

   _____
   _____
   _____

Wirkungen von Tiefenmuskelentspannung

(aus: Brenner 1982, 26)

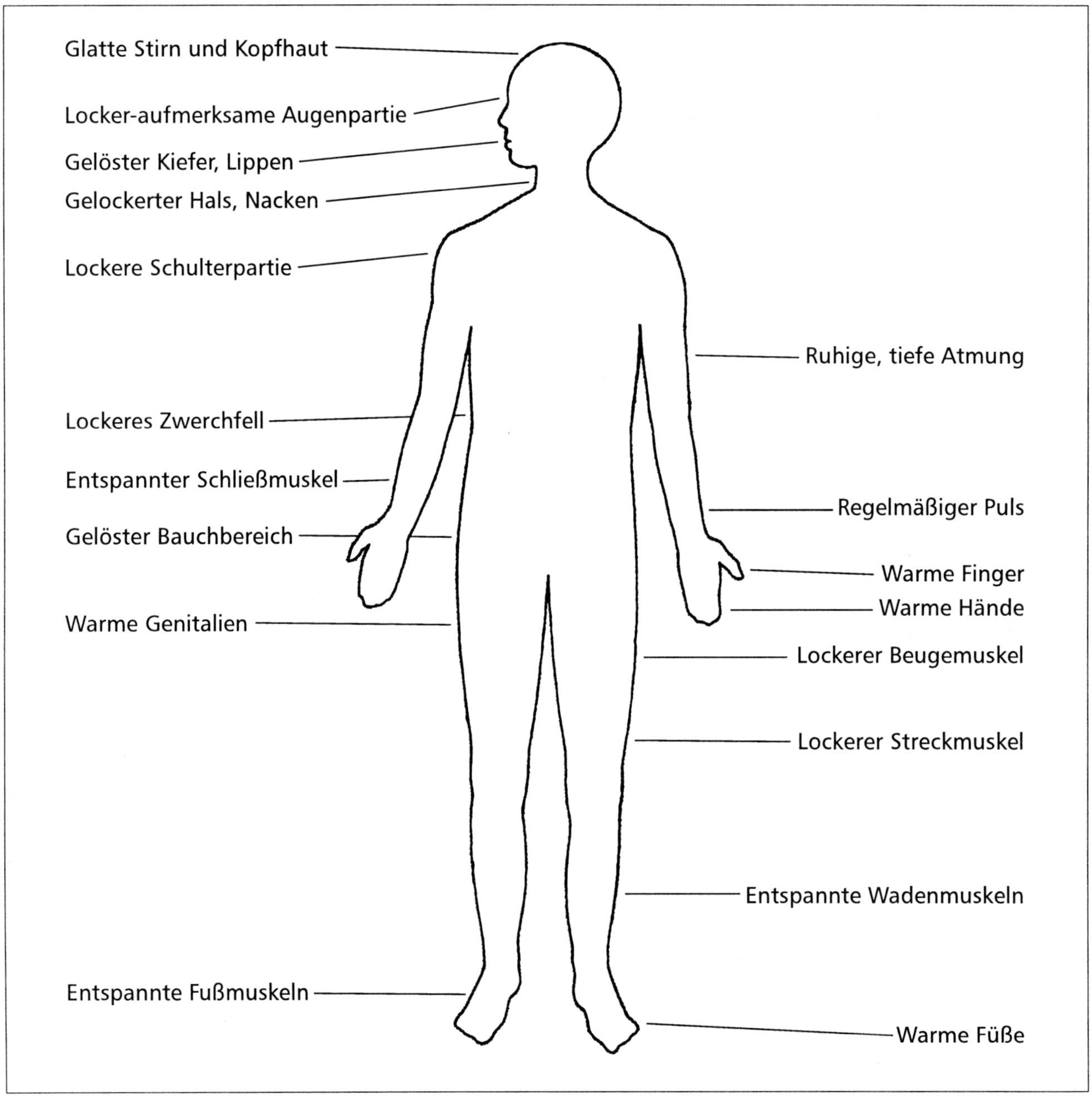

Glatte Stirn und Kopfhaut

Locker-aufmerksame Augenpartie

Gelöster Kiefer, Lippen

Gelockerter Hals, Nacken

Lockere Schulterpartie

Ruhige, tiefe Atmung

Lockeres Zwerchfell

Entspannter Schließmuskel

Regelmäßiger Puls

Gelöster Bauchbereich

Warme Finger

Warme Hände

Warme Genitalien

Lockerer Beugemuskel

Lockerer Streckmuskel

Entspannte Wadenmuskeln

Entspannte Fußmuskeln

Warme Füße

Selbstwahrnehmung und Körpererfahrung — © Verlag an der Ruhr, Postfach 10 22 51, 45422 Mülheim an der Ruhr

Streß-Profil

Alle Menschen geraten in ihrem Leben immer wieder in Situationen, die sie als belastend empfinden. Viele Menschen sprechen dabei dann von Streß. Schreibt auf, in welchen Situationen ihr schon einmal oder auch immer wieder gestreßt seid (Feld A)? Welche Empfindungen genau habt ihr, wenn ihr gestreßt seid (Feld B)? Und wie geht ihr mit diesen belastenden Situationen um? Welche Maßnahmen ergreift ihr (Feld C)?

Situationen

Empfindungen

Maßnahmen

Trance-Induktion

Die 5-4-3-2-1-Methode

1. Schritt

Lassen Sie die Jugendlichen eine bequeme Sitz- oder Liegeposition einnehmen und die Augen schließen.

2. Schritt

Verknüpfen Sie von den Jugendlichen überprüfbare Aussagen über die reale Situation mit Suggestionen über deren inneren Zustand. Gehen Sie dabei zunächst im Verhältnis 5:1 (fünf Aussagen, eine Suggestion), 4:2, 3:3, 2:4, 1:5, vor. Nutzen Sie als Verknüpfungen z. B. die Wörter „und", „während" oder „wenn … dann".

➡ Beispiel: Du hörst meine Stimme und die leise Musik im Hintergrund, und während du deine geschlossenen Augenlider und deine ineinandergefalteten Hände spürst, wirst du immer ruhiger und entspannter. (Pause) Wenn du jetzt meine Stimme und die leise Musik im Hintergrund hörst und gleichzeitig spürst, wie dein Rücken die Stuhllehne berührt und du gleichmäßig ein- und ausatmest, dann wirst du dich wohl fühlen und deine Entspannung wird immer tiefer und tiefer usw.

➡ Hinweis: Das Verhältnis 5,4,3,2,1:1,2,3,4,5 muß nicht konsequent eingehalten werden. Sie erreichen den gewünschten Trance-Effekt auch, wenn Sie lediglich darauf achten, daß die Zahl der überprüfbaren Aussagen im Laufe des Prozesses geringer und die Anzahl der Suggestionen vergrößert wird.

3. Schritt

Beenden Sie den Prozeß durch das Zurücknehmen. Fordern Sie die Jugendlichen auf, ihre Arme zwei-, dreimal kräftig zu beugen und zu strecken, tief einzuatmen und danach ihre Augen wieder zu öffnen.

Entspanne dich!

Autogenes Training

1. Schritt

Lassen Sie die Jugendlichen eine bequeme Sitz- oder Liegeposition einnehmen und die Augen schließen.

2. Schritt

Sprechen Sie den Jugendlichen mit monotoner Stimme einige Male die folgenden Sätze vor:

- ➡ Du bist vollkommen ruhig, ruhig, gelöst und entspannt. (ca. 5mal)
- ➡ Deine Arme sind schwer und warm. (ca. 5mal)
- ➡ Du bist vollkommen ruhig und entspannt. (ca. 5mal)
- ➡ Deine Arme sind warm und schwer. (ca. 5mal)
- ➡ Du bist vollkommen ruhig, ruhig, gelöst und entspannt. (ca. 5mal)

3. Schritt

Beenden Sie den Prozeß durch das Zurücknehmen. Fordern Sie die Jugendlichen auf, ihre Arme zwei-, dreimal kräftig zu beugen und zu strecken, tief einzuatmen und danach ihre Augen wieder zu öffnen.

Ganz entspannt im Hier und Jetzt

„Glaube nicht,
die guten und schlechten Erfahrungen seien wirklich; sie sind wie
Regenbögen. Im Erlangenwollen des Nichtzufassenden erschöpfst du
dich vergeblich. Sobald du dieses Verlangen losläßt, ist Raum da – offen,
einladend und bequem."

Lama Gendün Rinpoche

„Meine Mutter hab ich gemocht, es ging erst dann schief, als sie sich einen Freund zugelegt hat, der Trinker war. Mit dem bin ich nicht klar gekommen, der hat mich auch oft geschlagen, oft, und da hatte ich mich mit meiner Mutter so in der Wolle, daß sie irgendwann mal gesagt hat, daß sie sich wegen mir nicht von ihm trennen wird. Und da ich mit sieben, acht Jahren schon mal im Heim war, habe ich gesagt, okay, dann gehe ich lieber wieder ins Heim. (…) Wenns mir im Heim zuviel wurde, bin ich halt ausgebrochen, wenn ich Streß oder Druck hatte, wollte ich wieder unterwegs sein. Als ich dann mit 13 Treber (Straßenkind) war, hab ich vom Zoo (Bahnhof Zoo in Berlin) gehört und vom Anschaffen. (…) Ich kiffe … Haschisch … Hero … (…) Im Moment hab ich gar keine Perspektive, ich bin seit acht Jahren positiv (HIV) und jetzt 35er offen; 35er ist Therapie statt Strafe. Die habe ich nicht angetreten. Ich bin beim Ladendiebstahl erwischt worden, außerdem noch Raubdiebstahl, angeblich schwerer Raubdiebstahl. Ich hab einem Ausländer die Tasche mit Geld weggenommen. Ich hab 20 Monate Knast offen. Und 20 Monate Knast überlebe ich nicht."

Boris, 23 Jahre
(Interview aus „Zeitdruck",
Das Berliner Straßenblatt, Heft 2/94)

3.4 Kopfkino

 Kopfkino übt das bewußte Wahrnehmen und Erkennen unterschiedlicher Intensitäten von Gefühlseindrücken und die genaue Lokalisation von Gefühlswahrnehmungen. Die Teilnehmer lernen,

- sich mit den eigenen Gefühlen auseinanderzusetzen;

- ein Gefühl von innerer Distanz zu ihrer Wahrnehmung aufzubauen;

- Abstand von Ereignissen zu gewinnen und dadurch Entspannung zu erleben;

- neue Betrachtungsweisen von Geschehnissen zu erleben;

- belastende Situationen aus einem anderen Blickwinkel zu betrachten und sich dadurch Handlungsmöglichkeiten zu verschaffen;

- verschiedene Wahrnehmungspositionen zu verstehen;

- den internen Prozeß von der Wahrnehmung zur „inneren Landkarte" zu begreifen;

- zu überlegen, wie, wo und wann im Alltag Dissoziieren eine geeignete Möglichkeit zur Verbesserung der Befindlichkeit darstellt.

 ab 14 Jahren

 bis ca. 12 Personen

 a) ca. 30 Minuten für die Übung
b) ca. 45 Minuten für die Auswertung

 Das Plenum wird in Paare aufgeteilt. Partner A und B erhalten von Ihnen das als Material 1 beigefügte Arbeitsblatt „Dissoziieren" und suchen sich einen Platz im Raum, an dem sie ungestört sind. Partner A beginnt nun anhand des Arbeitsblattes die Übung (Dauer ca. 15 Minuten; danach Rollenwechsel).

 ● Wie leicht/schwer ist es mir gefallen, mich an eine entsprechende Situation zu erinnern, und welche Gefühle hatte ich dabei?

● Konnte ich die Intensitäten der Gefühlseindrücke gut unterscheiden?

● War ich in der Lage, die Gefühle in meinem Körper genau zu lokalisieren?

● Hatte ich Wahrnehmungen auf allen Repräsentationsebenen?

● Wie gut/schlecht funktionierte es, aus meinem Körper herauszuschweben?

● Welche Effekte traten dabei auf?

● Gab es besondere Schwierigkeiten? Welche? Wie erkläre ich mir diese Schwierigkeiten?

● Welche Erkenntnisse kann ich aus diesem Spiel für meinem Alltag gewinnen?

 Im Anschluß an diese Übung haben die Partner die Gelegenheit, in einem ca. 15minütigen Gespräch ihre Erfahrungen auszutauschen. Dazu kann der Interviewbogen (Material 2) benutzt werden. Danach findet im Plenum ein ausführliches Auswertungsgespräch statt. Das Plenumsgespräch kann durch eine weitere Übung im Dissoziieren ergänzt werden (s. Informationen).

 ● Erfahrungsgemäß treten in einigen Fällen Schwierigkeiten auf, Erinnerungen vor dem inneren Auge als Bilder aufzurufen. Weisen Sie dann darauf hin, daß diese Übung auch funktioniert, wenn keine gestochen scharfen Bilder sichtbar sind. Sie sollten die Teilnehmer ermutigen, die Übung fortzusetzen, auch wenn einige kleinere Schwierigkeiten auftauchen.

● Diese Übung stellt hohe Ansprüche an das Konzentrationsvermögen der Teilnehmer und kann von einzelnen als sehr anstrengend empfunden werden. Unter Umständen ist im Falle der Überbeanspruchung einzelner eine Kürzung der Übung ratsam.

● Sollten sich während der Übung bei einzelnen Teilnehmern Irritationen einstellen, machen Sie folgendes: Brechen Sie die Übung sofort ab. Lassen Sie alle Jugendlichen die Augen öffnen und aufstehen, sie sollen dann einige Male kräftig ein- und ausatmen und im Raum herumgehen. Beobachten Sie genau, was geschieht. Greifen Sie nach Maßgabe der Situation ein.

● Sollten Sie im Laufe der Übung auf ernstzunehmende psychische Probleme einzelner Teilnehmer stoßen, sollten Sie ggf. den

Rat eines psychologisch geschulten Fachmanns einholen.

- Wenn Sie weitere Übungen durchführen wollen, mit deren Hilfe Sie Gefühle beeinflussen können, greifen Sie auf das Spiel „Gefühle tauschen" (Kap. 3.5) zurück.

Bandler 1992; Mohl 1993; Kliebisch 1995b und 1996; Kliebisch/Weyer 1995 und 1996; Grinder/Bandler 1991

Das Angst-Programm

Im Schulalltag begegnen wir häufig dem Phänomen, daß Schüler Prüfungsangst haben. Obwohl die von diesem Symptom betroffenen Kinder und Jugendlichen sich gut vorbereitet haben, werden sie das Gefühl nicht los, die Prüfung nicht bestehen zu können. Wie bekommen solche Schüler es hin, diese emotionale Empfindung immer wieder perfekt aufzurufen? Man kann davon ausgehen, daß sie das Programm „Ich mache mir Angst!" optimal gelernt haben. Doch wie kommen Menschen allgemein zu den „Programmen", die ihr Verhalten, hier die Angst vor einer Prüfung, bestimmen? Für die Beantwortung dieser Frage ist es wichtig, zwischen der äußeren Wirklichkeit, sozusagen der objektiven Realität, einerseits und dem subjektiven Erleben dieser Wirklichkeit andererseits zu unterscheiden. Die Repräsentationen der äußeren Wirklichkeit, die sich in unseren Köpfen als Erinnerung auf verschiedenen Ebenen der Wahrnehmung darstellen, sind – nach allem, was wir wissen – mit dieser Wirklichkeit nicht identisch.

Zwischen die äußere Realität und die dazugehörende Abbildung in unserer Vorstellung schieben sich verschiedene Filter, die die Realität für uns bereits ohne unser bewußtes Zutun interpretieren. Aufgrund neurologisch-physiologischer, kulturell-sozialer und vor allem persönlicher Erfahrungen innerhalb ihrer individuellen Lebensgeschichte haben Menschen letztlich keine Möglichkeit, die Welt so wahrzunehmen, wie sie wirklich ist (Material 3). **Wahrnehmung** ist demnach nicht einfach Widerspiegelung der Realität, sondern ein subjektiver, individueller Akt der Interpretation dessen, was wir Wirklichkeit nennen. So individuell jeder Mensch Informationen auf-

nimmt, so individuell werden diese verarbeitet und zu eigenen „Landkarten" der Wirklichkeit gestaltet.

Innere Landkarten

Eine spezifische Methode, „innere Landkarten" zu gestalten, besteht darin, bestimmte Wahrnehmungspositionen gegenüber der Erinnerung einzunehmen. So kann man in bezug auf eine Erinnerungssequenz assoziiert oder dissoziiert sein. Wenn jemand **assoziiert** ist, erlebt er die Erfahrung mit eigenen Augen noch einmal. Er sieht genau das, was er sah, als er tatsächlich dort war. Möglicherweise sieht er seine Hände vor sich, aber nicht sein Gesicht. **Dissoziiert** erlebt man eine Erinnerung aus der Beobachterposition von einem beliebigen Blickwinkel aus. Wenn man eine Erinnerung assoziiert wiedererlebt, sind die Gefühlswahrnehmungen in der Regel recht intensiv. Man ist gleichsam noch einmal ganz im Geschehen drin. Hat also ein Schüler vor einer Leistungsüberprüfung Angst, läuft sein Angstprogramm ab. Mit hoher Wahrscheinlichkeit erlebt er die ursprünglich angstauslösende Situation erneut assoziiert, so daß für ihn das Gefühl der Angst maximal zum Tragen kommt. Gegenüber einer assoziierten Erfahrung vermindert sich die emotionale Beteiligung ziemlich schnell und stark, wenn die Erinnerung dissoziiert erlebt werden kann.

Menschen sind den Wahrnehmungsprogrammen ihres Gehirns aber nicht hilflos ausgeliefert. Vielmehr besteht die Möglichkeit, durch gezielte Eingriffe in die Erinnerungssequenzen die zunächst anzutreffende Wahrnehmungsposition zu verändern. So kann man Menschen dazu auffordern, für sie unangenehme Erlebnisse in der Erinnerung wachzurufen. Man kann dann überprüfen, ob sie dabei assoziiert oder dissoziiert sind, und sie schließlich dazu bewegen, eine assoziierte Wahrnehmungsposition zugunsten einer dissoziierten aufzugeben.

Die neue Sicht

Diesen Wechsel vom assoziierten zum dissoziierten Zustand kann man zum Beispiel dadurch initiieren, daß man die betreffende Person bittet, in ihrer Vorstellung aus dem Körper herauszuschweben und die gesamte Si-

3.4 Kopfkino

tuation von außen als Beobachter zu betrachten. Auf diese Weise gewinnt man buchstäblich Abstand von der Erfahrung. Hilfreich ist es dabei, sich die Situation, die als Auslöser für die negativen Gefühle verantwortlich ist, auf einer Kinoleinwand als Zuschauer zu betrachten. Dabei ist in der Regel folgender Effekt zu erwarten: Die negativen Erfahrungen, mit unschönen Gefühlen verknüpft, verlieren mit zunehmendem Abstand an Gewicht und belasten den Betroffenen weniger.

Durch die „neue Sicht der Dinge" erhält man die Chance, für die Zukunft neue Handlungsmöglichkeiten zu erlangen. So kann es gut sein, daß auf diese Weise zunächst vorhandene Angstsymptome verschwinden und anderen Gefühlen Platz machen. Diese Befreiung erlebt die betreffende Person im allgemeinen als motivierend, sich dem ursprünglich angstauslösenden Phänomen mit neuer Energie zuzuwenden.

In einem vertiefenden Auswertungsgespräch kann man die Teilnehmer über persönliche Erfahrungen befragen: Welche Situationen habt ihr erlebt, in denen ihr unangenehme Gefühle hattet? Welche Gefühle waren das? Wo in eurem Körper habt ihr diese Gefühle gespürt? Wie seid ihr damit umgegangen? Als Einstieg in diese Phase der Auswertung können Sie das Arbeitsblatt „Unangenehme Ge-

fühle" (Material 4) einsetzen. Im anschließenden Plenumsgespräch sollten die Jugendlichen ihre Erlebnisse zunächst vorstellen.

Danach könnten Sie mit der gesamten Gruppen eine Dissoziationsübung „Neue Gefühle" durchführen (Material 5). Diese Übung sollten Sie allerdings nur dann mit den Teilnehmern machen, wenn Sie sich selbst dazu wirklich in der Lage fühlen. In jedem Falle müssen Sie vorher mit den Jugendlichen den Unterschied zwischen einem dissoziierten und einem assoziierten Zustand genau erarbeiten. Zudem müssen Sie darauf achten, daß die Jugendlichen für diese Übung nur solche Erinnerungen auswählen, die sie nicht aktuell und nicht besonders intensiv belasten. Andernfalls könnten Sie sich während der Übung unerwartet Problemen gegenübersehen, die Sie unter Umständen nicht zu beherrschen imstande sind.

Gelingt die Dissoziationsübung, besprechen Sie mit den Teilnehmern anschließend Möglichkeiten, diese Technik auch im Alltag einzusetzen. Weisen Sie aber auch in diesem Kontext darauf hin, daß das Dissoziieren allein sicher keine gravierenden psychischen Störungen, insbesondere keine phobischen Reaktionen zu beseitigen oder zu heilen hilft. Hierfür müßten weiterreichende therapeutische Verfahren eingesetzt werden.

Übungsblatt: Dissoziieren

Partner A führt Partner B durch die Übung.
A notiert stichwortartig die Anworten von B in den dafür vorgesehenen Leerzeilen.
Danach wechseln A und B die Rollen.

1. Schritt

➤ Erinnere dich an eine angenehme Situation aus deinem Leben. Gehe dabei in die Situation hinein. Erlebe sie so, als ob du jetzt da wärest. Sieh alles mit deinen eigenen Augen, höre alles mit deinen eigenen Ohren.

➤ Überprüfe dabei deine inneren Wahrnehmungen. Beantworte mir dazu folgende Fragen:

Was siehst du? Ist es ein Bild oder ein Film?

_____

Ist das Bild/der Film eher hell oder eher dunkel?

_____

Ist das Bild/der Film eher scharf oder eher unscharf?

_____

Ist das Bild/der Film bunt oder schwarzweiß?

_____

Siehst du einen scharfen oder einen weichen Kontrast?

_____

Was hörst du jetzt?

_____

Aus welcher Richtung kommen die Geräusche/Stimmen etc.?

_____

Was fühlst du jetzt, während du das alles siehst und hörst?

_____

Wo in deinem Körper ist dieses Gefühl?

_____

Mit welchem Wort würdest du dieses Gefühl benennen?

_____

2. Schritt

➤ Schwebe jetzt aus deinem Körper heraus, und nimm eine Beobachterposition ein. Am besten stellst du dir dazu folgendes vor: Du sitzt in deinem Lieblingskino, sagen wir in der zehnten Reihe. Und auf der Leinwand läuft jetzt der Film mit deiner angenehmen Erinnerung. Du spielst in diesem Film die Hauptrolle. Deshalb kannst du dich jetzt auf der Leinwand sehen und beobachten, wie du in diesem Film sprichst und handelst.

Sieh dich von deinem Beobachterplatz aus jetzt genau an. Wie weit ist dein zweites Ich von dir entfernt?

_____

 Selbstwahrnehmung und Körpererfahrung – © Verlag an der Ruhr, Postfach 10 22 51, 45422 Mülheim an der Ruhr

3.4 Kopfkino — M 1

Laß den Abstand langsam größer und kleiner werden. Achte auf deine Empfindungen.
Was genau erlebst du?

_____

_____

Schau dir von deinem Beobachterplatz weitere Gegenstände an, die in deinem Erinnerungsfilm zu sehen sind.
Was genau siehst du? Welche Farbe haben die Dinge, welche Form? Wie groß sind sie?

_____

_____

≫ Schwebe jetzt wieder in deinen Körper zurück und öffne die Augen. Wir machen eine kurze Pause. Nenne mir dreißig Sekunden lang Substantive, die mit dem Buchstaben „S" beginnen oder mit einem „G" enden.

≫ Schließe jetzt wieder deine Augen, schwebe dann aus deinem Körper heraus, und nimm noch einmal deine Zuschauerposition im Kino ein. Beantworte mir gleich wieder die Fragen, die ich dir stellen werde. Sieh dich von deinem Beobachterplatz genau an. Drehe in deiner Vorstellung den Kopf in alle Richtungen, und sieh dir die gesamte Szenerie an.

Was genau siehst du? Wo genau siehst du was?

_____

_____

Welche Geräusche/Stimmen/Klänge kannst du jetzt hören?
Wie laut oder leise sind die Geräusche? Hörst du sie mono oder stereo?

_____

_____

Was genau spürst du jetzt in deinem Körper? Wo genau hast du diese Empfindungen?
Wie intensiv ist das Gefühl? Mit welchem Wort würdest du dieses Gefühl beschreiben?

_____

_____

Vergleiche das Gefühl, das du jetzt erlebst, mit jenem Gefühl vom Anfang der Übung, als du ganz in der Erinnerung drinstecktest und alles mit deinen eigenen Augen sahst und mit deinen eigenen Ohren hörtest.
Was hat sich für dich verändert? Wie erlebst du diese Veränderung?

_____

_____

≫ Schwebe jetzt in den Film auf der Leinwand hinein, genau an die Stelle, an der du dich gerade noch gesehen hast. Wie fühlst du dich jetzt?

Wie unterscheidet sich dieses Gefühl von dem, das du gerade noch hattest?

_____

_____

≫ Beuge und strecke jetzt deine Arme ein-, zweimal kräftig, atme tief ein und öffne deine Augen. Wir sind am Ende der Übung. Wie hat dir die Übung gefallen? Was war am interessantesten/wichtigsten für dich?

_____

_____

Interviewbogen

Tauscht anhand der folgenden Fragen eure Erfahrungen mit der Übung aus.

1. Wie leicht/schwer ist es mir gefallen, mich an eine entsprechende Situation zu erinnern?

_____

2. Welche Gefühle hatte ich dabei?

_____

3. Funktionierte die Unterscheidung der Intensitäten der Gefühlseindrücke?

_____

4. War ich in der Lage, die Gefühle in meinem Körper genau zu lokalisieren?

_____

5. Hatte ich Wahrnehmungen auf allen Repräsentationsebenen?

_____

6. Wie gut/schlecht funktionierte es, aus meinem Körper herauszuschweben?

_____

7. Welche Effekte traten dabei auf?

_____

8. Gab es besondere Schwierigkeiten dabei? Welche? Wie erkläre ich sie mir?

_____

Von der Wahrnehmung zur „inneren Landkarte"

Objektive Außenwelt =
die Wirklichkeit, wie sie wirklich ist

Wahrnehmung der Reize aus der
objektiven Wirklichkeit
mit Hilfe der fünf sensorischen Sinneskanäle:
sehen, hören, empfinden/fühlen,
riechen, schmecken

Einschränkung der Wahrnehmung über Filter:
neurologisch, soziologisch, individuell

Ergebnis:
individuelle Interpretation
der objektiven Realität =
subjektive Landkarte der Wirklichkeit

Unangenehme Gefühle

Bestimmt habt ihr in eurem Leben schon Situationen erlebt,
die bei euch unangenehme Gefühle ausgelöst haben.
Auf diesem Arbeitsblatt findet ihr einige Fragen zu solchen Situationen.
Beantwortet sie stichwortartig.

1. Welche Situationen habt ihr erlebt, in denen ihr unangenehme Gefühle hattet? Charakterisiert diese Situationen kurz.

_____

_____

2. Welche Gefühle waren das? Gebt ihnen Namen.

_____

_____

3. Wo in eurem Körper habt ihr diese Gefühl gespürt?

_____

_____

4. Wie intensiv waren diese Gefühle?

_____

_____

5. Welche anderen Wahrnehmungen hattet ihr, die das Unangenehme der Situation noch verstärkt haben?

_____

_____

6. Wie seid ihr mit den unangenehmen Empfindungen umgegangen? Beschreibt genau eure „Technik".

_____

_____

Neue Gefühle

Hinweis: Die folgende Anweisung ist in ihren Einschränkungen sehr ernst zu nehmen, um Irritationen während der Übung zu vermeiden!

Nehmt eine bequeme Sitzhaltung ein. Schließt die Augen.
Entspannt euch. (20 Sekunden warten)

Erinnert euch an eine Situation aus eurem Leben, die ihr als unangenehm empfunden habt. Wählt dabei eine Situation, die euch im Augenblick nicht stark belastet. Ihr solltet aber schon eine unangenehme Empfindung haben, wenn ihr an die Situation denkt. (15–30 Sekunden warten)

Prüft jetzt bitte, ob ihr assoziiert oder dissoziiert seid. (10 Sekunden warten)
Wenn ihr assoziiert seid, macht bitte folgendes: Schwebt jetzt in der Vorstellung aus eurem Körper heraus. Projiziert dann eure unangenehme Situation vor euch auf eine Leinwand. Vielleicht könnt ihr euch dazu in euer Lieblingskino setzen, etwa in die 10. Reihe. Schaut auf die Leinwand, wo jetzt eure Erinnerung zu sehen ist. Ihr könnt euch dort jetzt auch selbst sehen. Ihr spielt in diesem Erinnerungsfilm die Hauptrolle.
(10 Sekunden warten)

Wie fühlt ihr euch jetzt? Was hat sich geändert?

Jetzt geht ihr in eurem Lieblingskino noch einige Reihen zurück.
Am besten, ihr setzt euch in die letzte Reihe. Schaut wieder auf die Leinwand. Dort läuft immer noch der Film mit eurer unangenehmen Erfahrung. Wie fühlt ihr euch jetzt, wenn ihr das so seht?
Was hat sich geändert? (10 Sekunden warten)

Wir werden die Übung jetzt beenden. Öffnet die Augen, atmet ein-, zweimal kräftig ein und aus, vielleicht möchtet ihr euch auch kurz strecken.

Die Teilnehmer lernen in dieser Übung, fiktive und erinnerte Situationen mit verschiedenen Sinneskanälen wahrzunehmen und zu erleben. Sie sollen

- fähig werden, Gefühle durch Veränderung von Submodalitäten zu modifizieren,
- eine genaue Lokalisation von Gefühlswahrnehmungen vornehmen können,
- sich der möglichen Beeinflussung des eigenen Gefühlslebens bewußt werden,
- Entspannung durch Modifikation von Gefühlswahrnehmungen erleben,
- Grundphänomene der Erinnerung kennenlernen,
- über Gefühle und deren Sinn im Alltag nachdenken,
- über die Entstehung von Gefühlen Bescheid wissen;
- über Möglichkeiten der Veränderungen von Gefühlen diskutieren.

ab 14 Jahren

bis ca. 20 Personen

a) ca. 30 Minuten für die Übung
b) ca. 45 Minuten für die Auswertung

Das Plenum wird in Paare (Partner A und B) aufgeteilt, die sich gleichmäßig im Raum verteilen. Bietet der Raum die Möglichkeit, sich auf den Fußboden zu legen, sollte dies genutzt werden. Alternativ kann diese Übung auch auf Stühlen durchgeführt werden. Geben Sie Partner A einen Auswertungsbogen (Material 1), auf dem dieser die Antworten seines Partners notieren kann.

Beginnen Sie dann die Übung mit den folgenden Anweisungen; der Text sollte möglichst langsam und gleichmäßig gesprochen werden. Achten Sie auf die Einhaltung der Pausen:

- „Der jeweils Jüngere von euch, Partner B, legt sich jetzt bequem auf den Rücken und spreizt dabei die Beine ein wenig. Die Arme liegen leicht angewinkelt neben dem Oberkörper, die Handinnenflächen zeigen nach unten.

- Ich wende mich jetzt nur noch an den Partner B. Stelle dir vor, du wärest in deinem Klassenraum. Mache dir vor deinem inneren Auge ein möglichst genaues Bild davon. (15 Sekunden warten)

- Bitte, beantworte meine nun folgenden Fragen jedesmal so schnell wie möglich. Dein Partner notiert die Antworten stichwortartig.

- Wenn du dich jetzt noch einmal an das Klassenzimmer erinnerst, was siehst du? Ist es ein Bild oder ein Film?

- Plaziere nun deine Mitschüler in den Raum, an die Orte, an denen sie üblicherweise sitzen. Welches Gefühl erlebst du dabei? Mache dir dieses Gefühl ganz bewußt. Wo in deinem Körper befindet sich dieses Gefühl? Wie intensiv ist es? Spürst du es immer?

- Stelle dir nun vor, du bist zugleich ein guter Maler, ein fähiger Fotograf und ein exzellenter Filmemacher. Du hast dadurch die Macht, an deinem Erinnerungsbild einige Veränderungen vorzunehmen, um es noch attraktiver zu machen. Tue gleich so, als ob du dies könntest. Teste, welche Veränderungen sich in deinem Gefühl ergeben, wenn du das Bild veränderst.

- So, wir fangen jetzt mit der Veränderung an: Ist das Bild eher hell oder dunkel? (5–10 Sekunden warten) Verändere nun die Helligkeit. Das wird dir ganz leicht gelingen, wenn du dafür eine Fernbedienung benutzt. Nimm die Fernbedienung in die Hand, und mache das Bild dunkler. (5–10 Sekunden warten) Wird das Gefühl dabei besser oder schlechter?

- Mache das Bild heller. (5–10 Sekunden warten) Was ist mit dem Gefühl? Besser oder schlechter? Reguliere die Helligkeit wieder so ein, wie sie für dich am angenehmsten ist. Wähle die Helligkeit, bei der du dich am wohlsten fühlst.

- Stelle nun die Schärfe so ein, wie sie für dich besonders günstig erscheint. Wähle die Schärfe, bei der du dich am wohlsten fühlst. (5–10 Sekunden warten)

- Nimm an, im Raum ist dein Lieblingslehrer. Stelle ihn einfach dahin, wo er immer

steht. (15 Sekunden warten) Achte nun auf dein Gefühl: Ist es eher besser oder schlechter als vorher?

- Tausche deinen Lieblingslehrer gegen den Lehrer aus, den du am wenigsten leiden kannst. Schiebe dazu den einen aus dem Bild, und hole den anderen herein. Ist das Gefühl in dir jetzt schlechter geworden? (5–10 Sekunden warten)

- Stelle dir nun vor, dieser Lehrer hätte eine Mickymaus-Stimme. Laß ihn mit dieser Stimme sprechen, mal laut, mal leise. Wie verändert sich deine Gefühlswahrnehmung? Besser oder schlechter? (5–10 Sekunden warten)

- Nimm an, du könntest aus deinem Körper schweben. Betrachte die Situation aus der Vogelperspektive. Du siehst die komplette Klasse und auch dich selbst unter dir. Alles läuft ab wie ein Film, den du dir als Beobachter anschaust. (5–10 Sekunden warten) Konzentriere dich auf das dazugehörige Gefühl. Ist es angenehmer oder unangenehmer als vorher? (5–10 Sekunden warten)

- Vergrößere nun den Abstand zu dem, was du da unten siehst. Das wird dir leicht gelingen, wenn du die Decke des Raumes höher machst. (5–10 Sekunden warten) Laß sie einfach nach oben schweben. Was macht dein Gefühl? Besser oder schlechter? (5–10 Sekunden warten) Wähle den Abstand jetzt so, daß er für dich am angenehmsten ist. (5–10 Sekunden warten)

- Tausche nun den unangenehmen Lehrer wieder mit deinem Lieblingslehrer, schiebe dazu den unangenehmen Lehrer einfach aus dem Bild … so, jetzt ist er weg … und dein Lieblingslehrer ist wieder da. Und schwebe jetzt wieder in deinen Körper zurück. Jetzt wird sich dein ursprüngliches Gefühl bestimmt wieder einstellen. Das klappt doch, oder? (5–10 Sekunden warten)

- Stelle dir nun vor, du hättest die Gelegenheit, den Klassenraum so zu gestalten, wie er dir am besten gefällt. Nimm einmal die Veränderungen vor, die dafür notwendig sind. Laß dir ruhig ein wenig Zeit dabei.

(ca. 1 Minute warten) Gefällt es dir so am besten? Wie hat sich die Gefühlswahrnehmung gegenüber dem Anfang verändert? (5–10 Sekunden warten)

- Packe das Bild nun weg, lege es in deinem Kopf an einer Stelle ab, wo du es jederzeit wiederfinden kannst. (5–10 Sekunden warten) Komme wieder hierher zurück, öffne die Augen und atme tief ein und aus."

- Nach einer kurzen Pause tauschen die beiden Partner die Rollen, und die Übung beginnt von neuem.

- Wie leicht/schwer ist es mir gefallen, mir ein Bild von meinem eigenen Klassenraum zu machen?

- Welche Gefühlsreaktionen konnte ich beobachten, als ich das Bild vor meinem inneren Auge veränderte?

- Konnte ich die Gefühle in meinem Körper genau bestimmen?

- Wie gut konnte ich den Anweisungen des Moderators folgen?

- Traten dabei besondere Schwierigkeiten auf? Welche? Wie bin ich mit diesen Schwierigkeiten umgegangen?

- Welche Gefühle kenne ich aus welchen Alltagssituationen?

- Welchen Sinn haben Gefühle im Alltag?

- Wie entstehen Gefühle?

- Wie lassen sich Gefühle verändern? Welche möchte ich verändern? Warum?

- Wie ernst werden Gefühle im Alltag genommen?

- Kann ich Erkenntnisse aus diesem Spiel für meinem Alltag gewinnen? Welche? Für welche Zusammenhänge?

Im Abschluß an die Übung haben die Partner die Gelegenheit, in einem etwa 15minütigen Gespräch ihre Erfahrungen auszutauschen. Dazu kann der Interviewbogen (Material 2) genutzt werden. Anschließend findet im Plenum ein ausführliches Auswertungsgespräch statt. Dieses Gespräch kann phasenweise durch Partner- oder Gruppenarbeit ergänzt werden (s. Informationen).

- Erfahrungsgemäß treten in einigen Fällen Schwierigkeiten auf, Erinnerungen vor dem inneren Auge als Bilder aufzurufen. Sie können in diesen Situationen darauf hinweisen, daß diese Übung auch funktioniert, wenn keine gestochen scharfen Bilder sichtbar sind. Sie sollten die Teilnehmer dann ermutigen, die Übung fortzusetzen, auch wenn einige kleine Schwierigkeiten auftauchen.

- Um durch ein zu umfangreiches Notieren der Antworten Zeitprobleme im Ablauf der Übung zu vermeiden, sollten die schreibenden Mitspieler sich unbedingt auf Stichworte beschränken. Unter Umständen empfiehlt es sich bei jüngeren Mitspielern, den Fragenkatalog zu kürzen.

- Achten Sie stets darauf, daß angenehme Erfahrungen assoziiert und unangenehme dissoziiert erlebt werden können. Mehr dazu erfahren Sie im Abschnitt „Informationen" zur Übung „Kopfkino" (Kap. 3.4). Dies ist im übrigen auch eine weitere Übung, in der die Veränderung von Submodalitäten zu einer Veränderung der Befindlichkeit führt.

- Sollen die Jugendlichen zu Beginn noch stärker entspannen, nutzen Sie – ggf. verkürzt – als Einstieg die Elemente „Muskelentspannung" (Kap. 3.3) oder „Atem-Strom" (Kap. 3.8).

Bandler 1992; Mohl 1993; Kliebisch 1995a u. b; Kliebisch/Weyer 1995; Gawain 1989; Lazarus/Fay 1985; Ellis 1987 u. 1989; Schwartz 1981

Eindrücke und Erinnerungen

Durch die Fokussierung auf die von ihnen gegebenen Anweisungen tritt bei den Teilnehmern eine angenehme Entspannung ein. Diese Entspannung ist eine wesentliche Voraussetzung für das Gelingen der Übung. Die leichte Trance, in die die Jugendlichen durch ihre gezielten Fragen hineingeführt werden, öffnet den Weg ins Unbewußte und erleichtert so den Zugang zur Erinnerung.

Die Übung soll deutlich machen, daß Menschen Erinnerungen in Bilder abgespeichert haben, und daß sie in der Lage sind, diese wieder vor ihrem inneren Auge wachzurufen.

Unser Gehirn fungiert dabei als Film- oder Bildarchiv unserer Erinnerungen. Aber nicht allein Filme und Bilder sind dort gespeichert, ebenso die dazugehörenden Gefühlseindrücke. Diese Übung soll zeigen, daß wir die Fähigkeit besitzen, unser Gefühlsleben ohne fremde Hilfe selbst zu beeinflussen. Dies erreichen wir am leichtesten durch eine gezielte Veränderung der Bildeindrücke von sowohl unseren vergangenen als auch unseren zukünftigen Erinnerungen.

Dafür muß klar sein, worin die typischen Strukturen der Erinnerung bestehen. Erlebnisse werden vom Menschen nicht nur auf einer Wahrnehmungsebene, also etwa nur im visuellen Sinneskanal, abgespeichert. Jede Erinnerung wird gleichzeitig auf verschiedene Weise repräsentiert: Eine Erinnerung an einen Strandurlaub wird bei dem betreffenden Menschen in der Regel wohl visuelle (Palmen, blaues Meer etc.), aber gleichzeitig auch kinästhetische Eindrücke (angenehmes Gefühl) auslösen. In manchen Fällen hat das Gehirn sogar zusätzlich auditive (Rauschen des Meeres), olfaktorische (Riechen der Luft) und gustatorische (Schmecken des Salzwassers) Sinneseindrücke mitgespeichert, die zusammen mit den visuellen und kinästhetischen zu einer ganzheitlichen Repräsentation der Erinnerung führen. Daß Menschen Erinnerungen gleichzeitig auf mehreren Wahrnehmungsebenen repräsentieren, nennt man Synästhesie.

Synästhesien und Submodalitäten

Will man durch gezielte Interventionen bessere Gefühle erzeugen, gelingt dies in erster Linie aufgrund der vorhandenen Synästhesien der Erinnerung. Man weiß, daß etwa 60 bis 80% aller unangenehmen Gefühle dadurch entstehen, daß sich die betreffenden Menschen die „falschen Bilder" machen. Diese „falschen Bilder" führen dann infolge der internalen Vernetzung der Wahrnehmungsebenen zu ungünstigen Gefühlseindrücken. Wodurch kommen „falsche Bilder" zustande? Dazu muß man wissen, daß die Abspeicherung der Erinnerung auf den verschiedenen Repräsentationsebenen nicht beliebig erfolgt. Sie unterliegt sogenannten Submodalitäten.

3.5 Gefühle tauschen

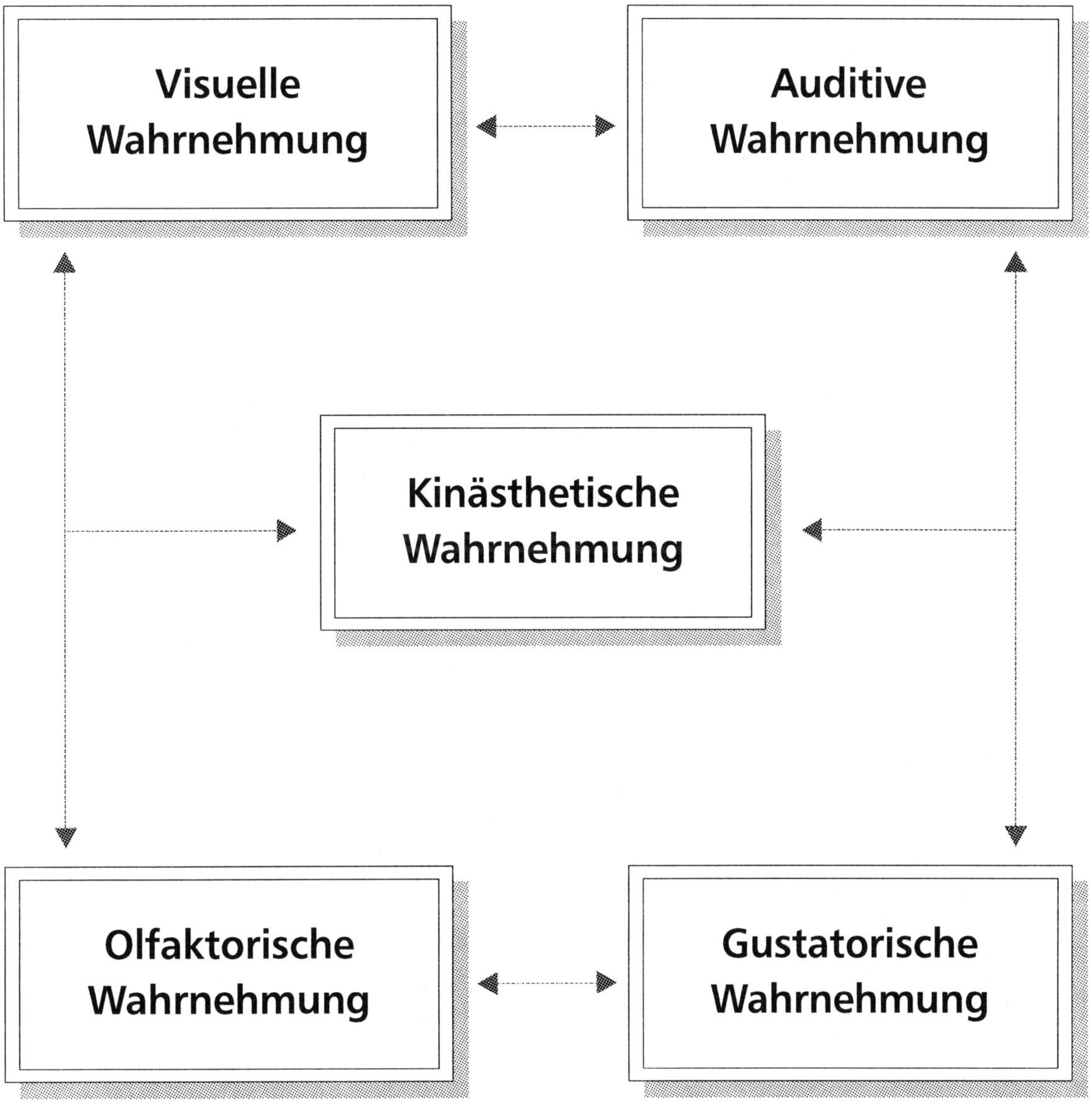

Visuelle Wahrnehmung	**Auditive Wahrnehmung**

Kinästhetische Wahrnehmung

Olfaktorische Wahrnehmung	**Gustatorische Wahrnehmung**

So funktioniert Synästhesie, die Wahrnehmung von Erinnerungen auf mehreren Ebenen.

Submodalitäten sind die feinen Unterschiede innerhalb der Sinnesqualitäten, die letztlich dafür verantwortlich sind, welche Gefühle jemand mit einem bestimmten Ereignis seiner Erinnerung verbindet.

Submodalitäten gibt es in jedem Repräsentationssystem: So können Bilder beispielsweise hell oder dunkel, scharf oder unscharf, schwarzweiß oder bunt sein; Klänge, Töne, Geräusche oder Stimmen können laut oder leise, hoch oder tief, mono oder stereo wahrgenommen werden; Gefühle können intensiv oder weniger intensiv sein, dauernd vorhan-

den oder unterbrochen auftreten, sich nur an einer Stelle im Körper aufhalten oder durch den Körper wandern. Verändert man nun bestimmte Submodalitäten im visuellen Sinneskanal, so ist aufgrund der Vernetzung mit den anderen Wahrnehmungsebenen dadurch eine Veränderung im kinästhetischen Bereich möglich. Man kann also die erinnerten Gefühle korrigieren.

Mit dieser Übung soll die Phantasie der Teilnehmer angeregt werden, selber in diesem Sinne Regisseur für ihre Zukunft zu werden. So können sie lernen, gegenwärtig unangenehme Erfahrungen schneller zu überwinden und ihre Energien auf die Zukunft hin zu orientieren.

Gefühle

Das Spiel geht dabei unreflektiert von einem Alltagsbegriff von „Gefühl" aus. Bei den Teilnehmern sind in dieser Beziehung kaum Irritationen zu erwarten; sie werden mit ihrem Vorverständnis des Phänomens Gefühl arbeiten und damit zurechtkommen. Eine vertiefende Auswertung könnte hier ansetzen und überlegen, wie und welche Gefühle erlebt werden. Dabei wird sich schnell herausstellen, daß die im Alltag verwendeten Formeln „Mir geht's gut!" bzw. „Mir geht's schlecht." durchaus ein Grundprinzip der Gefühlswahrnehmung widerspiegeln. Das Erleben von Gefühlen ist nämlich stets mit einem mehr oder weniger großen Maß an Unlust- oder Lusterfahrung verknüpft. Erlebt jemand positive Gefühle wie Liebe, Freude oder Glück, wird zugleich ein Lustgefühl erfahren; das Wahrnehmen negativer Gefühle wie Angst, Ärger oder Aggression ist demgegenüber mit einem entsprechenden Unlustgefühl assoziiert.

Im Rahmen der Auswertung könnten Sie die Teilnehmer durch Einsatz des Arbeitsblattes „Feelings" (Material 3) bitten, sich nähere Gedanken zum Thema „Gefühle" zu machen. Was verbinden die Jugendlichen mit dem Begriff „Gefühl"? Welche positiven bzw. negativen Gefühle kennen sie? In welchen Situationen haben sie diese Gefühle? Welche Maßnahmen ergreifen sie bei negativen Gefühlen? Darüber hinaus fragt das Arbeitsblatt nach dem Sinn von Gefühlen und ihrem Stellenwert im Alltag.

Gefühle verändern

Gefühle sind auch sozial und gesellschaftlich bedingt. In diesem Zusammenhang ist es sicher interessant, einmal über den Umgang mit Gefühlen in unserer Gesellschaft und in anderen Kulturen nachzudenken (Material 5).

Bleibt noch Zeit, könnten Sie mit den Teilnehmern eine weitere Möglichkeit der Veränderung von Gefühlen besprechen. Lassen Sie sie überlegen, auf welche Weise Gefühle entstehen. Was sind Ursachen dafür, daß jemand zu einer bestimmten Zeit ein bestimmtes Gefühl entwickelt? In der Regel werden die Jugendlichen antworten, daß spezifische äußere Ereignisse für die Ausbildung eines bestimmten Gefühls verantwortlich sind. Dieses Alltagsverständnis über das Entstehen von Gefühlen könnten Sie mit dem der Rational-Emotiven Therapie (RET) bzw. des Neurolinguistischen Programmierens (NLP) konfrontieren (Material 4): Danach entstehen – vereinfacht gesagt – Gefühle nicht durch den direkten Einfluß eines äußeren Ereignisses auf das Gefühlszentrum, sondern durch die Interpretation des Ereignisses durch das Individuum selbst. Das, was sich jemand zu einem Ereignis denkt, wie er es mit Hilfe von Vorerfahrungen deutet, ist ausschlaggebend dafür, wie er sich bei diesem Ereignis fühlt. Besteigt jemand beispielsweise ein Flugzeug mit dem Gedanken „Es wird bestimmt abstürzen.", so wird er sich wesentlich unwohler fühlen als jener Mensch, der sich in derselben Situation denkt „Toll, daß ich endlich mal wieder fliegen kann!".

Hier ist ein Transfer auf die Alltagswirklichkeit der Jugendlichen sinnvoll und hilfreich: Sie könnten mit den Teilnehmern darüber sprechen, wo in ihrem Alltag ihre (negativen) Einstellungen („Mathe schaff' ich nicht!") ihre Gefühle beeinflussen und sie damit sogar handlungsunfähig machen (können). Welche Möglichkeiten sehen die Jugendlichen, ihre Einstellungen zu verändern? Was hat sie bisher daran gehindert, die ungünstigen Gedanken abzuschalten? Wenn Sie das Gespräch in diese Richtung verlängern, werden Sie erfahrungsgemäß eine Vielzahl von Verhaltensproblemen der Jugendlichen kennenlernen. Daher ist es ratsam, sich auf diesen Zusammenhang nur dann einzulassen, wenn Sie den Teilnehmern aufgrund entsprechender psychologischer Kompetenz auch Verfahren vermitteln können, wie sie mit diesen Problemen in Zukunft besser fertig werden können.

3.5 Gefühle tauschen — M 1

Auswertungsbogen
für

_ _ _ _ _ _ _ _ _ _ _ _ _ _ _ _ _

*Notiere stichwortartig die Antworten, die dein Partner
während der Übung gibt. Wie verändert sich jeweils das Gefühl?*

☞ Was siehst du, wenn du dich an dein Klassenzimmer erinnerst? Ist es ein Bild oder ein Film?

_____

☞ Plaziere deine Mitschüler in den Raum. Welches Gefühl erlebst du dabei?
Wo in deinem Körper befindet sich dieses Gefühl? Wie intensiv ist es? Spürst du es immer?

_____

☞ Ist das Bild, das du siehst, eher hell oder eher dunkel?

_____

☞ Mache das Bild dunkler.

_____

☞ Mache das Bild heller.

_____

☞ Setze deinen Lieblingslehrer in den Raum.

_____

☞ Der Lehrer, den du am wenigsten magst, ist im Klassenraum.

_____

☞ Laß diesen Lehrer mit einer Mickymaus-Stimme sprechen.

_____

☞ Schau dir alles aus der Vogelperspektive an.

_____

☞ Mache den Abstand zu dem, was du siehst, größer.

_____

☞ Tausche den unangenehmen Lehrer durch deinen Lieblingslehrer.

_____

☞ Gestalte den Klassenraum nach deinen Vorstellungen. Welches Gefühl hast du jetzt?

_____

Interviewbogen

Tauscht anhand der folgenden Fragen eure Erfahrungen mit der Übung aus.

———— 1. ————

Wie leicht/schwer ist es euch gefallen, euch ein Bild von eurem eigenen Klassenraum zu machen? Welche Schwierigkeiten sind aufgetreten? Wie konntet ihr mit diesen Problemen umgehen?

_____
_____
_____
_____
_____
_____
_____
_____
_____
_____
_____
_____

———— 2. ————

Welche Gefühlsreaktionen konntet ihr beobachten, als ihr das Bild vor eurem inneren Auge verändert habt? Bei welchen Veränderungen traten genau welche Gefühle auf? Wie erklärt ihr euch diesen Zusammenhang?

_____
_____
_____
_____
_____
_____
_____
_____
_____
_____
_____
_____

———— 3. ————

Konntet ihr die Gefühle in eurem Körper genau bestimmen? Wo in eurem Körper habt ihr die Gefühle wahrgenommen? Wie intensiv waren diese Gefühle? Wanderten die Gefühle im Körper?

_____
_____
_____
_____
_____
_____
_____
_____
_____
_____
_____
_____

Feelings

Jeder Mensch spricht hin und wieder von seinen Gefühlen, und sei es nur, daß er sagt, es gehe ihm gut oder schlecht. Mit Hilfe dieses Arbeitsblattes sollt ihr euch ein paar konkrete Gedanken über Gefühle allgemein und über eure persönlichen Gefühle in bestimmten Situationen machen. Versucht, die Fragen so genau und ehrlich wie möglich zu beantworten.

1. Gefühl – was ist das eigentlich? Versucht, eine Definition des Begriffs „Gefühl" zu geben.

_____

_____

_____

_____

_____

2. Wahrscheinlich kennt ihr das geflügelte Wort: „Das habe ich im Gefühl." Was meint man damit?

_____

_____

_____

_____

_____

3. Viele Menschen handeln „aus dem Bauch heraus", wie sie sagen. Was bedeutet das? Was haltet ihr von diesem Handeln?

_____

_____

_____

_____

4. Nennt ein paar Begriffe für positive und für negative Gefühle. Welche kennt ihr?

_____

_____

_____

_____

_____

5. Wie erlebt ihr positive, wie negative Gefühle?

_____

_____

_____

_____

_____

6. In welchen Situationen erlebt ihr welche positiven und welche negativen Gefühle?

_____

_____

_____

_____

_____

Feelings

7. Was unternehmt ihr gegen negative Gefühle? Wie erfolgreich seid ihr dabei?

_____

_____

_____

_____

_____

_____

8. Welchen Sinn haben Gefühle für den Menschen?

_____

_____

_____

_____

_____

_____

9. Manche Menschen sagen, Gefühle seien schlechte Ratgeber. Was meinen sie damit? Haben sie recht mit ihrer Auffassung?

_____

_____

_____

_____

_____

_____

10. Wieder andere Menschen betonen, daß Gefühle im Alltag nur hinderlich seien. Was begründet wohl eine solche Meinung? Wie steht ihr dazu?

_____

_____

_____

_____

_____

11. In unserem Alltag wird oft beklagt, daß alles viel zu kalt und unmenschlich zugehe. Gefühle könne und dürfe man kaum noch zeigen. Wie erlebt ihr euren Alltag in dieser Beziehung?

_____

_____

_____

_____

12. Nehmt an, ein Pädagoge stellt folgende Forderung auf: „Ab dem Jahr 2000 sollte an allen deutschen Schulen das Fach ‚Gefühlsunterricht' als Pflichtfach eingeführt werden." Was haltet ihr von einem solchen Vorschlag? Was könnten Inhalte dieses Faches sein?

_____

_____

_____

_____

Wie Gefühle entstehen

(in Anlehnung an: Schwartz 1981, 27)

A. Alltagstheorie

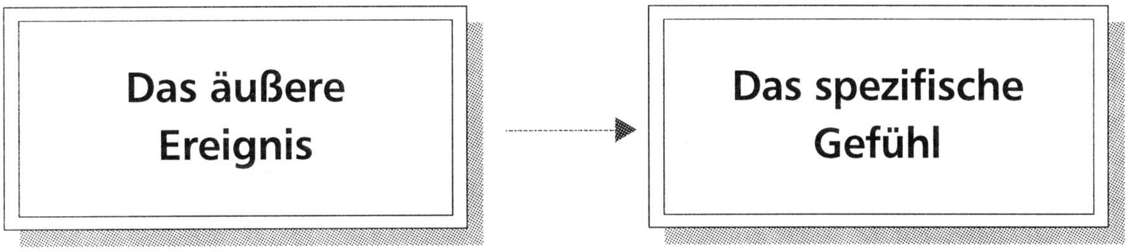

```
Das äußere          Das spezifische
Ereignis     --->   Gefühl
```

B. Gefühlstheorie

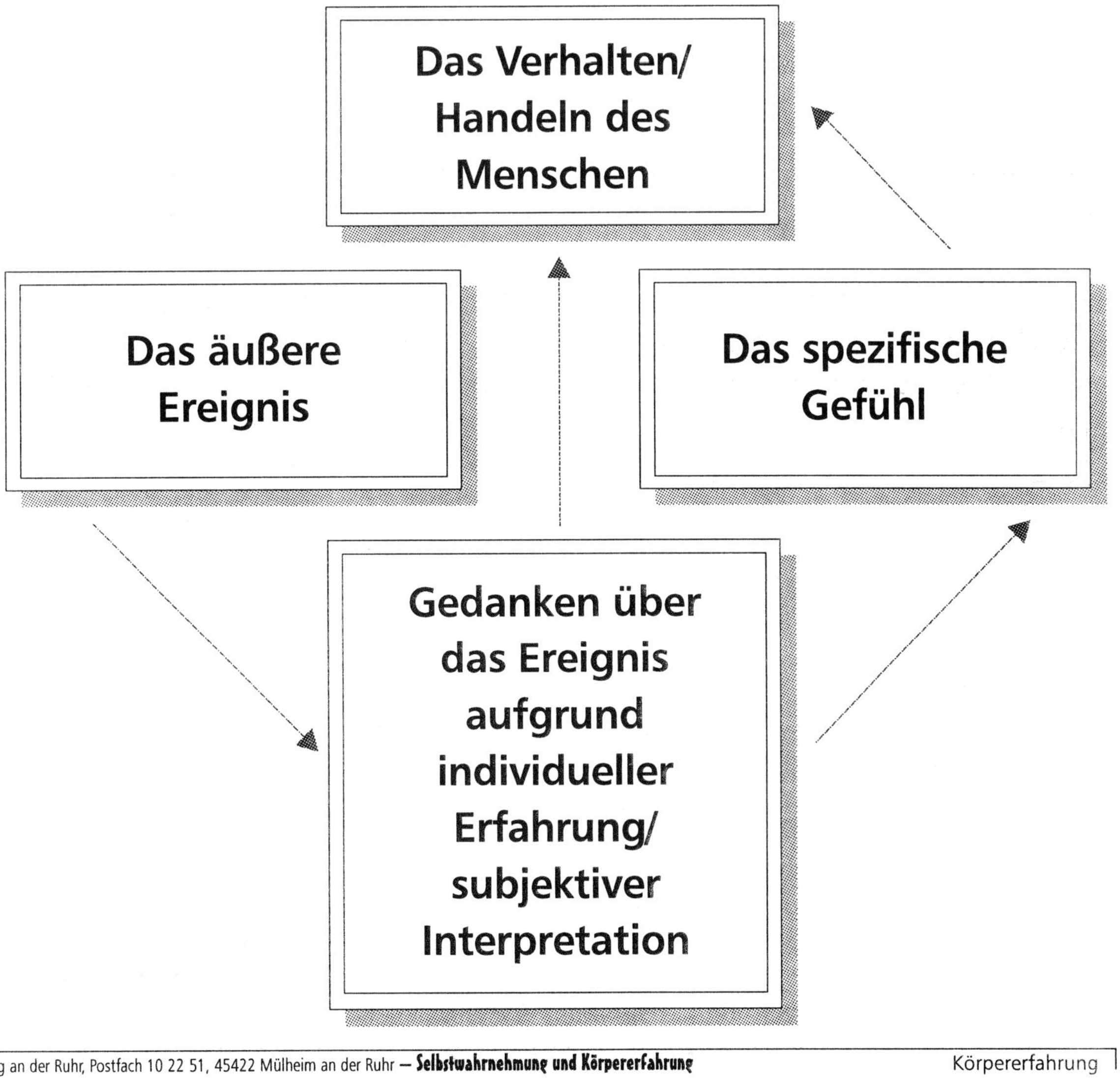

```
              Das Verhalten/
              Handeln des
              Menschen


Das äußere                    Das spezifische
Ereignis                      Gefühl


              Gedanken über
              das Ereignis
              aufgrund
              individueller
              Erfahrung/
              subjektiver
              Interpretation
```

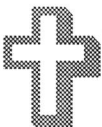

Schön, daß es dir schlecht geht!
oder: Die Kunst zu trauern

Wir leben in einer Zeit der großen Gefühle. Emotions. Wo die Vielfalt der Kulturen einer Einheitskultur Platz macht, da müssen auch die authentischen Gefühle Einheitsgefühlen Platz machen. Die großen, öffentlichen Ausbrüche von Wut, Schmerz und Tränen, von Mitgefühl und Freude – ganze Batterien gefühliger, öffentlich privater Betroffenheitsergüsse flimmern täglich über die Bildschirme.

So verkümmern wir allmählich zu einer Gesellschaft von Gefühls-Voyeuren und verlernen vielleicht, eine persönliche, ganz private Form für unsere selbst erlebten Gefühle zu entwickeln. Dabei ist es gerade die Vielfalt der möglichen Gefühle und ihrer Ausprägungen, die unser Leben und den Austausch mit fremden Kulturen bereichern kann. Ein Beispiel für diese Vielfalt ist der Umgang mit dem Tod in unterschiedlichen Kulturen.

Buddhismus

*Die Lebenserscheinungen
kann man vergleichen mit einem Traum,
einem Phantom, einer Wasserblase,
einem Schatten, dem glitzernden Tau
oder dem Blitz –
und so sollten sie betrachtet werden.*

Prajnaparamita-Satra

Buddhisten und Brahmanen betrachten die gegenwärtige Welt nicht als einzige und letzte. Der Mensch muß viele verschiedene Daseinsformen durchlaufen, bis er Freiheit im Nirvana, dem höchsten Zustand, der Leere, erlangt. Tod ist für Buddhisten die andere Seite der Geburt, ein anderer Name für denselben Vorgang, vom entgegengesetzten Standpunkt aus gesehen, so wie wir dieselbe Tür, je nachdem, von wo wir sie betrachten, als Eingang oder Ausgang bezeichnen. Dieser Glaube an die Wiedergeburt macht die Trauer über den Tod eines Menschen erträglicher und tröstlicher. Er wird ja durch den Tod wiedergeboren und ins Leben zurückkehren.

Stammesreligionen

*Die Toten sind nicht fortgegangen;
sie sind hier in schweigenden Schatten.
Die Toten sind nicht unter der Erde;
sie sind in raschelnden Bäumen,
sie sind im ächzenden Holz,
sie sind im strömenden Wasser,
sie sind im ruhenden Wasser,
sie sind in den Hütten,
sie sind in der Menge der Leute,
die Toten sind nicht fort.*

Aus: „Chants d'ombre suivis de Hosties Noire", Hrsg.
Leopold Senghor.

Die meisten Stammesvölker glauben, daß die Geister der Verstorbenen weiterleben. Diese „lebenden Toten" haben Verbindung zu den Hinterbliebenen. Um die Toten in die Welt der „guten Geister" Eingang finden zu lassen, müssen beim Beerdigen und Trauern bestimmte rituelle Abläufe eingehalten werden. Dies kann in unterschiedlichsten Formen geschehen: vom Wochen oder Monate währenden Trauerritual bis hin zu „fröhlich" anmutendem Gesang und Tanz.

Westliche Welt

Der Umgang mit dem Tod ist in unserer Gesellschaft beherrscht von dem Bestreben, das Ereignis so weit wie möglich zu verdrängen. Unser Bewußtsein ist auf das diesseitige Leben und die Erlangung materieller Güter gerichtet. Das Christentum postuliert zwei Formen von Leben: das vor und das nach dem Tode, wobei mit dem Tod eine auf immer währende Teilung in gerettete und verlorene Seelen erfolgt. Die Trauer der Hinterbliebenen ist oftmals der Ausdruck einer tiefen Angst vor immerwährender Trennung – wer weiß, ob nach dem Tod nicht doch alles zu Ende ist?

A Wie ist es mit den Trauerritualen bei anderen Völkern und Religionen?
Versucht, Informationen darüber zu finden (Bibliothek).
Welche Erfahrungen habt ihr selbst mit Trauer?
Sprecht in eurer Gruppe darüber.
Welche Möglichkeiten zu trauern gibt es?
Welche Möglichkeiten, sich zu freuen, kennt ihr?
Denkt mal an die Jubelarien in den Stadien
und auf den Sportplätzen, die ja auch in ziemlich
stereotypen Formen verlaufen.
Könnt ihr diese Jubelformen nachahmen?
Findet eigene, völlig verrückte neue Jubelformen
und spielt sie euch vor.

3.6 Crunch

 „Crunch" ist eine Übung zur Entwicklung eines intensiveren Körpergefühls. Dies erfahren die Teilnehmer, indem sie

- die Bedeutung der eigenen Körperwahrnehmung erfahren,
- Körpererfahrung durch Anspannung und Entspannung erleben,
- die eigenen körperlichen Belastungsgrenzen kennenlernen,
- körperliche Koordinationsfähigkeit trainieren,
- die eigene Fitneß mit der anderer Teilnehmer vergleichen,
- gezielt die Bauchmuskulatur trainieren; Möglichkeiten kennenlernen, ihre eigene körperliche Verfassung zu verbessern;
- Spaß an sportlicher Betätigung entdecken; sich partnerschaftlich ohne Leistungs- und Konkurrenzdruck mit einer sportlichen Übung auseinandersetzen,
- Folgen von Bewegungsmangel erkennen und diskutieren,
- extreme Formen des Körperkults wie z. B. Bodybuilding problematisieren,
- Schönheitsideale erkennen, beurteilen und diskutieren.

 ab 14 Jahren

 bis ca. 20 Personen

 a) ca. 15 Minuten für die Übung
b) ca. 30 - 60 Minuten für die Auswertung

 Händigen Sie allen Teilnehmern das Arbeitsmaterial 1 aus. Teilen Sie den Teilnehmerkreis in Paare auf. Jedes Paar bekommt eine Schaumstoffmatte. Einer der beiden Teilnehmer legt sich mit dem Rücken auf die Matte. Der andere liest die in Material 1 aufgeführten Anweisungen vor. Er hat außerdem die Aufgabe, auf eine korrekte Ausführung zu achten und gegebenenfalls korrigierend einzugreifen. Ferner leistet er während der Übung Hilfestellung und notiert die Anzahl der Wiederholungen. Nachdem der erste Teilnehmer die beiden Übungen absolviert hat, ist eine kleine Pause zum Ausruhen vorgesehen. Anschließend tauschen die Partner die Rollen.

 Wo genau habe ich die Anspannung in meinem Körper gespürt, und wie intensiv habe ich sie erlebt?

- Wie habe ich die Entspannungsphasen der Übungen erlebt?
- Welche der beiden Übungen hat mir besser gefallen? Warum?
- Welche der beiden Übungen habe ich als anstrengender empfunden?
- Wie viele Wiederholungen habe ich geschafft?
- Wie beurteile ich in bezug auf diese Übungen meine Fitneß im Vergleich mit der anderer Teilnehmer?
- Wie schätze ich das Ergebnis dieses Vergleichs ein?
- Welche sportlichen Aktivitäten gehören zu meinen regelmäßigen Beschäftigungen?
- Warum habe ich gerade diese Sportarten gewählt?
- Welche Einstellung habe ich allgemein zu sportlicher Betätigung?
- Wodurch ist diese Einstellung begründet?
- Wie und zu welchen Zeiten kann ich in meinen Alltag sinnvoll sportliche Aktivitäten integrieren?
- Welche Schlüsse ziehe ich aus meinen Erfahrungen mit der Übung „Crunch"?

 In den Zweiergruppen findet nach Beendigung eines Durchgangs ein kurzes Auswertungsgespräch statt. Dazu kann als Hilfe das Arbeitsblatt „Erfahrungen" (Material 2) benutzt werden. Danach treffen sich alle zu einem ausführlichen Auswertungsgespräch.

- Eine spezielle Aufwärmgymnastik muß bei angenehmer Raumtemperatur nicht notwendigerweise durchgeführt werden, sollte jedoch bei ausreichender Zeit obligatorisch sein. Einige Beispiele für Aufwärmübungen bietet Material 5.
- Die Teilnehmer sollten nicht unter Leistungs- oder Konkurrenzdruck gesetzt werden.
- Bei der Durchführung sind Hohlkreuzpositionen zu unterbinden. Ein Handtuch,

flach unter den Lendenwirbelbereich gelegt, kann hier prophylaktisch Abhilfe schaffen.

- Achten sie darauf, daß die Übung niemals mit ausgestreckten Beinen ausgeführt wird. Allerdings können die Füße auch vollständig auf den Boden gestellt werden.

- Es sollte eine 90°-Beinstellung am Boden eingehalten werden, damit der Hüftbeuger ausgeschaltet wird.

- Um Schädigungen der Wirbelsäule zu vermeiden, ist unbedingt auf eine korrekte Ausführung der Übungsanweisungen zu achten.

- Vermeiden Sie auf jeden Fall eine Preßatmung. Beim Heben des Oberkörpers sollte Luft geholt, und beim Zurückgehen in die Ausgangsposition ausgeatmet werden.

- Die Notierung der absolvierten Wiederholungen soll nicht zur Ermittlung eines Siegers dienen, sondern lediglich die Möglichkeit bieten, sein eigenes aktuelles Leistungsvermögen besser einzuschätzen. So wird eine Entwicklung in Zukunft nachvollziehbar.

- Am Anfang und Ende des Spiels kann der Puls gemessen werden. Dabei greifen Zeigefinger und Mittelfinger einer Hand an die Pulsstelle am Handgelenk der anderen Hand. Hier werden 15 Sekunden lang die Pulsschläge gezählt. Die ermittelte Zahl wird mit vier multipliziert. Der Puls sollte nach diesen Übungen nicht über 130 Schlägen pro Minute liegen.

- Sollten einzelne Teilnehmer während oder nach der Übung größere Erschöpfung zeigen, kann der Hinweis auf eine Untersuchung bei einem Sportmediziner hilfreich sein.

- Möchten Sie mit der Gruppe noch weitere Spiele mit sportlichem Charakter durchführen, bieten sich aus dem Kapitel Selbstwahrnehmung die Übung „Torball" (Kap. 2.4) und aus dem Kapitel Körpererfahrung das Element „Sport-As" (Kap. 3.9) an.

Fit For Fun 1995; Entspannt sein, Energie haben 1993; Friedrich Jahresheft XIII 1995; Zalfen 1991; Bischops 1994; Freiwald 1991; Pilss-Samek 1994; Alter 1989; Hüllemann 1992; Sölveborn 1983

Training der Bauchmuskeln

Mit dieser Übung können sportlich Interessierte ganz gezielt ihre Bauchmuskulatur trainieren. Ziel ist es, die Bauchmuskulatur aufzubauen bzw. zu stärken, ohne dabei den Rücken und die Gelenke zu belasten. Um eine Schädigung der Wirbelsäule zu verhindern, ist unbedingt auf eine korrekte Ausführung der Übungen zu achten. Eine gut ausgeprägte Bauchmuskulatur kräftigt das Stützkorsett des Bauches, der die Muskelpartien des Halteapparates Rücken unterstützt. Eine unterentwickelte Abdominalmuskulatur kann dazu führen, daß die Rückenmuskulatur selbst bei vermeintlich harmlosen Tätigkeiten wie aufrechtem Sitzen überlastet werden kann.

Um einen guten Trainingseffekt zu erzielen, benötigt man keine teuren Geräte, wie sie beispielsweise in Fitneßstudios vorhanden sind. Lediglich eine Schaumstoffmatte als Unterlage ist empfehlenswert. „Crunch" hilft dabei, den eigenen Körper intensiver wahrzunehmen; insbesondere der Zustand von Anspannung und Entspannung der Muskulatur wird deutlich erlebt. Daneben dient diese Übung auch zum Training der eigenen Koordinationsfähigkeiten. Denn der Übende muß stets darauf achten, daß Kopf, Arme, Rücken und Becken in einem bestimmten Verhältnis zueinander gehalten werden. Geschieht dies nicht, vermindert sich der Übungseffekt, und es können zudem leicht Schädigungen der während der Übung beanspruchten Muskulatur eintreten.

„Crunch" soll den Teilnehmern, die wenig Sport treiben, einen kleinen Einblick geben, wieviel Spaß körperliche Betätigung machen kann. Die Jugendlichen sollen so motiviert werden, in sportlicher Hinsicht mehr Engagement zu zeigen. Dafür ist eine Atmosphäre

3.6 Crunch

wichtig, in der Konkurrenz- und Leistungsvergleiche keine Rolle spielen. So können Sie vermeiden, Ungeübte zu demotivieren.

Sport und Bewegungsmangel

Ein ausführliches Auswertungsgespräch kann diese Intention unterstützen. Als Einstieg kann das Arbeitsblatt „Sport" (Material 3) dienen. Damit können sich die Teilnehmer in ihren Paaren darüber austauschen, welchen Sport sie betreiben und warum. Zum anderen werden sie dazu angeregt, allgemein über die Vorteile sportlicher Betätigung nachzudenken. Im Plenum können Sie dann die Probleme thematisieren, die unsere Zivilisation mit dem Phänomen Bewegungsmangel hat. Die Folgen von immerwährendem Sitzen etwa in Beruf und Auto sind Übergewicht, Herz-Kreislauferkrankungen, Haltungsschäden, Schmerzen, Bewegungseinschränkungen etc.

Daneben führt der chronische Bewegungsmangel zu einer nicht zu unterschätzenden ökonomischen Belastung der gesamten Gesellschaft, indem die durch die Zivilisationskrankheit Bewegungsmangel eintretenden Krankheitsbilder zu stetig steigenden Kosten im Gesundheitswesen beitragen. Interessant ist es auch zu erörtern, welche Auswirkungen dies auf unsere Gesellschaft und damit auch auf die Lebensbedingungen des einzelnen hat. Mit welchen Konsequenzen müssen wir beispielsweise aufgrund der Kostenexplosion bei den Krankenkassen in Zukunft rechnen?

Körperkult

Ein weiteres Thema könnte der zunehmende Körperkult sein. Dazu gehören auch Folgeerscheinungen einer übertriebenen Körperorientierung, wie zum Beispiel Dopingmißbrauch oder Magersucht. In diesem Zusammenhang erscheint eine Diskussion darüber sinnvoll, welchen Wert „Schönheit" für uns hat. Dazu können Sie zunächst das Arbeitsblatt „Spieglein, Spieglein …" (Material 4) einsetzen. Das Material regt die Jugendlichen dazu an, über ihr Schönheitsverständnis sowohl im Blick auf das eigene als auch das andere Geschlecht nachzudenken. Wichtig ist für die Jugendlichen heute ja auch, wer oder was stark ist bzw. scheint. Das Arbeitsblatt „Total stark!" (Material 6) dient dazu, über andere Formen von Stärke als nur körperliche zu diskutieren.

Bei der folgenden Gesprächsrunde könnten im Plenum u.a. die folgenden weiterführenden Fragen Anlaß zur Diskussion sein: Welchem Schönheitsideal folgen wir? Haben Männer und Frauen die gleichen Vorstellungen darüber, was schön ist? Wo kommen die gültigen Schönheitsvorstellungen her? Welchen Einfluß üben andere Menschen oder die Werbung auf unser Schönheitsverständnis aus? Welchen Sinn macht es, bestimmten Schönheitsidealen nachzueifern? Wie groß ist die Abhängigkeit des einzelnen von einem „schönen Körper"?

Übungsanleitung

In diesem Spiel sollt ihr euch sportlich betätigen. Legt fest, wer von euch als erster an der Reihe sein soll. Dieses Blatt dient als Anleitung zur korrekten Ausführung der beiden Übungen.

Die erste Übung heißt Crunch und trainiert eure Bauchmuskulatur:

Lege dich mit dem Rücken auf die Schaumstoffmatte, stelle die Beine in einem 90°-Winkel an. Die Füße haben nur mit den Hacken Bodenkontakt. Verschränke nun die Arme hinter deinem Kopf, so daß der Kopf in den gefalteten Händen zu liegen kommt. Dies ist die Ausgangsposition für den Crunch.

Die Übung selbst wird so durchgeführt: Hebe jetzt zuerst den Kopf, dann die Halswirbelsäule von der Matte ab, bis du eine deutliche Anspannung in der Rückenmuskulatur spürst. Achte darauf, daß die Ellenbogen möglichst weit nach außen gestreckt sind. Gleichzeitig sollen die Hände und der Kopf fest gegeneinander gedrückt werden. Während du auf diese Weise den Oberkörper anhebst, atmest du tief ein. Beim Zurückgehen in die Ausgangsposition atmest du aus. So vermeidest du eine Preßatmung. Achte bei der Ausführung der Übung darauf, daß dein unterer Rückenbereich immer Bodenkontakt hat, und blicke stets geradeaus.

Versuche 15 Wiederholungen. Übe gleichmäßig im Rhythmus deiner Atmung. Nimm dir für jede Wiederholung ungefähr drei Sekunden

Zeit. Wenn dich die Kraft vorher verlassen sollte, beende die Übung. Vermeide unbedingt eine Überlastung; bei diesem Spiel geht es nicht um Gewinner oder Verlierer, sondern darum, deinen Körper besser kennenzulernen.

Nach dem Ende der ersten Übung könnt ihr eine kurze Pause einlegen und dabei entspannen. Die zweite Übung heißt Revers-Curl:

Bleibe in Rückenlage auf der Matte liegen, lege die Beine an den Knöcheln über Kreuz, und strecke die Arme hinter den Kopf. Bewege nun die Knie in Richtung Bauch und wieder zurück. Achte darauf, daß die Beine beim Zurückgehen einen Winkel von 90° nicht überschreiten. Damit vermeidest du eine Hohlkreuzposition. Atme aus, während du die Hüfte abhebst, und beim Absenken wieder ein. Versuche ebenfalls 15 Wiederholungen, übe dabei langsam und gleichmäßig im Rhythmus deiner Atmung. Stoppe jedoch sofort, wenn es zu schwer wird. Nach dem Abschluß der zweiten Übung könnt ihr wieder eine kurze Pause machen, um euch zu erholen. Anschließend wechselt ihr die Rollen.

Erfahrungen

Nehmt euch nun ein paar Minuten Zeit, und beantwortet stichwortartig die folgenden Fragen.

1. Wo hast du die Anspannung in deinem Körper gespürt? Beschreibe die Stellen möglichst genau.

_____

_____

_____

_____

_____

_____

_____

2. Wie intensiv hast du die Anspannung erlebt? In welchen anderen Zusammenhängen hast du schon einmal eine solche Anspannung erlebt?

_____

_____

_____

_____

_____

_____

_____

3. Wie hast du die Entspannungsphasen der Übungen erlebt? Was hat sich in deinem Körper an welchen Stellen genau verändert, als die Spannung abnahm?

_____

_____

_____

_____

_____

_____

_____

_____

4. Welche der beiden Übungen hat dir besser gefallen? Warum?

_____

_____

_____

_____

_____

_____

_____

Sport

Viele Menschen betreiben in ihrer Freizeit Sport.
Welchen Sport machst du?

_____

_____

_____

_____

Welche Motive hast du dafür, gerade den
Sport auszuüben, den du betreibst?

_____

_____

_____

_____

_____

Welche Vor-, aber auch welche Nachteile kann
es haben, Sport zu treiben?

_____

_____

_____

_____

_____

Spieglein, Spieglein …

Viele Menschen wollen schön sein, und sie tun einiges dafür.
Manche Menschen hungern, um schön auszusehen, andere lassen
Schönheitsoperationen an sich durchführen. Macht euch mit Hilfe der folgenden Fragen
ein paar Gedanken über euer eigenes Verständnis von Schönheit.
Beantwortet dazu die nachfolgenden Fragen
in den dafür vorgesehen Feldern.

Welche Eigenschaften hat für dich
eine schöne Frau?

Welche Eigenschaften hat für dich
ein schöner Mann?

Aufwärmübungen

1. Lauft ungefähr 150 Doppelschritte auf der Stelle.

2. Stellt euch mit durchgedrückten Knien hin. Laßt die Arme in verschiedene Richtungen kreisen.

3. Stellt euch mit durchgedrückten Knien hin. Laßt den Oberkörper nach vorn fallen.

4. Stellt euch mit durchgedrückten Knien hin. Verschränkt die Hände hinter dem Kopf. Haltet die Ellenbogen möglichst weit nach außen. Dreht den Rumpf.

5. Stellt euch aufrecht hin. Legt den Kopf einmal nach links, einmal nach rechts, so daß die Ohren die Schultern berühren.

6. Stellt euch aufrecht hin. Laßt den Kopf kreisen. Die Ohren sollen dabei die Schultern, das Kinn die Brust berühren.

7. Lauft auf der Stelle. Zieht dabei die Beine stark an, so daß die Knie in die Nähe der Brust kommen.

8. Stellt euch aufrecht hin. Hebt die Fersen vom Boden ab und senkt sie wieder.

Total stark!

1 James Dean

2 Eloy (Backstreet Boys)

3 Mahatma Gandhi

4 Madonna

5 Superman

6 Steffi Graf

 Unterhaltet euch zu zweit über die folgenden Fragen:

Wen der hier abgebildeten Personen findet ihr „echt stark"?

Wen findet ihr außerdem stark?

Was findet ihr echt stark?

Warum?

Was bedeutet Stärke für euch?

Welche Formen, Stärke zu zeigen, kennt ihr, und welche beherrscht ihr auch selbst?

Wen oder was findet ihr dementgegen schwach?

- Kennt ihr Steigerungsformen oder Differenzierungen von „stark": megastark, total stark, aberechtvollsuperaffenstark, ey …?
- „Stark" wird ja gerade in der Umgangssprache mit anderen Bedeutungen verwendet: als Synonym für „klasse", „toll", „gut". Welche anderen Begriffe für „toll" kennt ihr noch: hammermäßig, gigageil …?
- Wie wäre es mit ein paar neuen Wortkreationen: „echt schäck, ey", „voll angebraten" oder „total straff"?

Diese Übung leitet behutsam dazu an, Berührungen zu erfahren und zuzulassen. Die Teilnehmer sollen dabei im einzelnen

- lernen, sich mit Unterstützung eines anderen Menschen aktiv zu entspannen,

- die persönliche Ganzheit erleben,

- die Atmung eines anderen Menschen mit den Händen spiegeln,

- fähig werden, sich einem anderen Menschen anzuvertrauen,

- fähig werden, einen anderen Menschen zu berühren und ihm dadurch Wohlbehagen zu vermitteln,

- über die Bedeutung von Berührungen nachdenken,

- Probleme beim Berühren von Menschen erkennen,

- über die damit zusammenhängenden Norm- u. Wertvorstellungen nachdenken.

 ab 12 Jahren

 bis ca. 12 Personen

 a) ca. 15 - 20 Minuten für die Übung
b) ca. 30 Minuten für die Auswertung

 Sorgen Sie dafür, daß Sie durch Umweltgeräusche möglichst nicht gestört werden. Jedes Paar erhält eine Schaumstoffmatte. Führen Sie die Übung mit folgendem Text ein. Achten Sie auf die Einhaltung der Pausen.

„Bei der folgenden Übung könnt ihr einander helfen, euch zu entspannen. Ihr werdet lernen, bewußt aufeinander einzugehen und euch gegenseitig Vertrauen zu schenken. Ich möchte, daß ihr jetzt Paare bildet. Damit das Spiel für alle besonders angenehm wird, sollten sich jeweils zwei von euch, die sich bereits recht gut kennen, zu einem Paar zusammenfinden. Der jüngere der beiden Partner heißt ab jetzt A, der ältere B. (30–60 Sek. warten)
Ich möchte, daß ihr ab jetzt nicht mehr miteinander sprecht. Für das Gelingen der Übung ist es sehr wichtig, daß ihr euch sehr genau auf euren Partner konzentrieren könnt. Dazu muß es ruhig sein.

A legt sich nun mit dem Rücken auf den Boden, die Beine nebeneinander, die Zehen fallen nach außen; die Arme liegen neben dem Körper, leicht angewinkelt mit den Handinnenflächen zum Boden. A schließt die Augen. B setzt sich in Höhe des Brustkorbs im Schneidersitz rechts neben A. B muß ganz bequem sitzen, damit er diese Haltung ohne Unterbrechung für eine Weile beibehalten kann. Nehmt euch also Zeit, die richtige Haltung zu finden. (20 Sek. warten) Und erinnert euch bitte noch einmal: Während der Übung solltet ihr nicht sprechen. (10–30 Sek. warten)
B legt jetzt seine rechte Hand leicht auf die Stirn und die linke Hand leicht auf das Sonnengeflecht von A. Das Sonnengeflecht ist die Körpergegend etwa eine Handbreit über dem Nabel. B achtet darauf, daß seine Hände A wirklich nur ganz leicht berühren, so daß A den Druck zwar spürt, ihn aber nicht als unangenehm empfindet. (10 Sek. warten)
Auch B schließt jetzt seine Augen. A und B konzentrieren sich nun beide auf die Empfindungen, die an den beiden Berührungsflächen wahrzunehmen sind. Nehmt ganz deutlich wahr, wie es sich an diesen Körperstellen anfühlt. Konzentriert euch auf die Stellen, an denen eure Körper sich berühren. Nehmt wahr, was dort geschieht. Genießt dieses Gefühl. (30–60 Sek. warten)
A und B achten jetzt für einen Augenblick ganz bewußt auf ihre Atmung. Erlebt, wie ihr ganz normal ein- und ausatmet … ganz normal ein- und ausatmet. (30 Sek. warten) Versucht jetzt gemeinsam, eure Atemgeschwindigkeit einander anzupassen. Achtet darauf, daß dabei keine unnötigen Anstrengungen unternommen werden. Versucht, ganz entspannt zu sein, und gleicht die eigene Atemgeschwindigkeit an die eures Partners an. Ihr werdet spüren, wie einfach das ist. (30 Sek. warten)
Wenn ihr jetzt die Atemgeschwindigkeit eures Partners erreicht habt, haltet diesen Zustand aufrecht. Konzentriert euch bewußt auf euer gemeinsames Atmen, und genießt gleichzeitig die Berührung an der Stirn und auf dem Sonnengeflecht. Ihr werdet euch dabei ganz bewußt entspannen. Ihr werdet dabei immer ruhiger werden, vollkommen ruhig, gelöst und

entspannt. Ihr werdet dabei immer ruhiger werden, vollkommen ruhig, gelöst und entspannt. (30–60 Sek. warten)

Ihr werdet euch jetzt wieder auf meine Stimme konzentrieren. Ich möchte, daß B jetzt seine rechte Hand von As Körper nimmt und sie ganz sacht auf die Herzgegend von A legt. A soll auch hier die Berührung spüren, sie aber nicht als unangenehmen Druck empfinden. Der Druck sollte so intensiv sein, daß A und B As Herzschlag spüren können. Macht dies alles ganz sacht. Konzentriert euch auf das gemeinsame Erleben des Herzschlags. Spürt, wie es ist, wenn man den eigenen oder den Herzschlag eines anderen Menschen so bewußt erlebt. Genießt beide diese neue Berührung und diese unmittelbare Erfahrung des Lebens, und entspannt euch dabei. Ihr werdet spüren, wie ihr jetzt immer ruhiger werdet, vollkommen ruhig, gelöst und entspannt. Ihr werdet immer ruhiger, vollkommen ruhig, gelöst und entspannt. (20–30 Sek. warten)

Ihr werdet euch jetzt wieder auf meine Stimme konzentrieren. Ich möchte, daß B jetzt seine linke Hand von As Stirn nimmt. A genießt für eine Weile die Erfahrung, wie es sich anfühlt, wenn B die Hand von seiner Stirn genommen hat. A spürt, wie die Hand von B auf seiner Stirn noch eine Weile nachwirkt. (15 Sek. warten) B legt jetzt seine linke Hand leicht auf den rechten Oberarm von A. Wieder soll die Berührung für A spürbar, aber zugleich auch angenehm sein. Dann legt A seine rechte Hand wieder auf die Gegend des Sonnengeflechts von A. Nehmt diese neue Berührung bewußt wahr. Spürt, wie sich diese neue Erfahrung anfühlt. Ab jetzt werdet ihr euch wieder auf eure Atmung konzentrieren. Ihr werdet spüren, daß es euch jetzt ganz leicht fallen wird, euch an die Atmung eures Partners anzugleichen. (20–30 Sek. warten) Genießt diese Erfahrung jetzt in vollen Zügen. Ihr werdet erleben, wie ihr euch jetzt gemeinsam immer tiefer und tiefer entspannen werdet. Wenn ihr es zulaßt, werdet ihr euch jetzt vollkommen entspannen, ihr werdet vollkommen ruhig werden, vollkommen ruhig, gelöst und entspannt. Ihr

werdet euch vollkommen entspannen, und dabei werdet ihr immer ruhiger und ruhiger werden. Mit jedem Atemzug wird eure gemeinsame Entspannung tiefer und tiefer, tiefer und tiefer … Ihr werdet die Entspannung in vollen Zügen genießen. (1–2 Minuten warten)

Wir werden diese Übung jetzt gemeinsam beenden. Dazu zähle ich gleich von fünf auf null rückwärts. Und bei jeder Zahl, die ich nenne, wird eure Entspannung tiefer und tiefer werden. Wenn ich bei null angekommen bin, seid ihr wieder hellwach und in diesem Raum. Fünf … vier … drei … zwei … eins … null. Beugt und streckt eure Arme nun ein-, zweimal, atmet tief ein und öffnet eure Augen. Laßt euch Zeit. Und steht dann langsam auf."

Anschließend tauschen A und B die Rollen und der Vorgang wird wiederholt.

- Wie sollte/müßte die Übung gestaltet werden, um mir noch besser zu gefallen?

- Wie hat es mir gefallen, die Berührung meines Kopfes, meines Herzens, meines Sonnengeflechts durch meinen Partner zu erleben?

- Wie habe ich mich wahrgenommen, als ich Kopf, Herzgegend und Sonnengeflecht meines Partners berührt habe?

- Was hätte ich mir im Blick auf die Berührungen von meinem Partner zusätzlich gewünscht?

- Wie gut ist es mir gelungen, mich auf meine Atmung zu konzentrieren?

- Wie leicht/schwer ist es mir gefallen, mich mit meiner Atmung der meines Partners anzugleichen? Welche Schwierigkeiten sind dabei konkret aufgetaucht? Wie bin ich/sind wir mit diesen Schwierigkeiten umgegangen?

- Wie habe ich es erlebt, mein Herz/das Herz meines Partners deutlich wahrzunehmen?

- Wann und wo habe ich schon einmal solche Erfahrungen gemacht? Wie habe ich diese Erfahrungen damals beurteilt?

- Wie gut konnte ich mich während der einzelnen Phasen der Übung entspannen? Woran habe ich das gemerkt? Welche

Empfindungen konnte ich diesbezüglich in meinem Körper wahrnehmen?

● Welche Rolle haben für mich im Blick auf meine Entspannung die Anweisungen des Moderators gespielt?

● Welche Erkenntnisse kann ich aufgrund meiner Erfahrungen aus dieser Übung ableiten?

● Wie und wo kann ich diese Erkenntnisse in meinem alltäglichen Leben fruchtbar machen?

Die Jugendlichen führen anhand des Auswertungsbogens (Material 1) ein kurzes Gespräch (Dauer: ca. 15 Minuten), bevor Sie ein vertiefendes Auswertungsgespräch im Plenum beginnen.

• Sie sollten auf eine gerade Zahl von Gruppenmitgliedern achten.

• Das Spiel arbeitet mit bewußten Berührungen. Sollten Teilnehmer auf diese Berührungen reserviert bis ablehnend reagieren, sollte dies unbedingt respektiert werden. Dies gilt vor allem bei jüngeren Gruppenmitgliedern und unter Umständen auch bei verschiedengeschlechtlichen Partnern. Im Einzelfall können Sie mit der Gruppe überlegen, welche Körperpartien während des Spiels berührt werden sollen.

• Ggf. können Sie in einem einführenden Gespräch auf mögliche Probleme eingehen, die die Teilnehmer damit haben, sich wechselseitig zu berühren. Anregungen, Informationen und Materialien zum Thema „Berührung" finden Sie bei folgenden Spielen: „Fußmassage" (Kap. 3.1) und „Massage erleben" (Kap. 3.2).

• Aufgrund der durch die Übung eintretenden Entspannung können ähnlich wie bei der Muskelentspannung oder bei der Atemgymnastik (s. Spiele 3.3 und 3.8) verschiedene, aber in der Regel harmlose physiologische Irritationen wie etwa unwillkürliche Bewegungen, Magen- und Darmgeräusche, Kribbeln in den Extremitäten oder deutliches Kreislaufempfinden mit starkem Herzklopfen auftreten. Die Jugendlichen sollten im Rahmen des Aus-

wertungsgesprächs darüber aufgeklärt werden, daß es sich hierbei um Reaktionen des Organismus auf die ungewohnte Entspannungserfahrung handelt. In Einzelfällen kann es auch einmal ratsam sein, Gruppenmitgliedern einen Arztbesuch zu empfehlen, um bei der Übung aufgetretene Symptome abklären zu lassen.

• Manche Jugendliche lehnen Entspannungsübungen grundsätzlich ab. Neurotische Reaktionen in diesem Bereich sollten Sie akzeptieren und unbedingt auf Überzeugungsarbeit gegen den aufgebauten Widerstand verzichten. Dieser nämlich kann in unbewußten Ängsten o.ä. gründen und bedarf womöglich psychotherapeutischer Behandlung.

Franz/Mittermair 1985; Lidell u. a. 1984; Rumpler/Schutt 1986; Vopel 1986b; Brenner 1982; Eberlein 1985

Ganzheitliche Wahrnehmung

Der Erfolg des Spiels ist von der Bereitschaft und Fähigkeit der Teilnehmer abhängig, sich zu konzentrieren und berühren zu lassen. Zum anderen wird er auch von möglichen Erfahrungen der Jugendlichen mit klassischen Entspannungsmethoden beeinflußt.

Die Übung beinhaltet Elemente des Autogenen Trainings, der Atemtechnik und aus dem Bereich der Massage. Mit Hilfe des Handauflegens – insbesondere auf Stirn und Sonnengeflecht, aber beispielsweise auch auf Nacken und Lendenwirbelsäule – wird eine Zentrierung des Menschen auf sein Innerstes erreicht. In Abhängigkeit von der Fähigkeit, sich in einem solchen Augenblick fallen zu lassen, sich also völlig zu entspannen, können hier Ruhe und Ausgeglichenheit ebenso wie, bedingt durch die sanfte Berührung, Schutz und Geborgenheit erlebt werden. Damit kommt die Übung dem Grundbedürfnis des Menschen nach Nähe und Annahme durch den Mitmenschen entgegen. Mit Hilfe dieser Übung können zwei Menschen lernen, sich ganzheitlich wahrzunehmen und vollständig aufeinander einzugehen.

3.7 Magische Hände

Spiegeln

Besonders gut eignet sich das während der Übung erforderliche Spiegeln der Atmung dazu, sich auf den Partner intensiv einzustellen. Das zeitgleiche Atmen vermittelt ein Gefühl von intensiver Nähe, Wärme und Verständnis, wie es auch durch andere Formen des Spiegelns erreicht werden kann. Dabei wird ein einfacher psychologischer Effekt ausgenutzt: Im allgemeinen erleben wir andere Menschen dann als sympathisch, wenn sie zumindest auf bestimmten Gebieten so sind wie wir, sich so verhalten, wie wir es gewöhnlich tun, Fähigkeiten besitzen, die auch wir haben. Atmet jemand in derselben Geschwindigkeit, wie wir es tun, wird für die Beteiligten bereits durch diese Parallele ein Gefühl der Übereinstimmung und der Akzeptanz wahrnehmbar.

Besprechen Sie in einem vertiefenden Auswertungsgespräch, welche Formen des Spiegelns es gibt (Material 2) und welchen Nutzen es im Alltag haben kann, einen Menschen zu spiegeln. Wie kann man einen Menschen während eines Gesprächs körpersprachlich spiegeln? Welche positiven Effekte können durch das Spiegeln im Verlaufe einer kommunikativen Interaktion entstehen?

Besprechen Sie ausführlicher, welche Bedeutung das Erlernen bestimmter Entspannungsmethoden für den einzelnen haben kann. Bei dieser Gelegenheit können Ängste und Belastungen zur Sprache kommen, die die Heranwachsenden mit ihrem Alltag in der Schule verbinden. Erörtern Sie mit den Jugendlichen, wie man mit Entspannungsübungen diese psychischen Probleme in der Regel vergleichsweise leicht bewältigen kann. Wollen Sie intensiver auf die Streß-Erfahrungen der Teilnehmer eingehen, greifen Sie auf die entsprechenden Informationen und Elemente aus den Materialteilen der Spiele „Muskelentspannung" (Kap. 3.3) und „Atem-Strom" (Kap. 3.8) zurück.

Als Einstieg in die Behandlung des Themas „Berührung" kann das Arbeitsblatt „Touch" (Material 3) eingesetzt werden. Mit diesem Arbeitsblatt können die Teilnehmer in einer kurzen Partnerarbeit Assoziationen zum Wort „Berührung" aufschreiben oder malen. Die Ergebnisse der Partnerarbeit werden dann im Plenum weiterdiskutiert. Erörtern Sie u.a. folgende Fragen: Wen hast du schon einmal berührt? Wie hast du das erlebt? Wen würdest du bestimmt niemals berühren? Warum? Welche Normen und Werte werden durch bestimmte Berührungen verletzt? Was bedeutet eine solche Verletzung für dich? usw.

Arbeitsblatt
für
Gruppenauswertung

Besprecht in eurer Gruppe die folgenden Fragen.
Notiert eure Antworten stichwortartig in den dafür vorgesehenen Leerzeilen.

1. Was genau hat sich in meinem Körper verändert, als mein Partner seine Hände auf meine Stirn und auf meinen Oberbauch gelegt hat?

_____
_____
_____
_____

3. Wie habe ich es empfunden, meine Hände auf die Stirn, den Oberbauch und das Herz meines Partners zu legen?

_____
_____
_____
_____

2. Was genau habe ich gespürt, als mein Partner seine rechte Hand auf meine Herzgegend gelegt hat?

_____
_____
_____
_____

4. Wann konnte ich mich während der Übung entspannen? Wie intensiv war diese Entspannung?

_____
_____
_____
_____

Selbstwahrnehmung und Körpererfahrung — © Verlag an der Ruhr, Postfach 10 22 51, 45422 Mülheim an der Ruhr

Formen des Spiegelns

Körpersprache
Sitzhaltung – Gesten – Mimik

Sprache
Wortwahl – Sprechtempo – Satzbau

Überzeugungen
Meinungen – Anschauungen – Ideen

Touch

Bildet Paare. Notiert in den Feldern alles, was euch zum Thema „Berührung" einfällt.
Laßt euren Gedanken freien Lauf. Wenn ihr wollt, könnt ihr eure Ideen auch malen.

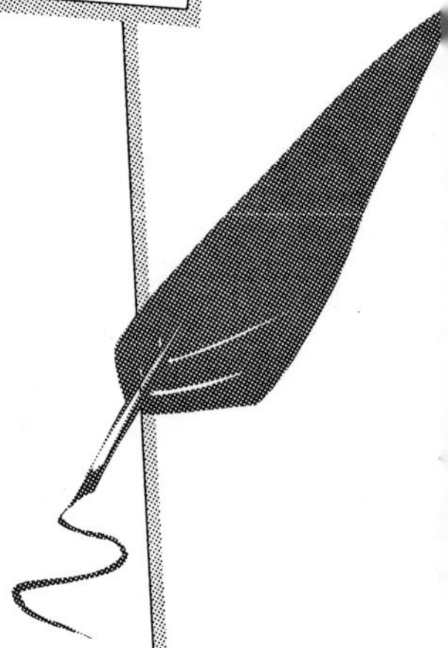

Selbstwahrnehmung und Körpererfahrung — © Verlag an der Ruhr, Postfach 10 22 51, 45422 Mülheim an der Ruhr

3.8 Atem-Strom

In „Atem-Strom" sollen die Teilnehmer durch das Erlernen von Atemtechniken die eigene Atmung und den eigenen Körper bewußt wahrnehmen. Unter anderem können sie so

- durch kontrolliertes Atmen Wohlbefinden erlangen,
- mittels „beruhigender Atmung" Entspannung erleben,
- Möglichkeiten kennenlernen, Streßsituationen besser zu bewältigen,
- über die Bedeutung des Atmens im alltäglichen Leben nachdenken,
- Atmen als meditatives Element des Lebens kennenlernen.

ab 10 Jahren

bis ca. 20 Personen
(abhängig von der Raumgröße)

a) ca. 15 Minuten für die Übung
b) ca. 30 - 45 Minuten für die Auswertung

Achten Sie bei Ihren Anweisungen auf ein langsames und möglichst gleichmäßiges Sprechtempo. Sprechen Sie nicht zu laut, aber sehr deutlich. Halten Sie die angegebenen Pausen unbedingt ein.

„Für dieses Spiel benötigt ihr eine angenehme und entspannte Körperhaltung. Legt euch daher auf den Rücken, die Arme leicht angewinkelt neben euren Körper, die Handinnenflächen weisen zum Boden, die Beine sind leicht gegrätscht, die Zehen fallen nach außen. (15 Sekunden warten) Schließt nun eure Augen. (10 Sekunden warten)

Nehmt jetzt ganz bewußt wahr, wie euer Körper auf dem Boden liegt. (10–15 Sekunden warten) Konzentriert euch auf eure Beine. Laßt alle Spannung aus den Beinen entweichen, laßt die Beine locker und entspannt werden. (10–15 Sekunden warten) Achtet darauf, wie sich eure Beine jetzt anfühlen. Ihr werdet spüren, wie es ist, wenn die Muskeln entspannt sind. (10–15 Sekunden warten) Versucht nun, euer Gesäß zu spüren, wie es sich an den Boden schmiegt. (10–15 Sekunden warten) Laßt die Gesäßmuskeln dabei ganz locker. (10–15 Sekunden warten) Wandert jetzt mit eurer

Wahrnehmung, vom Gesäß ausgehend, über den Rücken (15 Sekunden warten), die Schultern bis zum Kopf. (10–15 Sekunden warten) Macht euren Rücken, eure Schultern und euren Kopf ganz locker und entspannt. Laßt alle Spannung aus eurem Rücken, euren Schultern und eurem Kopf hinaus. (10–15 Sekunden warten) Hört jetzt ganz tief in euren Körper hinein, nehmt die angenehme Entspannung in euch auf. (10–15 Sekunden warten) Ihr seid jetzt vollkommen ruhig, gelöst und entspannt. (Einige Male wiederholen, danach 30 Sekunden warten.)

Konzentriert euch jetzt ganz bewußt auf eure Atmung. Nehmt jeden Atemzug wahr, wie ihr ganz normal ein- und ausatmet. (30–60 Sekunden warten) Legt die Zunge mit der Spitze nach hinten an den Gaumen, ganz weich, ohne euch dabei zu verkrampfen, und haltet dabei den Mund geschlossen. (30 Sekunden warten) Spürt, wie der Luftstrom eure Nase passiert und wie sich eure Lunge ganz allmählich mit Luft füllt. (20–30 Sekunden warten) Ihr könnt eure Wahrnehmung unterstützen, indem ihr eine Hand auf euren Bauch legt, ein wenig unterhalb des Nabels. Ihr könnt nun spüren, wie sich euer Bauch bei jedem Atemzug hebt und wieder senkt. Konzentriert euch jetzt auf diese Wahrnehmung. (ca. 1 Minute warten) Achtet beim Einatmen darauf, daß ihr zuerst den Bauch mit Luft anfüllt, bis die Hand durch die Hebung des Bauchs merklich nach oben bewegt worden ist. Erst dann versorgt ihr eure Lunge mit Luft, indem ihr weiter einatmet. Achtet darauf, daß das Ausatmen deutlich länger dauert als das Einatmen. Bleibt dabei aber ganz locker; laßt die Luft einfach aus- und einströmen. (ca. 45 Sekunden warten) Versucht die Luft ein paar Sekunden anzuhalten, nachdem ihr in die Lunge eingeatmet habt. Und dann atmet ihr ganz langsam durch den Mund wieder aus. Ihr könnt beim Ausatmen die Lippen fast geschlossen halten und die Luft dann ganz langsam ausblasen. (ca. 45 Sekunden warten)

Wenn ihr mögt, könnt ihr einmal versuchen, die Luft auf folgende Weise auszuatmen: Macht es genau umgekehrt wie beim Einatmen. Richtet den Luftstrom ganz kontrolliert von oben nach unten. Zuerst strömt die Luft aus dem Brustraum hinaus, dann aus den

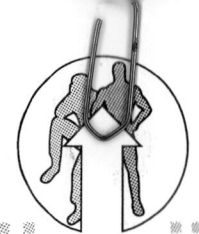

3.8 Atem-Strom

Flanken und zuletzt senkt sich der Bauch. Verlängert das Ausatmen solange, bis ihr daß Gefühl habt, jetzt ist der Zeitpunkt, um wieder mit dem Einatmen zu beginnen. Seid dabei ganz gelassen. Laßt es einfach geschehen. Der Atem kommt und geht ... der Atem kommt und geht ... der Atem kommt und geht. (ca. 1 ½ Minuten warten)
Gönnt euch noch eine Weile die wohlige Entspannung, die euren ganzen Körper jetzt durchströmt. Ihr seid dabei vollkommen ruhig, gelöst und entspannt, und eure Entspannung wird bei jedem Atemzug tiefer und tiefer. (Mehrfach wiederholen und dann ca. 1 Minute warten.)
Wir werden diese Übung gleich beenden. Ich zähle dazu von fünf auf null rückwärts. Wenn ich bei null angekommen bin, werdet ihr eure Augen wieder öffnen und die Arme und Beine kräftig beugen und strecken. Ihr werdet wieder hier in diesem Raum sein, vollkommen ruhig und entspannt, und danach könnt ihr langsam wieder aufstehen. Fünf, ... vier, ... drei, ... zwei, ... eins, ... null."

- Welche Erfahrungen habe ich mit meiner Atmung in anderen Situationen gemacht? Welche dieser Erfahrungen waren für mich angenehm, welche eher unangenehm? Warum?
- Wie leicht/schwer ist es mir gefallen, mich während der Übung auf meine Atmung zu konzentrieren?
- Wie leicht/schwer ist es mir gefallen, meine Atmung zu kontrollieren, insbesondere die Phase des Ausatmens zu verlängern?
- Wie gut konnte ich in den Bauch und erst dann in die Brust einatmen und umgekehrt wieder ausatmen?
- Welche Schwierigkeiten traten bei der Übung konkret auf?
- Wie erkläre ich mir diese Schwierigkeiten, und wie bin ich während der Übung mit ihnen umgegangen?
- Welche Veränderungen in meiner Befindlichkeit konnte ich im Verlauf der Übung beobachten? Welche der Veränderungen habe ich als angenehm, welche als unangenehm erlebt? Warum?

- Welche Erklärungen habe ich für die während der Übung aufgetretenen Veränderungen in meinem Befinden?
- Welchen Nutzen bietet mir diese Übung für meinen Alltag?

Bei älteren Teilnehmern und/oder größeren Gruppen können Sie das Auswertungsgespräch durch eine Stillarbeitsphase vorbereiten. Dazu kann das als Material 1 beigefügte Arbeitsblatt „Atmen" eingesetzt werden. Zu Beginn des Auswertungsgesprächs sollen die Jugendlichen über die Erfahrungen berichten, die sie während der Übung gemacht haben. Danach könnte das Thema „Entspannung" allgemein behandelt und überlegt werden, wie, wann und wo die Gruppenmitglieder Entspannungstechniken, insbesondere Atemgymnastik, im Alltag nutzen können.

- Bei schwierigen Raumverhältnissen kann die Übung auch in einer bequemen Sitzhaltung durchgeführt werden. Achten Sie dabei darauf, daß die Jugendlichen aufrecht sitzen und die Zwerchfellatmung problemlos möglich ist. Aufgrund der durch die Übung eintretenden Entspannung können ähnlich wie beim Autogenen Training oder bei der Progressiven Muskelentspannung (s. Spiel 3.3) verschiedene, aber in der Regel harmlose physiologische Irritationen wie etwa unwillkürliche Bewegungen, Kribbeln in den Extremitäten oder deutliches Kreislaufempfinden mit starkem Herzklopfen auftreten. Die Jugendlichen sollten im Rahmen des Auswertungsgesprächs darüber aufgeklärt werden, daß es sich hierbei um normale Anpassungsreaktionen des Organismus handelt, der auf diese Weise versucht, mit der (ungewohnten) Entspannungserfahrung zurechtzukommen. In besonderen Einzelfällen kann es auch einmal ratsam sein, Gruppenmitgliedern einen Arztbesuch zu empfehlen, um bei der Übung aufgetretene Symptome abklären zu lassen.
- Eine weitere Entspannungsübung bietet das Spiel „Muskelentspannung" (Kap. 3.3).
- Manche Jugendliche lehnen Entspannungsübungen grundsätzlich ab. Neuroti-

Selbstwahrnehmung und Körpererfahrung — © Verlag an der Ruhr, Postfach 10 22 51, 45422 Mülheim an der Ruhr

sche Reaktionen in diesem Bereich sollten Sie akzeptieren und unbedingt auf Überzeugungsarbeit gegen den aufgebauten Widerstand verzichten. Dieser nämlich kann in unbewußten Ängsten o.ä. gründen und bedarf womöglich psychotherapeutischer Behandlung. Für ungeübte Teilnehmer kann die Übungszeit insgesamt oder auch die Dauer einzelner Phasen bereits zu lang sein. Kündigen Sie ggf. vor der Übung an, daß jeder zu jeder Zeit aus der Übung „aussteigen" kann, indem er kräftig einatmet und die Augen öffnet. Der Betreffende sollte dann aber auf dem Boden liegenbleiben, um die Konzentration der anderen Gruppenmitglieder nicht unnötig zu stören.

Fit For Fun 1994; Müller 1984; 1988; Brenner 1982; Kliebisch 1995b

Atem und Entspannung

Die Übung führt die Jugendlichen behutsam in das Phänomen menschlicher Atmung ein und macht sie mit Möglichkeiten bekannt, die eigene Atmung bewußt zu erleben und zu kontrollieren. Durch eine solche bewußte Kontrolle der Atmung kann schließlich Entspannung für den gesamten Körper erreicht werden. Ziel der Übung ist es, die Teilnehmer für diese Entspannungsmöglichkeit zu sensibilisieren.

In einem vertiefenden Auswertungsgespräch kann die Bedeutung einer ruhigen und gleichmäßigen Vollatmung thematisiert werden. Bei einer solchen Atmung dauert das Einatmen mindestens so lange wie das Ausatmen; ideal ist es allerdings, wenn das Ausatmen länger dauert als das Einatmen. Die Luft wird bei der Vollatmung zunächst in den Bauch und erst danach in den Brustraum geatmet. Auf diese Weise entspannt sich der gesamte Organismus.

Sie haben bei der Besprechung die Möglichkeit aufzuzeigen, welche physiologischen und emotionalen Reaktionen im Körper ablaufen (Material 2, 3), wenn wir in Streß geraten, und welchen beruhigenden Einfluß demgegenüber eine unverkrampfte Sauerstoffaufnahme auf uns hat. Atemtherapeuten gehen davon aus, daß man angestauten Emotionen wie heruntergeschlucktem Ärger, die häufig mit einem eingeschränkten, flachen Atem einhergehen, mittels beruhigender Atmung, also durch eine ausgewogene Vollatmung, erfolgreich begegnen kann.

Die hier vorgestellte Atemtechnik verschafft sehr rasch Entspannung und läßt sich immer dann anwenden, wenn man nervös und überreizt ist. Die Folgen permanenter Streßsituationen sind uns bekannt (Burn-Out-Syndrom, Herz- und Kreislauferkrankungen) und sollten Anstoß geben, uns gezielt mit Maßnahmen zu beschäftigen, Streß besser zu bewältigen. Dies gilt auch, vielleicht sogar besonders für Kinder und Jugendliche. Mit den Teilnehmern kann man erörtern, in welchen konkreten Situationen in ihrem Berufs- oder Schulalltag bzw. im Privatbereich Zeit und Raum ist, regelmäßig Atemübungen durchzuführen. Hierbei ist es besonders wichtig, ausführlich auf mögliche organisatorische Schwierigkeiten, aber auch auf potentielle körperliche Irritationen im Zusammenhang mit der Durchführung der Atemgymnastik einzugehen. Denn der Erfolg der Atemgymnastik hängt nicht zuletzt davon ab, wie regelmäßig sie im Alltag umgesetzt wird. Zur vertiefenden Erläuterung kann es hier hilfreich sein, durch erklärende Bausteine aus dem Yoga oder der Zen-Meditation auf die Bedeutung ruhiger und entspannter Atmung für die Selbstfindung des einzelnen hinzuweisen.

Arbeitsblatt für Stillarbeit:
Atmen

Beantworte stichwortartig die folgenden Fragen.
Benutze dafür die vorgesehenen Leerzeilen.

1. Wie fühlt es sich an, wenn du spürst, wie dein Körper auf dem Boden liegt? Erlebst du dieses Gefühl als angenehm oder eher als unangenehm? Was genau ist das Angenehme bzw. das Unangenehme an dieser Erfahrung?

_____

_____

_____

_____

2. Wie fühlt es sich an, wenn die Anspannung aus den Muskeln entweicht? Beschreibe das Gefühl möglichst genau. Ist diese Erfahrung für dich angenehm? Wann hast du schon einmal eine solche Erfahrung gemacht?

_____

_____

_____

_____

3. Wann hast du schon einmal bewußt deinen Atem wahrgenommen? War diese Wahrnehmung für dich eher angenehm oder eher unangenehm? Warum?

_____

_____

_____

_____

4. Wie hat sich dein Befinden während der Atem-Übung verändert? Beschreibe die Veränderungen möglichst genau. Waren diese Veränderungen für dich eher angenehm oder eher unangenehm? Warum?

_____

_____

_____

5. In welchen Alltagszusammenhängen (Schule; Beruf; Privatleben) könnte es für dich nützlich sein, dich so zu entspannen, wie es mit dieser Übung möglich ist? Warum könnte eine solche Entspannung nützlich für dich sein?

_____

_____

_____

6. Warum führen bestimmte Menschen, wie zum Beispiel Sportler, ganz gezielt Atem-Übungen durch?

_____

_____

_____

7. Gab es bestimmte Schwierigkeiten während der Übung?

_____

_____

_____

Die Atmungsorgane

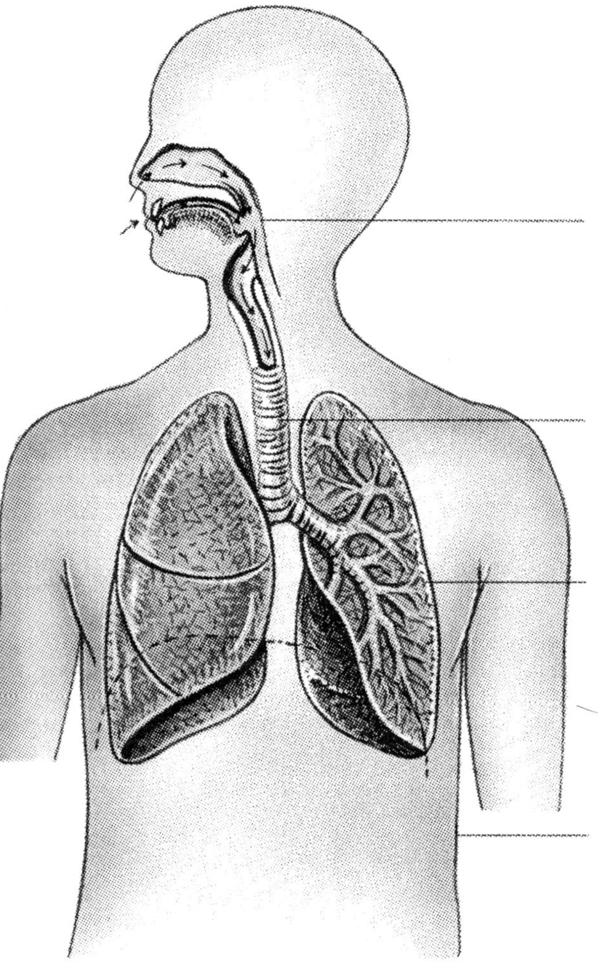

Rachen

Luftröhre

Lungenflügel

Zwerchfell

Abbildung mit freundlicher Genehmigung aus: Corazza, V. u.a., Kursbuch Gesundheit, Köln 1995

Durch den Prozeß des Atmens kommunizieren wir mit unserer Umwelt. Für den menschlichen Organismus ist Sauerstoff essentiell wichtig. Er fungiert als Energielieferant für die in den Körperzellen stattfindenden Prozesse. Menschen nehmen den Sauerstoff, der sich in der Atemluft befindet, durch die Nase oder den Mund auf. Die eingeatmete Luft gelangt über die Luftröhre und das Bronchialsystem in die Lunge. Beim Ausatmen geben wir die verbrauchte Luft (Kohlendioxid) wieder ab. In der Lunge wird durch Pumpbewegungen ein Druckgefälle erzeugt, durch die das Einatmen (Inspiration) und das Ausatmen (Expiration) in Gang gesetzt werden. Man unterscheidet die Rippenatmung (Kostal-Atmung), bei der die Rippen durch die Interkostalmuskeln angehoben werden und den Brustkorb vergrößern, und die Zwerchfellatmung (Abdominal-Atmung), bei der das Zwerchfell tiefertritt, den Brustraum erweitert und den Bauchraum nach unten drängt. Bei normaler ruhiger Atmung versorgen beide zusammen zu gleichen Teilen gemeinsam die Atmung. Bei gesunden Erwachsenen werden pro Atemzug ca. 0,5 Liter Luft bewegt. Die Atemfrequenz beim Menschen ist vom Alter, von der Größe und Konstitution abhängig. Bei Erwachsenen variiert die Anzahl der Atemzüge pro Minute zwischen 10 bis 15.

Streß-Symptome

Haut
Sie kann auf Streß mit Rötungen, Ausschlägen, Ekzemen reagieren. Schuppenflechte wird durch Streß gefördert.

Herz und Kreislauf
Der Herzinfakt ist das bekannteste Streßrisiko, neben Herzjagen, Herzstechen oder Kreislaufschwächen.

Genitalorgane
Egal ob Mann oder Frau – Streß lähmt die sexuelle Lust und kann zu Funktionsstörungen (Regelbeschwerden, Impotenz) führen.

Muskeln
Zuckungen oder verstärkte Ticks können ein Ausdruck von Streß sein, der Tremor bei der Parkinsonschen Krankheit verstärkt sich.

Gehirn und Kopf
Andauernder psycho-sozialer Streß kann zu Ängsten und Depressionen führen oder über das vegetative Nervensystem Kopfschmerzen auslösen.

Lungen und Atmung
Atembeschwerden oder das Gefühl, nicht genug Luft zu bekommen, können Streßfolgen sein, ebenso unerwartete Asthmaanfälle.

Magen-, Darmtrakt und Verdauung
Streß kann über das vegetative Nervensystem zu Übelkeit, Durchfall oder Verstopfung führen. Magenschleimhautentzündungen, Magen- und Zwölffingerdarmgeschwüre oder geschwürige Dickdarmentzündungen gehören zu den bekannten Streßrisiken.

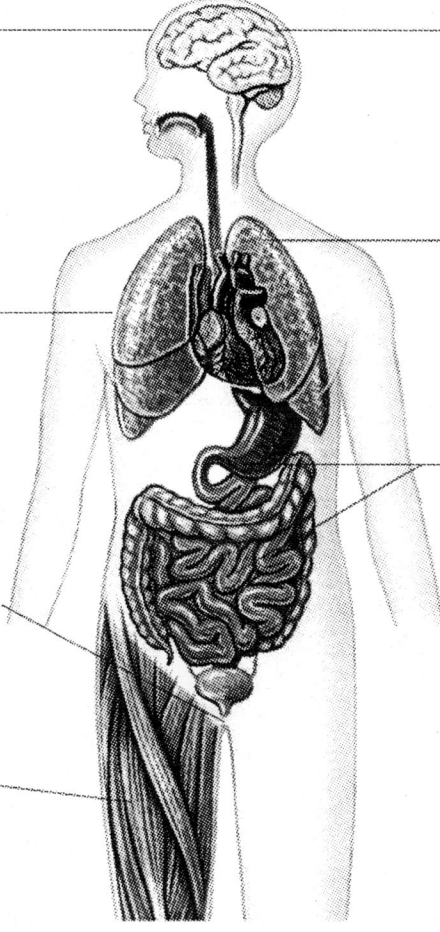

Abbildung mit freundlicher Genehmigung aus: Corazza, V. u.a., Kursbuch Gesundheit, Köln 1995

PHYSIOLOGISCHE SYMPTOME

- Herzklopfen
- Blutdrucksteigerung
- EKG- / EEG-Veränderung
- Zittern
- Schweißausbruch
- Muskelspannungen
- Schädigung von Organen
- Verminderung des Hautwiderstands

EMOTIONALE SYMPTOME

- innere Unruhe
- Versagen
- Traurigkeit
- Verzweiflung
- Verlassenheit
- Frustration
- Resignation
- Isolation

Selbstwahrnehmung und Körpererfahrung — © Verlag an der Ruhr, Postfach 10 22 51, 45422 Mülheim an der Ruhr

3.9 Sport-As

In „Sport-As" sollen die Teilnehmer, wie der Name schon sagt, körperlich aktiv werden und ihre sportlichen Fähigkeiten prüfen. Dazu gehört auch, daß sie

- sich für ein Team einsetzen und lernen, ein gemeinsames Ziel zu verfolgen,
- Konkurrenz- und Leistungsdruck erleben,
- körperliche Anstrengung wahrnehmen; Konkurrenzsituationen erfahren und zu bewerten lernen,
- sich ihres eigenen körperlichen Leistungsvermögens bewußt werden,
- über die Prinzipien der Leistungsgesellschaft nachdenken,
- positive und negative Aspekte von Leistung erkennen, beurteilen und diskutieren,
- Schwierigkeiten bei der Bewertung von Leistungen erkennen,
- über das Prinzip „Gerechtigkeit" nachdenken und Probleme gerechten und ungerechten Handelns diskutieren,
- das Phänomen „Konkurrenz" als zum Leistungsprinzip gehörig erkennen,
- über verschiedene Arten von Konkurrenz und die damit verbundenen Probleme nachdenken,
- überlegen, wann und wodurch man motiviert bzw. demotiviert wird,
- Möglichkeiten, sich selbst zu motivieren, benennen und besprechen.

ab 12 Jahren

bis ca. 20 Personen

a) ca. 30 - 45 Minuten für die Übung
b) ca. 30 - 90 Minuten für die Auswertung

Teilen Sie zunächst die Gruppe in Viererteams auf. Dabei entscheidet das Zufallsprinzip über die Konstellation der einzelnen Gruppen, die während des Spiels miteinander konkurrieren. Für jede Gruppe wird ein Schiedsrichter benötigt, der auf eine korrekte Ausführung der Spielregeln achtet und die Ergebnisse notiert. Er ist berechtigt, Elemente einer Übung bei

nicht korrekter Ausführung wiederholen zu lassen. Jede Gruppe bekommt eine Schaumstoffmatte, auf der die Übungen ausgeführt werden sollen. Die Gruppen verteilen sich danach im Übungsraum. Jeder Schiedsrichter erhält eine Stoppuhr, mit der die benötigte Zeit für die einzelnen Übungen gemessen werden soll, und einen Ergebnisbogen (Material 1). Anschließend werden die Schiedsrichter ihren Gruppen zugeordnet. Nun erst stellen Sie den Teilnehmern die Übungen und die dazugehörigen Spielregeln mit folgendem Text vor:

„Legt bitte als erstes eine Reihenfolge (1 bis 4) innerhalb eurer Gruppe fest, in der die einzelnen Mitglieder des Teams starten wollen. Diese Reihenfolge bleibt während des gesamten Spiels bestehen. Im Spiel gibt es fünf Übungen, davon sind zwei Partnerübungen, für die ihr im voraus die Partner bestimmen müßt. Die Einzelübungen werden der Reihenfolge nach hintereinander durchgeführt, wie ihr dies von Staffelwettbewerben kennt.

Bei der ersten Übung sollt ihr nacheinander auf der Stelle 100 Doppelschritte laufen. Der erste eurer Gruppe fängt an, nachdem ich das Startzeichen gegeben habe. Mit dem Startzeichen beginnen die Uhren zu laufen. Nachdem der erste Mitspieler 100 Doppelschritte ausgeführt hat, schickt er den zweiten Mitspieler ins Rennen, indem er dessen Hand abklatscht. So führen auch die Mitspieler drei und vier die Übung weiter. Wenn es für ein Teammitglied zu anstrengend wird, die 100 Doppelschritte zu schaffen, sollte der Mitspieler mit der Übung unbedingt aufhören. Nachdem Mitspieler vier seine Aufgabe bewältigt hat, stoppt der Schiedsrichter die Zeit und trägt diese in den Ergebnisbogen ein. Wenn ein Mitglied der Gruppe die Aufgabe nicht ganz erledigen konnte, gibt es entsprechende Zeitzuschläge. Jeder nicht erledigte Doppelschritt schlägt mit 5 Sekunden Strafzeit zu Buche."

Lassen Sie jetzt die Übung 1 durchführen. Nachdem die Ergebnisse notiert worden sind, sollten alle Gruppen eine Erholungsphase von ungefähr zwei Minuten haben. Danach geht's mit der Übung 2 weiter.

„Die zweite Übung heißt „Rudern" und der Ablauf ist genauso wie bei der ersten Übung. Das erste Teammitglied setzt sich dafür auf die Schaumstoffmatte. In der Ausgangsposition sind die Beine angewinkelt und die Arme nach vorne gestreckt. Nach dem Startzeichen streckt ihr die Beine nach vorne, ohne dabei den Boden zu berühren. Gleichzeitig zieht ihr die Arme an, so daß ihr eine Art Ruderbewegung ausführt. Während dieses Vorgangs atmet ihr aus. Danach zieht ihr die Beine wieder an, ohne den Boden zu berühren, und streckt gleichzeitig die Arme. Dabei atmet ihr ein. Dies wiederholt jeder Teilnehmer 20mal und schickt dann den folgenden Mitspieler ins Rennen. Nach dem vierten Teilnehmer wird die Zeit gestoppt und ebenfalls in den Ergebnisbogen eingetragen. Wenn es für ein Teammitglied zu anstrengend wird, die 20 Ruderbewegungen zu schaffen, sollte der Mitspieler die Übung abbrechen. Für nicht erledigte Ruderschläge gibt es 5 Sekunden Strafzeit."

Lassen Sie jetzt die Übung 2 durchführen. Nachdem die Ergebnisse notiert worden sind, sollten alle Gruppen wieder eine Erholungsphase von ungefähr zwei Minuten haben. Anschließend beginnt die Übung 3.

„Bei der dritten Übung handelt es sich um eine Partnerübung. Ihr sollt miteinander radfahren. Dazu nehmen die beiden Partner, die als erste spielen, einander gegenüber auf der Matte Platz. Streckt die Beine zunächst locker aus. Wählt jetzt den Abstand zwischen euch so, daß ihr mit den eigenen Fußsohlen die eures Partners berühren könnt. Ein Bein ist dabei leicht angewinkelt, das andere völlig gestreckt. Probiert das jetzt erst einmal aus. Auf mein Kommando beginnt ihr gleich, eure Beine abwechselnd zu strecken und zu beugen, während die Fußsohlen gegeneinander gedrückt bleiben. Jedes Paar hat die Aufgabe, zwanzig Wiederholungen zu absolvieren. Gezählt wird jeweils die Streckung des linken Beines eines Partners. Nachdem das erste Paar die Übung absolviert hat, geht das zweite Paar ins Rennen. Am Ende wird wieder die benötigte Gesamtzeit in den Auswertungsbogen eingetragen. Wenn es für ein Paar zu anstrengend wird, die 20 Wiederholungen zu schaffen, sollte es die Übung abbrechen. Für jede

nicht erledigte Wiederholung rechnet ihr wieder 5 Sekunden zu der gemessenen Zeit dazu."

Lassen Sie jetzt die Übung 3 durchführen. Nachdem die Ergebnisse notiert worden sind, sollten alle Gruppen wieder eine Erholungsphase von ungefähr zwei Minuten haben. Anschließend beginnt die Übung 4.

„Die vierte Übung muß wieder von jedem Teilnehmer einzeln absolviert werden und funktioniert nach demselben Muster wie die beiden ersten Übungen. Hierbei muß jeder von euch zwanzig Liegestützen ausführen. Ihr dürft die Liegestützen so schnell machen, wie ihr wollt. Allerdings muß jedesmal beim Senken des Körpers der Kopf bis unterhalb der Höhe der Ellenbogen gebracht werden, und nach dem Aufrichten müssen die Arme vollständig gestreckt sein. Der erste jeder Gruppe kann gleich auf mein Kommando hin beginnen; wenn er fertig ist, klatscht er den nächsten Mitspieler ab. Wenn es für einen von euch zu anstrengend sein sollte, die 20 Liegestützen zu schaffen, sollte er die Übung abbrechen. Jede fehlende Liegestütze bedeutet allerdings einen Zeitzuschlag von 5 Sekunden."

Lassen Sie jetzt die Übung 4 durchführen. Nachdem die Ergebnisse notiert worden sind, sollten alle Gruppen wieder eine Erholungsphase von ungefähr zwei Minuten haben. Anschließend beginnt die Übung 5.

„Bei der fünften Übung handelt es sich wieder um eine Partnerübung. Dazu nehmen die beiden Partner einander gegenüber auf der Matte Platz. Streckt die Beine zunächst locker aus. Grätscht eure Beine um etwa 90°. Wählt jetzt den Abstand zwischen euch so, daß sich eure Fußsohlen berühren. Dann greift jeder Partner mit den Fingerspitzen beider Hände an die Zehen seines linkes Fußes. Während der Übungszeit müßt ihr folgendes machen: Wechselt, so schnell ihr könnt, mit den Händen vom linken zum rechten Fuß, aber immer so, daß ihr dabei spiegelverkehrt und im Tempo synchron bleibt. Die Übung ist beendet, wenn jeder Partner 20mal seinen linken Fuß berührt hat. Anschließend geht das zweite Paar ins Rennen. Am Ende wird wieder die benötigte Gesamtzeit in den Auswertungs-

bogen eingetragen. Falls es für ein Paar zu anstrengend wird, die 20 Wiederholungen zu schaffen, sollte es die Übung abbrechen. Eine fehlende Wiederholung schlägt mit 5 Sekunden zu Buche."

Lassen Sie jetzt die Übung 5 durchführen. Nachdem die Ergebnisse notiert worden sind, sollten sich die Gruppen noch so lange ausruhen dürfen, bis sie mit Hilfe des Ergebnisbogens den Sieger des Spiels ermittelt haben.

- Welche der Übungen war für mich am leichtesten zu bewältigen? Woran lag das?
- Welche Übung war für mich die schwierigste? Welche Gründe gibt es dafür?
- Wie anstrengend waren die Übungen insgesamt für mich?
- Welche der Übungen haben mir am meisten Spaß gemacht? Warum?
- Wo genau in meinem Körper spürte ich die Anspannung?
- Wie gut funktionierte das Teamwork in unserer Gruppe?
- Wie gerecht war es, die Gruppen durch das Zufallsprinzip zusammenzustellen?
- Wo im Alltag muß man „zufällig" mit anderen Menschen gemeinsam eine Leistung erbringen? Wie erlebe ich solche Situationen?
- Habe ich bei allen Übungen die geforderte Anzahl der Wiederholungen geschafft? Was sagt mir das über meine körperliche Fitneß?
- Wie schätze ich meine Leistung und mein Leistungsvermögen selber ein?
- Wie weit habe ich mich bei den Übungen verausgabt? Wie ist das zu erklären?
- Welche Möglichkeiten sehe ich, mein Leistungsvermögen nachhaltig zu verbessern?
- Wie beurteile ich meine Leistung im Vergleich zu den anderen Teilnehmern?
- Wie habe ich die unterschiedlichen Leistungsvermögen der Mitspieler empfunden? Welches Gefühl hatte ich, wenn ich

auf „schwächere" Teamkollegen warten mußte? Wie haben sich „stärkere" Mitspieler mir gegenüber verhalten?

- Habe ich den Eindruck, daß ich ein „guter" Verlierer/Gewinner bin?
- Wie erkläre ich mir die unterschiedlichen Leistungsniveaus?
- Welche Sportart betreibe ich als Hobby? Wie oft? Warum habe ich mich für diesen Sport entschieden?
- In welchen Situationen im Alltag wird von Menschen Leistung erwartet?
- Wie leicht/schwer fällt es mir, in diesen Situationen die geforderten Leistungen zu erbringen?
- Welche Erfahrungen habe ich damit, wenn meine Leistungen ungerecht beurteilt werden?
- Wie motiviert bin ich, wenn ich mich ungerecht behandelt oder beurteilt fühle?
- Wie motiviert bin ich überhaupt, geforderte Leistungen zu erbringen? In welchen Situationen bin ich besonders stark, wann nur mäßig motiviert? Woran liegt das?
- Welche Möglichkeiten habe ich, mich für Aufgaben, die ich nicht mag, zu motivieren?
- Wie motiviert war ich bei diesem Spiel? Welche Folgen hatte das für meine Leistungsbereitschaft?
- Welche Erfahrungen aus diesem Spiel kann ich für meinen Alltag nutzen?

Nachdem die Ergebnisbögen ausgewertet sind, geben Sie die Sieger bekannt. Danach besteht für die Teilnehmer die Möglichkeit, in einem ausführlichen Auswertungsgespräch die gemachten Erfahrungen zu thematisieren. Hierbei können die Jugendlichen phasenweise in Paaren oder zu viert über bestimmte Aspekte nachdenken. Verschiedene Materialien geben dazu Hilfestellung (s. Informationen).

- Sollte der Raum mit Teppichboden ausgestattet sein, können Sie eventuell auf die Schaumstoffmatten verzichten.

- Achten Sie darauf, daß die Zeit korrekt gemessen wird. Vermeiden Sie Ungerechtigkeiten durch Kulanzverhalten.

- Bei Frühstarts und bei Täuschungen muß das gesamte Team die Übung von vorn beginnen, während die Zeit weiterläuft.

- Sorgen Sie dafür, daß die Übungen von allen präzise ausgeführt werden. Auf diese Weise werden Zeitvorteile einzelner Gruppen vermieden.

- Als Schiedsrichter können abwechselnd die Mitspieler eingesetzt werden, die gerade nicht unmittelbar am Spiel beteiligt sind.

- Als Hilfsmittel wird für jede Gruppe eine Stoppuhr benötigt.

- Bei der Durchführung der Übungen sollte wegen der ungünstigen Nebeneffekte unbedingt eine Preßatmung vermieden werden.

- Weitere Spiele mit sportlichem Charakter: „Torball" (Kap. 2.4) und „Crunch" (Kap. 3.6).

Kliebisch/Eichmann/Basten 1991;
Ellis 1989; Bischops 1994; Freiwald 1991;
Lazarus/Fay 1985; Pilss-Samek 1994;
Rank/Rank 1994

Körper und Belastung

Die Übung verfolgt zunächst das Ziel, den Teilnehmern ein bewußteres Wahrnehmen des eigenen Körpers zu vermitteln. Sie sollen spüren, wie sich ihr Körper unter Anstrengung verhält, und wie sich zum Beispiel Muskelspannungen ergeben. Die Jugendlichen sollen zudem die Möglichkeit haben, etwaige Belastungsgrenzen zu erleben. Außerdem erfahren sie, in welchem Maße und wie schnell sich ihr eigener Körper im Vergleich zu dem der anderen Mitspieler entspannt, und wie sich diese Entspannung im Körper anfühlt.
Das Spiel macht den Teams erfahrungsgemäß wegen seines sportlichen Charakters recht viel Spaß. Für die Auswertung ist es daher von Interesse, wenn die Gruppenmitglieder darüber berichten, ob und welchen Sport sie ausüben und welche Erfahrungen sie mit ihren sportlichen Aktivitäten haben. Weisen Sie auf die positiven, aber im Falle der Übertreibung auch negativen Wirkungen sportlicher Betätigung auf den menschlichen Organismus hin. Hierfür können Sie auf das Material 5 aus dem Spiel „Crunch" zurückgreifen (Kap. 3.6).

Leistung

Daneben bietet „Sport-As" aber eine Reihe weiterer Möglichkeiten zur vertiefenden Analyse. Sprechen Sie mit der Gruppe beispielsweise über die Prinzipien unserer Leistungsgesellschaft. Unsere Gesellschaft fußt auf dem Leistungsgedanken und von daher sind Qualifikationen an das Erbringen bestimmter Leistungen geknüpft. In diesem Kontext macht es Sinn, verschiedene Formen von Leistung anzusprechen. Welche Erfahrungen haben die Teilnehmer mit der Bewertung von Leistungen, welchen Sinn hat es für sie, Leistungen zu erbringen, und wie erleben sie es, wenn sie selbst oder jemand anders nicht in der Lage ist, die geforderten Leistungen vorzuweisen? Als Einstieg in diese Phase des Auswertungsgesprächs kann Material 2 „Leistung" dienen. Hier taucht in aller Regel auch das Problem der Gerechtigkeit auf. Jugendliche fühlen sich an verschiedenen Stellen ungerecht behandelt; in besonderer Weise machen sie diese Erfahrung im Schulalltag. So finden viele Schüler ihre Leistungen vom Lehrer nicht angemessen gewürdigt, fühlen sich im Vergleich mit anderen herabgesetzt und zu schlecht bewertet. Material 3 hilft dabei, diesem Phänomen genauer auf die Spur zu kommen. Mit Hilfe dieses Arbeitsblattes können die Teilnehmer ihre persönliche Erfahrung mit Ungerechtigkeiten reflektieren und zudem überlegen, welche Schwierigkeiten bei dem Versuch, gerecht zu handeln, auftreten können. Anhand der biblischen Gleichniserzählung vom Weinbergbesitzer können die Gruppenmitglieder außerdem darüber nachdenken, ob die Grundsätze der Leistungsgesellschaft nicht besser durch das „Prinzip Liebe" ersetzt werden sollten. Dabei werden noch einmal die Schwierigkeiten zu thematisieren sein, die sich beim Aufgeben des bisweilen unmenschlichen Leistungsgedankens für eine dem Leistungsprinzip verpflichtete Gesellschaft ergeben können.

3.9 Sport-As

Konkurrenz

Redet man über Leistung und Gerechtigkeit, ist der Weg zum Thema Konkurrenz und Konkurrenzdruck nicht weit. Das Material 4 „Konkurrenz" regt zu entsprechenden Überlegungen an. Hier können die Jugendlichen ihre persönlichen Erfahrungen mit Konkurrenzsituationen reflektieren und diese mit den gesellschaftlichen Rahmenbedingungen in Verbindung bringen: Welche Vor- und Nachteile hat Konkurrenz? Können Konkurrenten Freunde sein? Wie wird der Konkurrenzkampf in der Industrie geführt? Das Gespräch sollte Konkurrenz als sinnvoll darstellen, insoweit das dabei erforderliche Handeln humanen Grundsätzen genügt.

Motivation

Will ein Mensch Leistung erbringen, geht das im allgemeinen leichter, wenn er für die in bezug auf die Leistung zu erbringende Arbeit motiviert ist. Viele Jugendliche haben die Erfahrung, daß der Ausbildungsplatz Schule oder der Betrieb kaum motivierend auf sie wirken. Das Material 5 „Motivation" bietet den Teilnehmern die Gelegenheit, sich über solche Erfahrungen auszutauschen. So werden sie u. a. angeregt, Situationen zu benennen, in denen sie motiviert bzw. demotiviert sind. Die Gruppenmitglieder sollen darüber hinaus berichten, wie sie die Erfahrungen von Motivation und Demotivation genau erleben. Welche Gefühle haben sie dabei? Und welche Gedanken? Schließlich werden sie gebeten, Tricks zu verraten, mit denen sie sich dann motivieren, wenn sie eigentlich nicht motiviert sind.

Das weiterführende Gespräch sollte unbedingt den Transfer in die Alltagssituation der Jugendlichen leisten. In Abhängigkeit von der konkreten Hintergrunderfahrung – Schule oder Beruf – sollten Sie nach Wegen suchen, Motivation zu schaffen. Bereits die Erkenntnis, daß auch andere Jugendliche mitunter erhebliche Schwierigkeiten haben, sich in der Ausbildungssituation motiviert zu zeigen, wird den Teilnehmern Mut machen, sich in diese Richtung mit weiteren Gedanken zu beschäftigen. An dieser Stelle sind Sie zweifellos besonders gefragt: Sie sollten – auch unter lerntheoretischen Gesichtspunkten – Möglichkeiten bereithalten, die den Gruppenmitgliedern helfen können, ihre Motivationsfähigkeit auf Dauer zu steigern. Eine Reihe von Anregungen bietet hier das Buch von Kliebisch/Eichmann/Basten 1991 (siehe Literaturliste).

Ergebnisbogen

Gruppe:

	Zeiten in Sekunden
Spiel 1: Doppelschritte	
Spiel 2: Rudern	
Spiel 3: Fahrradfahren	
Spiel 4: Liegestützen	
Spiel 5: Fußspitzen	
Gesamtzeit	
Rangplatz	

Hinweis: Für jede nicht erledigte Wiederholung von Übungsteilen gibt es einen Zeitzuschlag von 5 Sekunden. Beispiel: Ein Teammitglied schafft nur 15 Liegestützen und die insgesamt gemessene Spielzeit beträgt 75 Sekunden. Dann wird für die Mannschaft aufgrund des Zeitzuschlags von 5 x 5 Sekunden eine Gesamtzeit von 100 Sekunden notiert.

Leistung

Sicher habt ihr schon einmal den Begriff „Leistungsgesellschaft" gehört.
Von euch wird – zum Beispiel in der Schule – stets Leistung erwartet.
Denkt ein paar Minuten über den Begriff „Leistung" und über den Sinn von Leistung
nach. Das Arbeitsblatt enthält einige Fragen, die euch dazu anregen sollen.
Notiert eure Antworten stichwortartig.

1. Was versteht ihr unter Leistung? Überlegt, wo überall im Leben Leistungen erbracht werden. Um welche Leistungen handelt es sich dabei?

_____

_____

_____

_____

2. Wie unterscheiden sich die einzelnen Leistungen voneinander? Was haben sie gemeinsam? Versucht den verschiedenen Leistungen übergeordnete Begriffe zuzuordnen.

_____

_____

_____

_____

3. Leistungen werden im allgemeinen beurteilt, um ihre Qualität zu beschreiben. Was haltet ihr von solchen Bewertungen? Denkt dabei ganz konkret etwa an Noten in Klassenarbeiten oder auf Zeugnissen.

_____

_____

_____

_____

4. Welchen Sinn kann es für einen Menschen haben, Leistungen zu erbringen? Überlegt, welchen Nutzen ein Mensch von seinen eigenen und von den Leistungen anderer Menschen haben könnte.

_____

_____

_____

_____

5. Vielleicht kennt ihr auch Situationen, in denen Menschen bestimmte Leistungen, die von ihnen verlangt werden, nicht erbringen können. Welche Gründe kann es dafür geben, daß jemand eine Leistung nicht schafft?

_____

_____

_____

_____

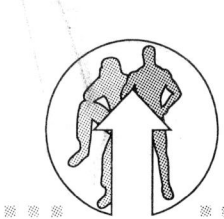

Gerechtigkeit

Ihr habt sicher auch schon manchmal das Gefühl gehabt,
ungerecht beurteilt worden zu sein. Dabei habt ihr bestimmt den Eindruck gehabt,
daß eure Leistung nicht richtig gewürdigt worden ist.
Macht euch zu zweit ein paar Gedanken zum Stichwort „Gerechtigkeit".
Die Anregungen auf dieser Seite können euch dabei helfen.

Im Sport entscheiden manchmal nur Bruchteile von Sekunden über Sieg oder Niederlage. Was haltet ihr davon, wenn der Erste als Sieger gefeiert wird und der Zweite schon als Verlierer gilt? Worin besteht in solchen Fällen eigentlich der Leistungsunterschied? Kennt ihr andere Situationen, wo nur ganz knappe Leistungsunterschiede über alles oder nichts entscheiden? Muß es überhaupt solche engen Grenzziehungen zwischen „geschafft" und „versagt" geben? Wie könnte man sonst verfahren?

Vielleicht kennt ihr das biblische Gleichnis vom Weinbergbesitzer. Jesus benutzte Gleichnisse, um einfachen Menschen, beispielsweise den Bauern, schwierige Zusammenhänge zu verdeutlichen. Dazu verwendete er Elemente aus dem alltäglichen Leben dieser Menschen und übertrug sie auf den eigentlich gemeinten Sachverhalt.

Im Gleichnis vom Weinbergbesitzer wird erzählt, daß der Besitzer des Weinguts Tagelöhner anstellt. Die Arbeiter müssen unterschiedlich lange im Weinberg arbeiten, bekommen aber am Ende alle den gleichen Lohn, weil der Weinbergbesitzer es so mit jedem von ihnen einzeln vereinbart hat.

Wie werden sich die Arbeiter fühlen, die besonders lange bzw. nur sehr kurz gearbeitet haben? Ist das Verhalten des Weinbergbesitzers gerecht? Könnte ein Lehrer ein solches Verhalten in der Schule zeigen? Welche Probleme würden dabei entstehen?

Menschen wollen in der Regel gerecht behandelt und beurteilt werden. In unserem Land sorgen Recht und Gesetz dafür, daß Gerechtigkeit geübt werden kann. Dennoch fühlen sich viele Menschen in so manchen Situationen ungerecht behandelt und beurteilt. Woran mag das liegen? Könnt ihr euch Situationen vorstellen, in denen ein Mensch das Gefühl bekommen kann, daß ihm Unrecht widerfährt, obwohl dies eigentlich nicht der Fall ist? Habt ihr schon Situationen erlebt, in denen ihr euch ungerecht beurteilt fühltet? Wie habt ihr diese Situationen erlebt? Was hat euch sicher gemacht, das wirklich eine Ungerechtigkeit vorlag? Worin könnten solche Ungerechtigkeiten begründet liegen? Könnt ihr euch Schwierigkeiten vorstellen, die ein Mensch haben kann, der andere gerecht beurteilen möchte?

Konkurrenz

*Viele unserer Leistungen im alltäglichen Leben erbringen wir in Konkurrenzsituationen.
In der Schule oder am Arbeitsplatz sind wir mit anderen Menschen zusammen;
unsere Leistungen werden dann sehr schnell mit denen der anderen Menschen verglichen.
Es kann schon einmal passieren, daß jemand seinen Arbeitsplatz verliert oder eine
Schule verlassen muß, wenn seine Leistungen über längere Zeit den Erwartungen nicht
entsprechen. Macht euch mit Hilfe der folgenden Fragen
einige Gedanken zum Thema „Konkurrenz".*

1. Könnt ihr euch vorstellen, welche Vorteile es für einen Menschen haben kann, sich mit anderen vergleichen und messen zu können?

2. Bestimmt fallen euch auch einige Nachteile ein, die dadurch entstehen, daß wir in sehr vielen Alltagssituationen unsere Leistungen mit denen anderer messen (lassen) müssen.

3. Vielleicht hast du schon einmal den Spruch gehört „Konkurrenz belebt das Geschäft". Was könnte damit gemeint sein?

4. Viele Menschen glauben, daß Konkurrenten keine Freunde sein können. Wie denkt ihr darüber? Überlegt dabei auch, ob und wie sich Konkurrenten von Freunden unterscheiden.

5. In manchen Situationen sollen wir mit anderen Menschen im Team zusammenarbeiten. Das, was oft gut beginnt, wird dann manchmal für den einen oder anderen zur Qual. Im Team herrscht kein Teamgeist, sondern Konkurrenz. Welche Ursachen kann es für eine solche Entwicklung geben? Welche Folgen kann sie haben?

6. Manche von euch werden Erfahrungen mit der Arbeit in Gruppen gemacht haben. Vielleicht habt ihr auch beobachtet, daß in einer Gruppe nicht jeder gleich engagiert mitmacht. Manche sind sehr aktiv, andere wieder lassen sich mitziehen. Überlegt, was eine solche Beobachtung mit der Konkurrenzsituation in der Gruppe zu tun haben könnte.

7. Wenn man an Konkurrenz denkt, fällt einem sicher auch die Konkurrenzsituation unter verschiedenen Firmen in der Industrie ein. Was wißt ihr über diese Art von Konkurrenz? Auf welche Weise wird der Konkurrenzkampf ausgetragen? Wie beurteilt ihr die Mittel, die die Firmen dabei einsetzen?

Motivation

*Um Arbeit erbringen zu können, muß man wenigstens etwas motiviert sein.
Ist man motiviert, geht alles viel leichter.
Ihr kennt sicher solche Situationen: Man arbeitet an einer Sache,
es macht einem riesigen Spaß, und man vergißt dabei fast vollständig die Zeit.
Ein solches Erlebnis beruht auf einer intensiven Motivation.
Macht euch mit Hilfe der folgenden Fragen ein paar Gedanken
zum Thema „Motivation".*

1. In welchen Situationen bzw. für welche Dinge seid ihr ziemlich gut bis stark motiviert, etwas zu tun?

2. Wie genau erlebt ihr es, wenn ihr motiviert seid? Beschreibt eure Gefühle und eure Gedanken dabei. Was macht ihr in solchen Situationen?

3. Welche Gründe hat es eurer Meinung nach, daß ihr für bestimmte Dinge recht stark motiviert seid?

4. In welchen Situationen bzw. für welche Dinge seid ihr nur wenig oder gar nicht motiviert?

5. Wie genau erlebt ihr es, wenn ihr nicht motiviert seid? Beschreibt eure Gefühle und eure Gedanken dabei. Was macht ihr in solchen Situationen?

6. Welche Gründe hat es eurer Meinung nach, daß ihr für bestimmte Dinge nicht oder nur wenig motiviert seid?

7. Wodurch können andere Menschen euch motivieren bzw. demotivieren?

8. Bestimmt gibt es Situationen in eurem Leben, in denen ihr nicht motiviert seid, aber ziemlich genau wißt, daß ihr es eigentlich sein solltet. Nennt solche Situationen.

9. Wodurch wißt ihr so genau, daß ihr für die Situationen, die ihr in Punkt 8 genannt habt, motiviert sein solltet? Wer sagt euch das?

10. Was würde eigentlich passieren, wenn ihr weiterhin für die unter 8. genannten Situationen nicht motiviert wäret? Wären euch die Konsequenzen wirklich unangenehm?

11. Gibt es vielleicht auch Situationen in eurem Leben, in denen ihr sehr stark motiviert seid, es aber hinterher bereut?

12. Welche Tricks benutzt ihr, um euch selbst zu motivieren?

Selbstwahrnehmung und Körpererfahrung — © Verlag an der Ruhr, Postfach 10 22 51, 45422 Mülheim an der Ruhr

Alter, J. (1989):
Das Stretching Handbuch.
Dehnen, Strecken und Stärken.
München

Andreas, C. / Andreas, S. (1993):
Gewußt wie. Arbeit mit
Submodalitäten und weitere
NLP-Interventionen nach Maß.
3. Aufl. Paderborn

Bachmann, W. (1993):
Das neue Lernen.
Eine systematische Einführung
in das Konzept des Neurolingu-
istischen Programmierens (NLP).
2. Aufl. Paderborn

Bandler, R. (1992):
Veränderung des subjektiven
Erlebens. Fortgeschrittene
Methoden des NLP.
4. Aufl. Paderborn

Bandler, R. / Grinder, J. (1994a):
Metasprache und Psychotherapie.
Die Struktur der Magie I.
8. Aufl. Paderborn

Bandler, R. / Grinder, J. (1994b):
Neue Wege der Kurzzeit-Therapie.
Neurolinguistische Programme.
11. Aufl. Paderborn

Bandler, R. / MacDonald, W. (1993):
Der feine Unterschied. NLP-Übungs-
buch zu den Submodalitäten.
3. Aufl. Paderborn

Berne, E. (1970):
Spiele der Erwachsenen.
Reinbek

Bischops, K. (1994):
Tips fürs Aufwärmen im Sport.
Aachen

Blickhan, D. / Blickhan, C. (1992):
Denken, Fühlen, Leben.
Vom bewußten Wahrnehmen
zum kreativen Handeln mit NLP.
2. Aufl. München / Landsberg

Bovet, G. / Frommer, H. (1988):
Grundkurs Psychologie.
Düsseldorf

Brenner, H. (1982):
Entspannungs-Training.
München

Buzan, T. (1984):
Kopftraining.
Anleitung zum kreativen Denken.
Berlin

Cameron-Bandler, L. (1992):
Wieder zusammenfinden.
NLP - neue Wege der Paartherapie.
6. Aufl. Paderborn

Cleveland, B. F. (1992):
Das Lernen lehren.
Erfolgreiche NLP-Unterrichts-
techniken.
Freiburg

Das neue Handbuch der Gesundheit
für die ganze Familie.
München o. J.

Das Neue Testament (1979).
Einheitsübersetzung der
Heiligen Schrift.
Stuttgart

Der Übungsleiter (1995). Nr. 12

Ditfurth, H. v. (1976):
Der Geist fiel nicht vom Himmel.
Die Evolution unseres Bewußtseins.
Hamburg

Dilts, R. u. a. (1989):
Strukturen subjektiver Erfahrung -
Ihre Erforschung und Veränderung
durch NLP.
3. Aufl. Paderborn

Downer, J. (1990):
Die Supersinne der Tiere.
Hamburg

Dychtwald, K. (1981):
Körperbewußtsein.
Essen

Eberlein, G. (1985):
Autogenes Training mit
Jugendlichen. Ziel, Sinn, Praxis.
Düsseldorf

Eccles, J. C. (1975):
Das Gehirn des Menschen.
München

Eccles, J. C. / Zeier, H. (1980):
Gehirn und Geist. Biologische
Erkenntnisse über Vorgeschichte,
Wesen und Zukunft des Menschen.
München

Ellis, A. (1987):
Wut: Die Kunst sich richtig
zu ärgern.
München

Ellis, A. (1989):
Training der Gefühle -
Wie Sie sich hartnäckig weigern,
unglücklich zu sein.
München

Entspannt sein, Energie haben (1993).
Achtzehn Methoden der
Körpererfahrung.
München

Fast, J. (1984):
Körpersprache.
Reinbek

Fit For Fun (1994). H 7

Fit For Fun (1995). H 11

Florin, I. unter Mitarb. v. G. Haag (1978):
Entspannung - Desensibilisierung.
Leitfaden für die Praxis.
Stuttgart u. a.

Freiwald, J. (1991):
Aufwärmen im Sport. Übungen
für Vorbereitung und Cool-down.
Hamburg

Friedrich Jahresheft XIII (1995):
Spielzeit. Spielräume in der
Schulwirklichkeit.

Frisby, J. P. (1989):
Optische Täuschungen.
Sehen / Wahrnehmen / Gedächtnis.
2. Aufl. Augsburg

Frör, H. (1978):
Spielend bei der Sache.
81 Spiele für Schulklassen,
Konfirmandengruppen und
Gemeindekreise.
8. Aufl. München

Frör, H. (1987):
Spiel und Wechselspiel.
Kommunikationsspiele für Gruppen.
Material und Methodik.
5. Aufl. München

Gawain, S. (1989):
Stell dir vor.
Kreativ visualisieren.
Reinbek

Grinder, J. / Bandler, R. (1991):
Kommunikation und Veränderung.
Die Struktur der Magie II.
6. Aufl. Paderborn

Grinder, M. (1994):
NLP für Lehrer.
Ein praxisorientiertes Arbeitsbuch.
3. Aufl. Freiburg

Grom, T. (1976):
Methoden für Religionsunterricht,
Jugendarbeit und Erwachsenen-
bildung.
Düsseldorf

Gudjons, H. (1990):
Spielbuch Interaktionserziehung.
185 Spiele und Übungen zum
Gruppentraining in Schule, Jugend-
arbeit und Erwachsenenbildung.
4. erg. Aufl. V. „Praxis der Interaktionserziehung". Bad Heilbrunn

Harrold, F. (1992):
Das große Massage-Handbuch.
Die Techniken. Step by Step.
Von Kopf bis Fuß.
München

Herder Lexikon Biologie (1977).
5. Aufl. Freiburg

Herder Lexikon Psychologie (1976).
2. Aufl. Freiburg

Holzberg, O. / Clasen-Holzberg, C. (1993):
Das große Brigitte-Buch
der Psycho-Spiele.
München

Huberich, P. / Huberich, U. (1979):
Spiele für die Gruppe.
Heidelberg

Hüllemann, K.-D. (1992):
Wohlbefinden durch Bewegung.
„Alles Gute für Ihr Herz."
Oberhaching

Jacobson, E. (1938):
Progressive Relaxation.
Chicago

James, T. / Woodsmall, W. (1992):
Time Line. NLP-Konzepte.
2. Aufl. Paderborn

Kaltenbrunner, T. (1991):
Shiatsu-Massage.
Essen

Kaltenbrunner, T. (1994):
Reflexzonenmassage.
Für mehr Wohlbefinden und
Vitalität. Anleitungen zur Selbst-
und Partnermassage.
München

Kirst, W. / Diekmeyer, U. (1973):
Creativitätstraining.
Die Technik des kreativen Verhaltens
und positive Denkstrategien.
Reinbek

Kirsten, E. / Müller-Schwarz, J. (1982):
Gruppen Training.
Ein Übungsbuch mit 59 Psycho-
Spielen, Trainingsaufgaben
und Tests.
Reinbek

Kliebisch, U. (1981):
Einführung in die Pädagogik
der personalen Interaktion.
Theoretische Grundlegung und
Möglichkeiten der praktischen
Anwendung.
Bochum

Kliebisch, U. (1991):
Kommunikationstraining für Lehrer.
Ein Projekt zum Thema Feed-back.
in: Kliebisch, U. / Eichmann, R.:
Vergiß das Fühlen nicht! Schulische
Beratung in Theorie und Praxis.
Bochum. 71ff.

Kliebisch, U. (1995a):
Beraten kann man lernen.
Ein Trainingshandbuch für
Lehrerinnen und Lehrer.
Essen

Kliebisch, U. (1995b):
Das Anti-Streß-Programm.
Ein Trainingsbuch zur
psychologischen Selbst-Hilfe.
Essen

Kliebisch, U. (1995c):
Kommunikation und
Selbstsicherheit. Interaktionsspiele
und Infos für Jugendliche.
Mülheim

Kliebisch, U. (1995d):
Kooperation und Werthaltungen.
Interaktionsspiele und Infos
für Jugendliche.
Mülheim

Kliebisch, U. (1996):
Psycho-Coching. NLP und andere
Power-Programme für Ihre Zukunft.
Ein Trainingshandbuch.
Baltmannsweiler

Kliebisch, U. / Eichmann, R. (1991):
Vergiß das Fühlen nicht! Schulische
Beratung in Theorie und Praxis.
Bochum

Kliebisch, U. / Eichmann, R. /
Basten, K. H. (1991):
So bestehen Sie das Abitur!
Hilfen zur systematischen
Prüfungsvorbereitung.
Bochum

Kliebisch, U. / Wach, J. (1994):
AIDS-Prophylaxe im schulischen
Alltag. Ein Projekt für Schülerinnen
und Schüler einer Jahrgangsstufe
10. in: Kliebisch, U. (Hrsg.):
AIDS - Ein Konzept mit Materialien
für den Projektunterricht.
Bochum. 55ff.

Kliebisch, U. / Weyer, D. (1995):
Wenn die Seele schlapp macht.
Neuroliguistisches Programmieren
für die Schule.
Materialien zur Schulpraxis.
VBE-Mediendienst. Hamm

Kliebisch, U. / Weyer, D. (1996):
Mental Managing für die Schule.
Psychologische Beratung für Schüler
und Lehrer.
Materialien zur Schulpraxis.
VBE-Mediendienst. Hamm

Kruse, P. / Pavlekovic / Haak, K. (1992):
Autogenes Training.
Der Weg zum Wohlbefinden.
Niedernhausen

Kükelhaus, H. / Lippe, R. zur (1982):
Entfaltung der Sinne.
Ein „Erfahrungsfeld" zur Bewegung
und Besinnung.
Frankfurt/M.

Laborde, G. Z. (1992):
Kompetenz und Integrität.
Die Kommunikationskunst des NLP.
2. Aufl. Paderborn

Lander, H.-M. (1982):
Bewegung und Tanz.
Rhythmus des Lebens - Handbuch
für die Arbeit mit Gruppen.
Mainz

Lauster, P. (1986):
Sensis. Sich selbst und andere
besser kennenlernen. Ein psycho-
logisches Gesellschaftsspiel.
Düsseldorf

Lauster, P. (1988):
Menschenkenntnis.
Körpersprache, Mimik
und Verhalten.
2. Aufl. Düsseldorf

Laver, M. (1986):
Jeder gegen jeden.
Gesellschaftsspiele, um große
Politik zu lernen. Hinterlistig! Klug!
Bösartig! Realistisch!
Köln

Lazarus, A. / Fay, A. (1985):
Ich kann, wenn ich will.
Anleitung zur psychologischen
Selbsthilfe.
München

Lechleitner, H. / Jungjohann, D. (1981):
Fernsehsendung „Bilder aus der
Wissenschaft" (BR) vom 23.12.1981

Lehmann, J. (Hrsg.) (1977):
Simulations- und Planspiele
in der Schule.
Bad Heilbrunn

Lehner, B. B. (1993):
Selbstsicher handeln.
Erfolgreich in Beruf und Alltag.
Weinheim

Lehner, B. D. (1992):
Selbstsicher werden.
Hemmungen überwinden -
Mut zur aktiven Lebensgestaltung.
Weinheim

Leleman, S. (1982):
Leibhaftes Leben.
Wie wir uns über den Körper wahr-
nehmen und gestalten können.
München

Literaturverzeichnis

Lewis, H. R. / Streitfeld, H. S. (1977):
**Spiele, die glücklich machen.
Intensiver leben durch
Psychotraining.**
Bergisch-Gladbach

Lidell, L. u. a. (1985):
**Massage. Anleitung zu östlichen
und westlichen Techniken.
Partnermassage, Shiatsu,
Reflexzonenmassage.**
München

Linneweh, K. (1988):
**Streß und Streßbewältigung.
Der erfolgreiche Umgang
mit sich selbst.**
2. Aufl. Stuttgart

Mahr, K. (1994):
**Rückkehr zum Körper.
Bewegungstherapie -
ein neuer Ansatz.**
Reinbek

Maturana, R. H. / Varela, J. F. (1987):
**Der Baum der Erkenntnis.
Die biologischen Wurzeln des
menschlichen Erkennens.**
Bern / München

Meyers Lexikon (1981) 24 Bände.
Mannheim / Wien / Zürich

Minker, M. (1989):
**Mit eigenen Augen sehen.
Selbstliebe lernen -
Körpergefühl verbessern -
Ein Handbuch für Frauen.**
München

Mittermair, F. (1985):
**Körpererfahrung und Körper-
kontakt. Spiele, Übungen und
Experimente für Gruppen, Einzelne
und Paare.**
München

Mohl, A. (1993):
**Der Zauberlehrling.
Das NLP Lern- und Übungsbuch.**
2. Aufl. Paderborn

Molcho, S. (1983):
Körpersprache.
München

Molcho, S. (1988):
**Körpersprache als Dialog.
Ganzheitliche Kommunikation
in Beruf und Alltag.**
München

Molcho, S. (1990):
Partnerschaft und Körpersprache.
München

Molcho, S. (1995):
Alles über Körpersprache.
München

Molcho, S. (1996):
Körpersprache.
München

Müller, E. (1983):
**Phantasie und Märchenreisen.
Autogenes Training in Vorlese-
geschichten. Geschichten zum
Entspannen, Erholen und Träumen.**
Frankfurt/M.

Müller, E. (1984):
**Hilfe gegen Schulstreß.
Übungsanleitung zu Autogenem
Training, Atemgymnastik und
Meditation für Kinder und
Jugendliche.**
Reinbek

Müller, E. (1988):
**Bewußter leben durch Autogenes
Training und richtiges Atmen.
Übungsanleitungen zu Autogenem
Training und Atemtraining;
meditative Übungen durch
gelenkte Phantasien.**
Reinbek

Müller, E. (1989):
**Auf der Silberstraße des Mondes.
Autogenes Training mit Märchen
zum Entspannen und Träumen.**
Frankfurt/M.

Mussen, P. H. / Conger, J. J. /
Kagan, J. (1976):
Lehrbuch der Kinderpsychologie.
Stuttgart

Orlick, T. (1982):
Kooperative Spiele.
Weinheim

Ostermann, A. / Nicklas, H. (1982):
Vorurteile und Feindbilder.
München/Wien/Baltimore

Ott, E. (1981):
**Das Konzentrationsprogramm.
Konzentrationsschwäche über-
winden - Denkvermögen steigern.**
Reinbek

Pacher, W. (1988):
**So macht Zusammenleben Freude.
Spielregeln und Übungen nach
Gordons Familienkonferenz.**
Freiburg

Pilss-Samek, H. (1994):
**Das neue Bodyshaping.
Training für Bauch, Po und
Oberschenkel.**
München

Rademacher, H. / Wilhelm, M. (1987):
Spiele zum interkulturellen Lernen.
Köln

Ramme, J. / Riese, H. (1981):
Spiele für viele.
Braunschweig

Rank, A. / Rank, D. (1994):
**Schau auf deinen Körper und
fühle wer du bist. Körperausdruck
und Charakterstrukturen in der
Bioenergetik.**
Stuttgart

Ravald, B. (1982):
**Massage.
Ein Handbuch für jedermann.**
Unterägeri

Reichel, G. / Rabenstein, R. /
Thanhoffer, M. (1988):
Bewegung für die Gruppe.
6. Aufl. Münster

Rock, I. (1985):
**Wahrnehmung.
Vom Visuellen Reiz zum Sehen
und Erkennen.**
Heidelberg

Roth, G. (1995):
Das Gehirn und seine Wirklichkeit.
Frankfurt/M.

Rumpler, B. / Schutt, K. (1986):
Massage.
Niederhausen/Ts.

Scheerer, H. (1982):
**Wie Sie mit sich selbst und
anderen besser zurechtkommen.**
München

Scheflen, A. E. (1990):
**Körpersprache und
soziale Ordnung.**
Stuttgart

Schelp, T. u. a. (1990):
**Rational-Emotive Therapie als
Gruppentraining gegen Streß.
Seminarkonzepte und Materialien.**
Bern / Stuttgart / Toronto

Scherer, K. (1991):
**Mit Streß leben.
Der Weg zum inneren
Gleichgewicht.**
5. Aufl. Niehausen

Scholz, R. / Schubert, P. (Hrsg.) (1982):
**Körpererfahrung.
Die Wiederentdeckung des Körpers:
Theater, Therapie und Unterricht.**
Reinbek

Literaturverzeichnis

Schott, B. (1994):
Cool bleiben.
NLP - Das Psycho-Power-Programm.
Reinbek

Schüler-Duden. (1981):
Die Psychologie.
Mannheim / Wien / Zürich

Schultz, I. H. (1972):
Übungsheft für das Autogene
Training. Konzentrative Selbst-
entspannung.
15. Aufl. Stuttgart

Schwartz, D. (1981):
RE-Therapie.
So wird man sein eigener
Psychologe.
Landsberg

Seitz, R. (Hrsg.) (1983):
TAST-Spiele.
Sinn-volle Frühpädagogik.
München

Sölveborn, S. A. (1983):
Das Buch vom Stretching.
Beweglichkeitstraining
durch Dehnen und Strecken.
München

Sommer, A. (1988):
Hör auf deinen Körper.
Sich selbst und den Mitmenschen
verstehen. Ein Programm zur
Einübung.
Freiburg / Basel / Wien

Stahl, T. (1993):
Triffst du 'nen Frosch unterwegs ...
NLP für die Praxis.
5. Aufl. Paderborn

Tausch, R. / Tausch, A.-M. (1979):
Erziehungspsychologie.
Begegnung von Person zu Person.
9. Aufl. Göttingen / Toronto / Zürich

Tausch, R. / Tausch, A.-M. (1989):
Wege zu uns und anderen.
Menschen suchen sich selbst
zu verstehen und anderen offener
zu begegnen.
Reinbek

Thomas, K. (1972):
Praxis der Selbsthypnose des
Autogenen Trainings (nach I. H.
Schultz). Formelhafte Vorsatz-
bildung und Oberstufe.
3. überarb. u. erw. Aufl. Stuttgart

Varela, J. F. (11993):
Kognitionswissenschaft -
Kognitionstechnik.
Eine Skizze aktueller Perspektiven.
Frankfurt/M.

Vester, F. (1980a):
Denken, Lernen, Vergessen.
Was geht in unserem Kopf vor,
wie lernt das Gehirn, und wann
läßt es uns im Stich?
6. Aufl. München

Vester, F. (1980b):
Phänomen Streß.
Wo liegt sein Ursprung,
warum ist er lebenswichtig,
wodurch ist er entartet?
2. Aufl. München

Vitale, B. M. (1988):
Lernen kann phantastisch sein.
Kinderleichtes Lernen durch opti-
malen Einsatz beider Gehirnhälften.
Berlin

Vopel, K. W. (1984a):
Anwärmspiele.
2. Aufl. Hamburg

Vopel, K. W. (1984b):
Interaktionsspiele. Teil 3.
5. Aufl. Hamburg

Vopel, K. W. (1984c):
Interaktionsspiele. Teil 5.
3. Aufl. Hamburg

Vopel, K. W. (1984d):
Interaktionsspiele. Teil 6.
3. Aufl. Hamburg

Vopel, K. W. (1986a):
Interaktionsspiele. Teil 1.
5. Aufl. Hamburg

Vopel, K. W. (1986b):
Interaktionsspiele für Jugendliche.
Teil 2. Affektives Lernen für
12- bis 21jährige.
3. Aufl. Hamburg

Vopel, K. W. (1986c):
Interaktionsspiele für Jugendliche.
Teil 4. Affektives Lernen für
12- bis 21jährige.
3. Aufl. Hamburg

Vopel, K. W. (1988):
Handbuch für Gruppenleiter.
Hamburg

Vopel, K. W. (1989a):
Interaktionsspiele. Teil 2.
6. Aufl. Hamburg

Vopel, K. W. (1989b):
Interaktionsspiele für Jugendliche.
Teil 1. Affektives Lernen für
12- bis 21jährige.
3. Aufl. Hamburg

Vopel, K. W. (1990):
Interaktionsspiele. Teil 4.
4. Aufl. Hamburg

Vopel, K. W. (1991):
Kinder ohne Streß.
5 Bde. 2. Aufl. Hamburg

Wagner, F. (1988):
Reflexzonenmassage für jeden.
Durch Entspannung und
Harmonisierung zu Gesundheit
und Wohlbefinden. Anleitungen
zur Selbst- und Partnermassage.
2. Aufl. München

Wagner, F. (1992):
Reflexzonenmassage.
Handbuch zur Therapie
und Selbsthilfe.
Linz

Wahrnehmung (1994).
Göttingen u. a.

Wahrnehmung und Bewußtsein
(1994).
Time-Life-Bücher. Amsterdam

Warns, E. (1976):
Die spielende Klasse.
München

Waterman, T. H. (1990):
Der innere Kompaß.
Sinnesleistungen wandernder Tiere.
Heidelberg

Watzlawick, P. (1985):
Wie wirklich ist die Wirklichkeit?
Wahn, Täuschung, Verstehen.
13. Aufl. München

Watzlawick, P. / Beavin, J. H. /
Jackson, D. D. (1990):
Menschliche Kommunikation.
Formen, Störungen, Paradoxien.
9. Aufl. Bern / Stuttgart / Wien

Zalfen, W. (1991):
Spiel-Räume.
Über 100 Vorschläge für Spiel,
Bewegung, Kommunikation.
3. Aufl. Mainz

Training und Beratung

Dr. phil. Udo W. Kliebisch ist psychologisch ausgebildeter
Beratungslehrer an einem Gymnasium, er ist Dozent in der
Lehrerfortbildung und Lehrbeauftragter an der Universität Bochum.
Udo W. Kliebisch berät Lehrerinnen und Lehrer, Schülerinnen und Schüler
sowie jeden, der etwas Gutes für sich tun oder mehr aus sich machen möchte. Die Beratung
erfolgt auf Wunsch einzeln oder in Gruppen und kann auch als Seminar bzw. als
kollegiumsinterne Fortbildung durchgeführt werden.

Beratungs- und Seminarthemen sind u.a.:

- Streßbewältigung im Alltag
  und im Beruf
- NLP als Hilfe für den
  (Schul-) Alltag
- Spiele als Erziehungsmittel in
  Schule und Alltag
- Hilfe bei Schul- und
  Alltagsängsten
- Hilfe bei Eßstörungen
- Raucherentwöhnung
- Zeitmanagement

- Beratungstechniken,
  Beratungsmethoden
- Kommunikationstraining
- Selbstsicherheitstraining
- Übungen im freien Reden
- Persönlichkeitstraining
- Konfliktmanagement
- Verkaufstraining
- Lern-, Leistungs- und
  Motivationsprobleme

Anfragen bitte schriftlich an:

**Dr. Udo W. Kliebisch
Training
und Beratung
Paulstr. 9 B
44803 Bochum**

Udo W. Kliebisch im Verlag an der Ruhr:

☐ Kommunikation
und Selbstsicherheit
**Interaktionsspiele
und Infos für Jugendliche**
Ab 12 J., 174 Seiten, A4, Pb.
Best.-Nr. 2209   42,- DM/sFr/307,- öS
Für Kinder und Jugendliche wird es in unserer massenmedialen
Zeit zunehmend wichtiger, interaktive Fähigkeiten und Techni-
ken zu entwickeln. Mit den 26 Spielen (incl. Arbeitsblätter) kön-
nen auch unerfahrene GruppenleiterInnen in Jugend- und Er-
wachsenengruppen kommunikative Fertigkeiten und Selbstsi-
cherheit trainieren. Alle Spiele können sowohl einzeln als auch in
Trainingsprogrammen eingesetzt werden.

☐ Kooperation
und Werthaltungen
**Interaktionsspiele
und Infos für Jugendliche**
Ab 12 J., 158 S., A4, Pb.
Best.-Nr. 2211   42,- DM/sFr/307,- öS
„Anything goes?" Führt uns der vieldiskutierte Werteverlust in
eine Gesellschaft von Einzelkämpfern? Das Buch (mit zahlreichen
praxisorientierten Arbeitsblättern) wagt in über 20 ganzheitlich
orientierten Psycho-Spielen den Versuch, Sinn für kooperatives
Verhalten zu wecken.

☐ Selbstwahrnehmung und
Körpererfahrung
**Interaktionsspiele und Infos
für Jugendliche**
Ab 12 J., 208 S., A4, Pb.
Best.-Nr. 2274   42,- DM/sFr/307,- öS
Zwischen Körper-Kult und Cyber-World müssen junge Menschen
ein authentisches Verhältnis zu ihrem Körper und eine realisti-
sche Selbst-Wahrnehmung entwickeln. Dieser Band enthält 24
Gruppen-Spiele, die Sie unmittelbar in Schule und Jugendarbeit
einsetzen können. Sowohl das ganzheitliche Erleben eigener
Stärken und Schwächen, als auch das bewußte „Hören" auf den
Körper werden hier nachhaltig vermittelt.

☐ Selbstentfaltung
und
Lebensplanung
**Interaktionsspiele
und Infos
für Jugendliche**
Ab 10 J., 184 S., A4, Pb.
Best.-Nr. 2325   42,- DM/sFr/307,- öS
Der Band enthält sowohl meditative als auch sachbezogene Interaktionsspiele. Jugendliche entdecken darin ihre persönlichen Stärken und Fähigkeiten und erkennen den Einfluß ihres Umfeldes, der
Gesellschaft und der Medien auf ihre Selbstwahrnehmung. Auf dieser Grundlage erstellen sie individuelle Entwürfe von ihrem Leben
in der Zukunft. Dabei haben die Jugendlichen Gelegenheit, ihre
Überzeugungen in Bezug auf Partnerschaft und Familie sowie Beruf und Leistungsgesellschaft zu erforschen.

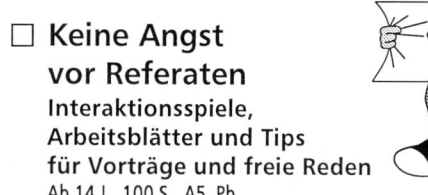

☐ Keine Angst
vor Referaten
**Interaktionsspiele,
Arbeitsblätter und Tips
für Vorträge und freie Reden**
Ab 14 J., 100 S., A5, Pb.
Best.-Nr. 2242   16,80 DM/sFr/123,- öS
Kleinere Referate sind dabei schon ab der 8. Klasse durchaus sinn-
voll einzusetzen. Spätestens in der Oberstufe bilden sie einen wich-
tigen Bestandteil der Unterrichtsplanung.
Der Autor geht in seinem Buch von einem ganzheitlichen Begriff
kommunikativer Kompetenz aus, der neben dem Wort und der
Struktur von Texten die Gefühle und das Selbst-Bewußtsein des
Sprechers einbezieht. Auf dieser Grundlage werden hier zahlreiche
Hilfestellungen für LehrerInnen und auch für Eltern geboten, ihre
Kinder auf freies Reden vorzubereiten und damit unnötige Hemm-
schwellen auch vor Referaten in der Klasse abzubauen.

Gemeinsam leben lernen!

☐ LebensFragen:
Eine Persönlichkeit sein
Hiltrud Hainmüller
Ab Kl. 9, 64 S., A4, Papph.
Best.-Nr. 2372   36,- DM/sFr/263,- öS

Ich – wer oder was ist das? Für eine Selbsterkenntnis sagt der Blick in den Spiegel zu wenig aus. Wie sehen mich andere? Kann ich in dieser Welt Selbstvertrauen gewinnen? Wie gestalte ich mein Leben: zwischen Haben und Sein, als Kampf oder Party, allein oder geborgen ...?

Dieser erste Band der neuen Ethik-Reihe „LebensFragen" kann und will keine Antworten geben, er hilft aber, ins Nachdenken zu kommen und sich auf den Weg zur Erkundung möglicher Antworten zu machen. Wegweiser und Begleiter sind Bilder und Texte über/von Sokrates bis Tic-Tac-Toe, von Seneca bis Fromm, von Tucholsky bis Gernhardt, von Eltern und Kindern, von Lehrern und Schülern ...

Alle Texte sind im Unterricht erprobt und schülergerecht aufbereitet, begleitet von Arbeitsblättern und handlungsorientierten Aufgabenstellungen, die dazu anregen, die Erkundung des „Selbst" nicht nur im (eigenen) Kopf zu betreiben, sondern im Dialog und der Interaktion mit anderen zu erfahren.

☐ „Bleib ruhig!"
Entspannungs- und Konzentrationsübungen für Jugendliche
A. Packebusch-Scheer, H. P. Meyer (Musik)
Ab 10 J., Set in stabiler Pappbox, illustr.
Begleitbuch (48 S.) + Compact-Disc
Best.-Nr. 2328   38,- DM/sFr/277,- öS

Die vorgestellten Übungen tragen zum Spannungsabbau bei, schaffen Raum für klare Gedanken oder fördern, wie z.B. die Atemübung, die Wahrnehmung. Andere Übungen sind eher auf Bewegung ausgerichtet und tragen zur Lockerung der Muskulatur bei. Alle Übungen basieren auf klassischen Entspannungstechniken wie Zilgrei und Yoga. Die etwa fünfminütigen Übungen sind so konzipiert, daß sie ohne besondere Vorbereitungen sofort im Klassen- oder Gruppenraum umgesetzt werden können. Die Bewegungen werden im Begleitbuch ausführlich erläutert. Komplettiert wird das Übungsbuch durch Musik und gesprochene Bewegungsanleitungen.

☐ Mediation in der pädagogischen Arbeit
Ein Handbuch für Kindergarten, Schule und Jugendarbeit
Kurt Faller
Ab 13 J., 234 S., A5, Pb.
Best.-Nr. 2341   29,80 DM/sFr/218,- öS

Wie Konflikte gelöst werden, ist eine der entscheidenden Fragen pädagogischer Arbeit. Je komplexer die Welt wird, umso wichtiger ist es für Kinder und Jugendliche, unvermeidliche Konflikte konstruktiv bewältigen zu können. Dazu ist es notwendig, in Schulen, Kindergärten und Jugendzentren eine neue Kultur des Umgangs mit Konflikten zu entwickeln. Für diese Aufgabe stellt dieses Buch ein umfassendes Modell vor und vermittelt wirksame Strategien zur Konfliktbearbeitung, Konfliktvermeidung und Prävention in pädagogischen Institutionen. Die Elemente Transformative Mediation, Harvard-Konzept, Peer-group-education und systemische Organisationsberatung sind zu einem Gesamtkonzept verschmolzen, das über mehrere Jahre an vielen Institutionen von Kiga bis zur Jugendarbeit erprobt wurde und sich in der Praxis bewährt hat. Anhand konkreter Beispiele wird anschaulich erläutert, wie Konflikte mit Kindern und Jugendlichen bearbeitet werden, wie PädagogInnen und SchülerInnen befähigt werden, konstruktiv nach Lösungen zu suchen, und wie Systeme der Konfliktbearbeitung und Prävention an pädagogischen Einrichtungen entwickelt werden können.

☐ **Projekt: Soziales Lernen**
Eine Praxismappe aus dem Schulalltag
Christina Großmann
Ab 10 J., 152 S., A5, Pb.
Best.-Nr. 2261   24,80 DM/sFr/181,- öS

Das Leben in der Schule ist härter geworden. Gewaltbereitschaft, Desinteresse und massive Konzentrationsprobleme der SchülerInnen drängen manche LehrerInnen zurück in autoritäre und frontale Unterrichtsformen. Nur so scheinen die vorgegebenen Lernziele noch erreichbar zu sein. Das „Projekt: Soziales Lernen" bietet eine sozialpädagogische Alternative.

65 praxisorientierte Unterrichtsentwürfe (à 45 Min.) mit zahlreichen Übungsbeschreibungen werden vorgestellt, die das Gruppengefühl einer Klasse fördern. Das Verhalten der Kinder und Jugendlichen am Ende des Projekts ist deutlich kooperativer und konstruktiver. Die Zusammenarbeit von LehrerIn und SchülerInnen wird wesentlich effektiver.

☐ **Konflikte selber lösen**
Trainingshandbuch für Mediation und Konfliktmanagement in Schule und Jugendarbeit
K. Faller, W. Kerntke, M. Wackmann
Ab 10 J., 207 S., A4, Pb.
Best.-Nr. 2220   45,- DM/sFr/329,- öS

Gewalt ist für viele Kinder und Jugendliche heute die nächstliegende und effektivste Möglichkeit, Konflikte zu lösen: nicht aus Lust an Streit und Gewalt, sondern weil sie keine anderen Möglichkeiten kennen, mit Kontroversen umzugehen. Es geht nicht um Konfliktvermeidung, sondern darum, Konflikte zur Entwicklung der eigenen Persönlichkeit zu nutzen. Mediation ist ein Ansatz, der auch für Konfliktregelungen in der Schule und in der Jugendarbeit geeignet ist. Das Handbuch enthält ein Ausbildungsprogramm, in dem Grundregeln und Techniken der Kommunikation, konstruktiver Konfliktaustragung und der Mediation vermittelt werden.

Dies ist nur ein kleiner Auszug aus unserem Programm. Gerne senden Ihnen den kostenlosen aktuellen Katalog.

Verlag an der Ruhr

Postfach 10 22 51, D-45422 Mülheim an der Ruhr
Alexanderstraße 54, D-45472 Mülheim an der Ruhr
Tel.: 0208 / 49 50 40, Fax: 0208 / 495 0 495
e-mail: info@verlagruhr.de

Sie können direkt beim *Verlag an der Ruhr* oder über den örtlichen Buchhandel bestellen.

☐ Bitte senden Sie mir Ihren Katalog.
☐ Hiermit bestelle ich die angekreuzten Titel.

Name

Anschrift

PLZ   Ort

Datum   Unterschrift

Selbstwahrnehmung 5-99